全国革命老区县发展史丛书·广东卷

海丰县革命老区发展史

海丰县革命老区发展史编委会　编

SPM 南方出版传媒·广东人民出版社
·广州·

图书在版编目（CIP）数据

海丰县革命老区发展史 / 海丰县革命老区发展史编委会编. —广州：广东人民出版社，2020.7

（全国革命老区县发展史丛书·广东卷）

ISBN 978-7-218-14069-8

Ⅰ.①海… Ⅱ.①海… Ⅲ.①海丰县—地方史 Ⅳ.①K296.54

中国版本图书馆CIP数据核字（2019）第265746号

HAIFENG XIAN GEMING LAOQU FAZHANSHI

海丰县革命老区发展史

海丰县革命老区发展史编委会 编

出 版 人：肖风华

责任编辑：李丽珊
装帧设计：张力平
责任技编：吴彦斌　周星奎

出版发行：广东人民出版社
地　　址：广州市海珠区新港西路 204 号 2 号楼（邮政编码：510300）
电　　话：（020）85716809（总编室）
传　　真：（020）85716872
网　　址：http://www.gdpph.com
印　　刷：广州市浩诚印刷有限公司
开　　本：715mm×995mm　1/16
印　　张：27.25　　插　页：10　　字　数：390 千
版　　次：2020 年 7 月第 1 版
印　　次：2020 年 7 月第 1 次印刷
定　　价：98.00 元

如发现印装质量问题，影响阅读，请与出版社（020-85716808）联系调换。
售书热线：（020）85716826

广东省编纂《革命老区县发展史》丛书
指导小组

组　长：陈开枝（广东省老区建设促进会会长）

副组长：林华景（广东省老区建设促进会常务副会长）

　　　　宋宗约（广东省农业农村厅二级巡视员、广东省老
　　　　　　　区建设促进会副会长）

　　　　刘文炎（广东省老区建设促进会副会长）

　　　　郑木胜（广东省老区建设促进会副会长）

　　　　姚泽源（广东省老区建设促进会副会长兼秘书长）

　　　　谭世勋（广东省老区建设促进会副会长）

　　　　廖纪坤（广东省农业农村厅总经济师）

办公室

主　任：姚泽源（兼）

副主任：韦　浩（广东省农业农村厅扶贫协作与老区建设处
　　　　　　　处长）

　　　　柯绍华（广东省老区建设促进会副秘书长）

　　　　伍依丽（广东省老区建设促进会副秘书长）

汕尾市编纂《革命老区县发展史》丛书

指导小组

组　　长：王世顶

副组长：许　古　陈永宁　马世珍

指导小组下设办公室

主　　任：陈保壮

成　　员：李如强　陈锦环　彭　仲

　　　　　陈　发　陈慧兰　陈伟健

　　　　　王冠钦

《海丰县革命老区发展史》编纂委员会

顾　　问：邱晋雄　郑俊雄
主　　任：林建隆
副 主 任：叶向冲　卓凛波　余德聪　叶胜勇　吴城池
　　　　　郑永城
成　　员：（按姓氏笔画为序）
　　　　　马学仲　王海波　刘锦琪　李建生　李特清
　　　　　吕海如　杨翔鹏　陈腾渊　陈志明　林其波
　　　　　林国义　林来佳　周军裕　唐宗平　黄大毅
　　　　　黄荣鑫　谢立群　谢荣如　施培养　曾诗贤
　　　　　蔡　忠

编辑部

主　　任：叶向冲（兼）
副 主 任：谢荣如　施培养　谢立群
成　　员：（按姓氏笔画为序）
　　　　　王继宁　刘小明　许宇航　陈宝荣　钟锦烽

编审小组

组　　长：郑永城
副 组 长：叶向冲
成　　员：（按姓氏笔画为序）
　　　　　李特清　林忠佳　杨翔鹏　施培养　黄大毅
　　　　　彭伊娜　曾向奇　谢立群　谢荣如　蔡　忠

在举国欢庆新中国成立 70 周年前夕，中国老区建设促进会王健会长请我为《全国革命老区县发展史》丛书作序，作为一名在老区战斗过并得到老区人民生死相助的老兵，回首往事，心潮澎湃，感慨万千，深感义不容辞，欣然应允。

中国革命老区，是以毛泽东为代表的中国共产党人在领导人民推翻帝国主义、封建主义和官僚资本主义三座大山，争取民族独立和人民解放伟大斗争中建立的革命根据地，在这片红色的土地上，诞生了无数可歌可泣的革命英雄儿女，为后人树起了一座不朽的丰碑，她是新中国的摇篮，是党和军队的根。

在艰苦卓绝的战争年代，老区人民把自己的命运与中华民族的命运紧紧地联系在一起，与中国共产党和人民军队的命运紧紧地联系在一起，他们生死相依，患难与共。我曾亲历过战争年代，并得到过老区红哥红嫂的救助，切身感受到发生在身边的一幕幕撼天动地的革命故事，在那极其艰难的条件下，老区人民倾其所有、破家支前，不怕艰难困苦，不怕流血牺牲。"最后一碗米送去做军粮，最后一尺布送去做军装，最后一件老棉袄盖在担架上，最后一个亲骨肉送去上战场"，这是当时伟大的老区人民为建立新中国做出巨大牺牲的真实写照，它将永远镌刻在中国共产党、中国人民解放军、中华人民共和国的历史丰碑上。他们的光辉业绩永载史册，他们的革命精神必将影响一代又一代的革命新人，造就一代又一代的民族脊梁。

在社会主义革命和建设时期，革命老区和老区人民响应党的号召，面对落后的面貌、脆弱的经济、恶劣的生态环境，他们本色不变，精神不丢，自力更生，艰苦奋斗，干一行爱一行。始终坚持"革命理想高于天"，自觉做共产主义远大理想的坚定信仰者和忠实实践者，勇于向恶劣的自然环境和贫穷落后宣战，他们在各条战线上为国建功立业，用平凡的双手创造了一个又一个不平凡的奇迹，彰显了老区人的崇高精神和人格力量。

在改革开放的伟大进程中，老区人民解放思想，勇于创新，发奋图强，攻坚克难，老区的经济社会建设取得了辉煌成就。特别是在改变中国的面貌、中华民族的面貌、中国人民的面貌、中国共产党的面貌的伟大实践中发挥了至关重要的作用。老区人民既是改革开放的参与者，也是改革开放的推动者。

艰苦练意志，危难见精神。老区人民在近百年的革命战争、社会主义建设和改革开放的伟大实践中，孕育形成了伟大的老区精神：爱党信党、坚定不移的理想信念；舍生忘死、无私奉献的博大胸怀；不屈不挠、敢于胜利的英雄气概；自强不息、艰苦奋斗的顽强斗志；求真务实、开拓创新的科学态度；鱼水情深、生死相依的光荣传统。这是党和人民宝贵的精神财富、丰厚的政治资源，是凝心聚力、振奋民族精神的重要法宝，也是社会主义核心价值观的重要内容。

中国老区建设促进会怀着强烈的政治责任感和历史使命感，组织全国各地老促会人员克服困难，尽心竭力编纂《全国革命老区县发展史》丛书，记录老区的光辉历史和辉煌成就，传承红色基因，弘扬老区精神，是功在当代，利及千秋的一件大事。手捧这部丛书的部分书稿，读着书中的故事，倍感亲切，深感这部丛书具有资政、育人、存史的社会功能，有着重要的时代和历史价值。它是不忘初心、牢记使命的源头活水，是赞颂共产党、讴歌老区人民的一部精品力作，是弘扬老区精神、传承红色记忆的丰厚载体，是一项继承优秀传统文化、弘扬革命文化、发展社会主义先进文化，坚定"四个自信"的宏大文化工程。它必将成为一种文化品牌，为各界人士了解老区宣传老区支持老区提供一部有价值的研究史料。希望读者朋友们能从中了解并牢记这些为党和民族的利益不断奉献的老区人民，从中得到教益，汲取人生奋斗的精神动力。

新时代赋予新使命，新起点开启新征程。让我们更加紧密地团结在以习近平同志为核心的党中央周围，坚持以习近平新时代中国特色社会主义思想为指导，增强"四个意识"，坚定"四个自信"，做到"两个维护"，弘扬老区精神，铭记苦难辉煌。为实现"两个一百年"奋斗目标，实现中华民族伟大复兴的中国梦作出新的更大的贡献！

邓清田

2019 年 4 月 11 日

　　2017 年 6 月，中国老区建设促进会组织全国各地老促会启动编纂《全国革命老区县发展史》丛书，按照"建立中国共产党、成立中华人民共和国、推进改革开放和中国特色社会主义事业"三大里程碑的历史脉络，系统书写革命老区百年历史，深入挖掘革命老区红色文化资源，这对于充实丰富中国革命史籍宝库、在新时代传承红色基因、弘扬革命精神、强固根本，对于激励人们在新的历史条件下夺取中国特色社会主义伟大胜利，实现中华民族伟大复兴的中国梦具有重要意义。

　　丛书编纂以习近平新时代中国特色社会主义思想为指导，以《中国共产党历史》《中国共产党的九十年》等重要文献为基本依据，以党的领导为核心，以老区人民为主体，以老区发展为主线，体现历史进程特征，突出时代发展特色，坚持辩证唯物主义和历史唯物主义相统一、历史真实性与内容可读性相统一的原则，书写革命老区从站起来、富起来到强起来的光辉革命史、不懈奋斗史、辉煌成就史，把老区人民的伟大贡献、伟大创造、伟大成就、伟大精神充分展示出来，形成一部具有厚重历史特征和鲜明时代特色的精品力作。这是一部培根铸魂、守正创新，既为历史立言，又为时代服务，字里行间流淌着红色血脉、催生着革命激情的传世之作。丛书的编纂出版将成为讴歌党讴歌人民讴歌时代、传播红色文化、为革命老区和老区人民树碑立传的重要载体。

丛书按照编年体与纪事本末体相结合、以编年体为主的编写体例确定框架结构；运用时经事纬、点面结合的方式记述史实；坚持人事结合、以事带人的原则处理人与事的关系；采取夹叙夹议、叙论结合以叙为主的方法展开内容。做到了史料与史论、历史与现实、政治与学术统一，文献性、学术性、知识性相兼容。

为编纂好《全国革命老区县发展史》丛书，打造红色文化品牌，中国老区建设促进会认真组织积极协调，提出政治立场鲜明、史料真实准确、思想论述深刻、历史维度厚重、时代特色突出、编写体例规范、篇目布局合理、审读把关严格、出版制作精良的编纂出版总要求，力求达到革命史籍精品的精神高度、思想深度、知识广度、语言力度，增强丛书的权威性和社会影响力。各省（区、市）、市（州、盟）、县（市、区、旗）老促会的同志，以强烈的使命感、责任感和紧迫感，勇于担当，积极作为，认真实施，组织由老促会成员、专家学者等参加的十余万人编纂队伍。编纂工作主体责任在县，省、市组织协调、有力指导、审读把关。各方面人员以高度负责的精神和科学严谨的态度，满腔热情地投入工作，为丛书编纂出版作出了重要贡献。丛书编纂工作还得到了党和国家有关部委、地方各级党委政府及有关部门的大力支持和积极参与，社会各界也给予了热情帮助。中共中央政治局原委员、中央军委原副主席、原国务委员兼国防部长迟浩田上将，对老区人民怀有深厚感情，对革命老区建设发展十分关注，欣然为《全国革命老区县发展史》丛书作总序。

丛书由总册和1599部分册（每个革命老区县编纂1部分册）组成，共1600册。鉴于丛书所记述的史实内容多、时间跨度长和编纂时间紧，不妥之处，敬请批评指正。

中国老区建设促进会

彭湃塑像

海丰红宫红场旧址纪念馆

红宫

红场

海丰烈士陵园

海丰县莲花山红军烈士陵园

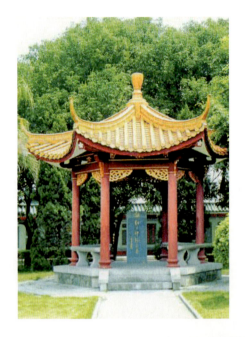

红二师、红四师会师纪念亭

海丰革命烈士纪念碑

海丰县莲花山红军烈士
陵园纪念碑

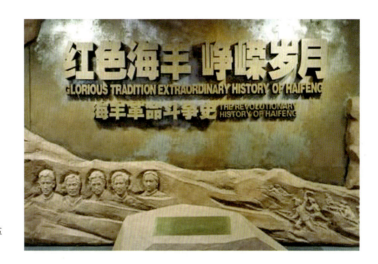

海丰革命烈士暨革
命斗争史纪念馆

海丰革命烈士暨革命
斗争史纪念馆展厅

海丰革命烈士暨革命
斗争史纪念馆内景

升级改造后
的红场新貌

红场新貌
近景

海丰红色文化街
近景

海丰红色
文化街

海丰县城夜景

彭湃故居

得趣书室

"六人农会"雕塑

"浴血奋战"雕塑

"胜利会师"雕塑

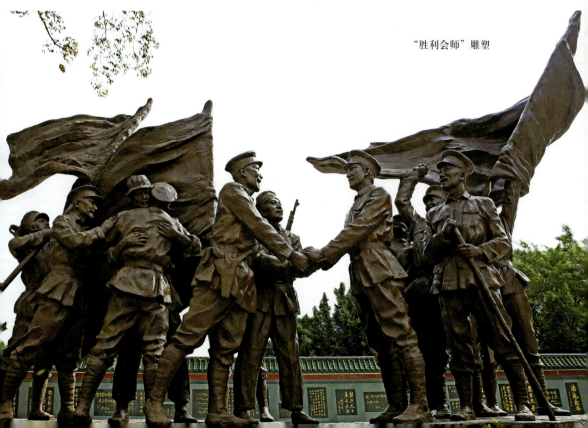

以彭湃烈士命名的高
级中学——彭湃中学

以彭湃烈士命名的医
院——彭湃纪念医院

20 世纪 80 年代的龙津桥

20 世纪 80 年代的海丰县城

县城新貌

云岭山庄一角

红城大道

北三环公路

海丰北部新城快速崛起

海丽大道

海丰是"中国水鸟之乡",公平、大湖和东关联安围湿地被列入国际重要湿地名录

文天祥公园

附城镇新山村新农村建设新貌

联安镇坡平村新农村建设新貌

海丰生态科技城加快开发建设

海丰生态科技城进园项目建成投产

广东可塘珠宝交易
市场

梅陇东怡珠宝首饰
交易广场

敏兴集团自动化纺
织车间

华中师范大学海丰附属学校

海丰县中等职业技术学校

2016 年中国龙舟公开赛总决赛（汕尾·海丰站）在海丰黄江举行

学生课间活动

白字戏《龙宫奇缘》

西秦戏《留取丹心照汗青》

西秦戏剧照

　　海丰是全国农民运动的发源地、全国第一个苏维埃政权诞生地、全国13块红色革命根据地之一。

　　90多年前，在中国共产党的领导下，在"农民运动大王"彭湃的带领下，英勇的海丰人民高举武装斗争的大旗，掀起了轰轰烈烈的农民革命运动。从此，农民运动迅猛发展，先后举行了三次武装起义，以暴风骤雨之势，摧毁海丰境内的封建地主势力，建立全国第一个苏维埃政权，创建海陆丰革命根据地，推动了全国土地革命斗争的向前发展。尤其是1927—1928年间，南昌起义部队改编的红二师和广州起义部队改编的红四师在红场胜利会师，与海陆丰工农武装并肩战斗、舍生取义，为建立、巩固苏维埃政权和扩展海陆丰革命根据地作出了巨大牺牲和重大贡献，周恩来、刘伯承、贺龙、徐向前、聂荣臻、叶挺、李立三、恽代英、陶铸等老一辈革命家在海丰大地留下了光辉足迹。1929年在海丰成立的红军四十九团，接过红二师、红四师的旌旗，在海陆惠紫苏区人民群众的支持下，百折不挠、艰苦奋战，坚持了长达六年的武装斗争。此后，海丰人民继续高举革命斗争的旗帜，进行了十四年抗日战争和四年解放战争，用鲜血和生命谱写了气壮山河、惊天动地的英雄诗篇，最终实现了人民的翻身解放，为中国革命立下了不可磨灭的功勋，在中国革命史上写下了光辉的一页。

中华人民共和国成立后，海丰人民在中国共产党的领导下，在社会主义建设道路上探索前行，以极大的热情投入全县经济建设和社会发展，自力更生、艰苦奋斗，夺取一个又一个的胜利，工农业生产稳步向上，文教卫生等各项事业不断发展，开创了政通人和、欣欣向荣的新局面。党的十一届三中全会以来，改革开放的政策极大地调动和激发了海丰广大干部群众解放思想、建功立业的壮志豪情，全县人民继承和发扬"敢为人先、无私奉献"的革命精神，在上级党委、政府和有关部门的关怀下，在历届县委、县政府的带领下，奋发图强、拼搏进取，有力推动了老区经济社会发展，老区人民生活显著改善，老区城乡建设发生了巨大变化，谱写了新时期海丰人民致力改善老区贫困面貌、矢志推动经济社会发展的崭新篇章。

党的十八大以来，海丰人民紧密团结在以习近平同志为核心的党中央周围，承载着振兴发展的历史担当，秉持着改革创新的智慧勇气，万众一心、砥砺奋进，全县经济社会发展取得了长足进步，物质文明和精神文明建设全面推进，老区人民生活质量日益改善，幸福感获得感不断提升。特别是党的十九大以来，全县人民坚持以习近平新时代中国特色社会主义思想为指导，增强"四个意识"，坚定"四个自信"，做到"两个维护"，紧紧抓住中央将海陆丰革命老区纳入国家贫困革命老区扶持范围、列入全国"十三五"规划这一前所未有的重大机遇，担当起广东"四个走在全国前列"的时代使命，奋力推动海丰革命老区加快高质量发展。

回望过去的峥嵘岁月，海丰走过了不平凡的发展历程，可谓一部艰苦卓绝的斗争史、波澜壮阔的奋斗史，也是一部可歌可泣的英雄史、开天辟地的发展史。无论是血雨腥风的革命年代，还是硝烟弥漫的战争时期，无论是激情澎湃的建设岁月，还是百舸争流的改革开放时期，海丰都有无数仁人志士在国家存亡之时挺身而出，在民族危难之际不畏牺牲，在人民需要之时无私奉献。他们与全国各地先驱者、先行者一道，为党的信仰绘就了基本底色、构筑了精神高地。

海丰人民始终坚持不忘初心、牢记使命，始终坚持敢为人先、无私奉献，书写了彪炳史册的红色篇章，创造了震古烁今的辉煌业绩。海丰革命老区的光辉历史和优良传统是宝贵的精神财富和丰厚的政治资源，我们应该永远铭记，永远珍惜，从这些弥足珍贵的红色记忆中汲取精神的不竭源泉、凝聚奋斗的磅礴力量。

《海丰县革命老区发展史》的出版，是海丰人民献给新中国成立70周年的一份厚礼。全书坚持以党史、军史、革命史为依据，坚持以海丰革命老区和老区人民的奋斗史为重点，坚持以党的十八大以来海丰革命老区取得的巨大成就和发展变化为亮点，注重突出老区革命精神、弘扬光荣传统、挖掘整理红色文化资源，内容贴近实际、图文并茂，力求做到历史的真实性、事件的准确性与内容的可读性相统一，对推动老区脱贫攻坚、推进振兴发展具有较强的参阅价值，是全县党政机关、社会各界了解老区、宣传老区、建设老区的简明读本，将为新时代推动海丰革命老区高质量发展、全面建成小康社会提供正确舆论导向和强大精神动力。

"为有牺牲多壮志，敢教日月换新天。"当前，海丰正面临着粤港澳大湾区建设、全省构建"一核一带一区"区域发展新格局，以及实施海陆丰革命老区振兴发展规划和深汕特别合作区创新体制机制、加速深汕一体化进程等一系列历史性重大机遇。我们一定要更加紧密地团结在以习近平同志为核心的党中央周围，高举习近平新时代中国特色社会主义思想伟大旗帜，团结一心、矢志奋斗、锐意进取，推动思想再解放、改革再深入，用新的更大作为创造新的更大奇迹，为汕尾建设成为沿海经济带靓丽明珠负起海丰担当、贡献海丰力量！以新时代改革开放的辉煌成就告慰革命英烈！

《海丰县革命老区发展史》编委会

2019年10月

1

第一章

彭湃故里　东方红城

　　海丰是全国著名的农民运动发源地、全国第一个苏维埃政权诞生地、全国13块红色革命根据地之一，享有"东方小莫斯科"的美誉。这里是一片美丽的土地。莲花山巍峨挺拔，龙津河蜿蜒流淌；绵延百余千米的碧海银滩，风光旖旎。这里是一片厚重的土地。福佬文化、广府文化、客家文化交汇，海丰渔歌、客家山歌充满浓郁的原生态色彩；白字戏、西秦戏、正字戏等地方戏剧风格独特。这里是一片红色的土地。海丰人民为中国革命胜利作出了巨大的贡献和牺牲，革命战争年代共有5万多名革命群众牺牲，谱写了可歌可泣的辉煌篇章。历经革命洗礼，英雄浴血奋战之地，红光冲天、闪耀东方，海丰成为名副其实的"东方红城"！

地理概况

一、位置面积

海丰县地处广东省东南部沿海，汕尾市北部；东邻陆丰市，东北与陆河县接壤，西南与汕尾市城区相连，西北与惠东、紫金县交界；南临南海，北倚莲花山脉；地理坐标在北纬22°37'～23°14'，东经114°55'～115°37'，海岸线124.95千米。县城距广州290千米，距汕尾市区27千米，距深圳197千米，距汕头180千米，距香港227千米，从汕尾港乘船至香港81海里（150千米）。

全县总面积1782.7平方千米，下辖16个镇、2个农（林）场和1个经济开发区，总人口85万多人，外来暂住人口20多万人，旅居海外侨胞和港澳台同胞60多万人。

二、建置沿革

早在5000多年前的新石器时代中晚期，先民们已在海丰东南沿海聚居生息。

夏、商、周为南蛮之地，是百越的一部分。

秦始皇三十三年（公元前214年），秦平百越设郡县，海丰属南海郡。

晋成帝咸和六年（331年）设置县署，从博罗县析置海丰县。取义于"临海物丰"，海丰县属东官郡。

隋文帝开皇十一年（591年），并梁化郡、东官郡和南海郡一部分置循州（郡治今惠州市），海丰改属循州。隋炀帝大业三年（607年）改州为郡，循州改为龙川郡，海丰属龙川郡。

唐高祖武德五年（622年）废龙川郡又称循州。同时划出海丰县东部部分地方设置安陆县（今惠来县、陆丰市）。

唐太宗贞观元年（627年）撤销安陆县，并回海丰县，仍属循州。

武则天天授元年（690年）改循州为雷乡州。

唐玄宗天宝元年（742年）擢升为海丰郡，管辖归善（今惠阳、惠东）、博罗、海丰、河源、雷乡（今龙川）、兴宁六县。

唐肃宗乾元元年（758年）废海丰郡，仍为海丰县。

五代、南汉大宝至北宋天禧三年（958—1019年）属祯州。

北宋真宗天禧五年（1021年），因避太子赵祯之讳改祯州为惠州，海丰县属广南东路惠州。

宋神宗熙宁元年（1068年）海丰分设八都，即兴贤都、石塘都、金锡都、杨安都、坊廓都、石帆都、吉康都、龙溪都。

元代海丰属江西中书省广东道惠州路，明代属广东布政司惠州府。

明嘉靖三年（1524年）划出海丰东部之龙溪都与潮属之惠来都合并设置惠来县。

清朝沿用明朝旧制，海丰仍属惠州府。

清雍正九年（1731年），海丰划出县东的吉康、石帆、坊廓三都设置陆丰县。海丰版图存兴贤、石塘、金锡、杨安四都，下设55约。

辛亥革命以后，废除府制，建立民国。1914—1920年，海丰属潮循道。1920年撤潮循道，改属东江绥靖委员公署。

1930年属第十区行政视察专员公署，后改属第四区行政督察专员公署（包括海丰、惠阳、博罗、陆丰、河源、紫金、新丰、龙门8县）。

新中国成立后，1949年10月至1952年1月属东江专区，1952年1月至1956年2月属粤东地区，1956年3月至1959年3月属惠阳专区，1959年3月至1983年8月属汕头专区，1983年9月至1988年2月属惠阳专区。县区域废都约，实行乡镇建制。

1988年1月7日，经国务院批准，在原海丰、陆丰两县的行政区域上设置地级汕尾市，并析海丰县南部沿海的汕尾、红草、马宫、东涌、田墘、捷胜、遮浪7个镇建置城区。区域调整后，海丰县辖海城、公平、梅陇、可塘、赤坑、大湖、陶河、联安、鲘门、小漠、赤石、鹅埠、平东、黄羌14个镇和附城、城东、莲花3个乡以及圆墩、西坑2个林场，还有梅陇农场和公平水库纳入海丰管辖。

2004年，海丰县辖海城、附城、城东、梅陇、联安、鲘门、小漠、赤石、鹅埠、陶河、赤坑、大湖、可塘、公平、黄羌、平东16个镇和梅陇农场、黄羌林场2个农林场；240个村，1630个村民小组；42个社区，383个居民小组。

2011年5月21日，经省委、省政府批准，在海丰县西部鲘门、赤石、鹅埠、小漠四镇设立深圳汕尾特别合作区（拥有地级市管理权限）。

三、自然环境

海丰是一片美丽的土地。地势自西北向东南倾斜，西北群山高耸，中部平原，东南台地丘陵起伏，依山傍海。境内河流纵横，海域辽阔，风景秀丽，既有山区特色，又有湖海风光。

海丰县地处北回归线南缘，属南亚热带气候区，海洋性气候明显，常年气温宜和、雨量丰沛、光能热量充足。夏季长，温高雨多且湿度大，多盛行西南风，常有雨涝、台风等气象灾害出现；冬季短，稍冷，雨少且较干燥，无雪少霜；夏前秋末气温适中，宜于作物生长，一年四季，绿叶常青。

东关联安围湿地

海丰自然环境绿色生态，是"中国水鸟之乡"和"中国百佳深呼吸小城"。公平、大湖和东关联安围湿地被列入国际重要湿地名录；大湖镇获得"广东省生态镇"称号，被列入省新型城

海丰县绿道

镇化"2511"专项试点"美丽小镇"项目；大湖生态滨海休闲小镇景观区被列为国家"十三五"旅游基础设施和公共服务设施储备项目；海丰鸟类省级自然保护区获得"广东省十大最美湿地"称号。

四、旅游资源

生态旅游独具魅力，"红蓝绿古金"五大特色旅游资源得天独厚，形成以红宫红场为主的红色经典景区，以"鲘门—小漠—赤石"为主的滨海美食旅游区，以莲花山森林公园和公平、大湖、东关联安围湿地自然保护区为主的生态休闲度假旅游区,以文天祥公园和壮帝居、鸡鸣寺等寺庙为主的名胜古迹景点景区,以可塘珠宝玉石、梅陇金银首饰等传统特色产业为主的观光购物旅游景区,旅游精品线路富有特色,"红蓝绿古金"五色旅游经济创新发展。

五、交通设施

海丰自古为闽粤水陆交通要地。西汉已辟陆路官道,以后历代均有修筑。民国前期,海丰曾是省内筑路先进县之一;1925年,全县建成公路8条163.5千米,通车里程155千米;1926年,公平至海城已通汽车。古代海运已有相当规模,据明嘉靖《海丰县志》记载,南宋,开通"宋溪",连接县境内东西两溪,使沿海与内河的航运畅通,"闽广贩盐船舶往往聚此",有"大德、圆山、小液、大液、石塘、鲘门"等港口。鸦片战争后,沿海通商口岸开放,深入内地的古口岸为沿海的汕尾、马宫、鲘门等口岸所取代,逐步成为粤东进出口贸易的主要港口。

海丰现代交通运输体系较为完善,水路至香港81海里,陆路东至汕头180千米,西至广州290千米,至深圳197千米。国道324线、厦深铁路和深汕高速公路、甬莞高速公路,横贯县境72.5千

厦深铁路远景图

厦深铁路海丰段

米，连接省养支线7条，位于广州、深圳、香港与汕头、厦门之间的联结点上；规划中的城际轨道、广汕高铁、天汕高速公路等，加快构筑了交通大网络，将海丰全面纳入深莞惠"一小时经济生活圈"，为融入珠三角地区提供了更为快捷、更低成本的交通条件。

社会概况

一、人口

改革开放后，海丰县人口总量增长快，同时外出务工人员增多。据计生部门统计，2017年全县出生率12.66‰、自然增长率7.27‰，政策生育率95.13%，人口继续保持均衡稳步增长。据公安部门统计，2017年，海丰县年末户籍人口85.28万人。其中，非农业人口为40.63万人，男性44.55万人，女性40.73万人。全县常住人口为82.18万人，自然增长率8.4%，城镇化率为47.64%。

二、民族

根据2010年第六次全国人口普查汇总资料，海丰县常住人口分属于30个民族。其中：汉族人口79.09万人，占总数99.68%；其他29个少数民族人口2519人，占总数0.32%。全县少数民族除鹅埠镇上北红罗村有畲族192人属聚居外，其余的属散居人口，都是由婚嫁和务工、经商迁入的。在各少数民族中，人口超过100人的依次有壮族、土家族、苗族、畲族和瑶族。2017年，全县有畲族、壮族、苗族、回族、蒙古族等27个少数民族，全县少数民族人口3355人，其中海丰县鹅埠镇上北红罗畲族村是民族聚居村，全村52户、人口372人。畲族村原是一个老少边穷的民族村，改革开放后，为改变畲族群众的居住条件，发展经济，改变民族村的落后面貌，县政府建设了民族新村，户户有电视、自来水，并建了门楼、公共厕所，铺设水泥路。美化绿化村容村貌，村民生活逐步改善。

三、语言

海丰是粤东地区方言比较复杂的县区，是闽南话（俗称"福佬话"）、客家话、粤语（俗称"白话"）等方言的交汇地。全县居民使用福佬话、客家话和占米话3种汉语方言。此外，还有分属于以上几种方言但来源不同、各具特色的几种小方言，即疍家福佬话、白话、潮汕话、龙吟塘军话。汉语方言之外，在海丰西部的鹅埠镇红罗村，还有约300人的畲族保留了原有的民族语言——畲语，是世界濒危语言之一。

福佬话是海丰的第一大方言，主要分布在中部广汕公路两侧及南部沿海地区。包括海城、附城、城东、陶河、可塘、联安、赤坑、大湖、梅陇、梅陇农场、鲘门、莲花山、圆墩、公平、小漠、鹅埠、赤石的大部分村落。福佬话使用人口约占全县人口的90%。客家话主要分布在县境北部的山区和半山区，包括黄羌全镇、公平镇东北部山区、黄羌林场、平东大部分、莲花山、梅陇、鹅埠、赤石、小漠部分。海丰的客家话与陆丰相同，都有7个声调（去声分阴阳）和两套塞擦音和擦音声母，与梅县的客家话有较大差异。使用人口约9万人，占总人口的12%。

占米话主要分布在赤石、鹅埠部分村落和梅陇南山等村。使用人口约1万人，占总人口的1%左右。白话只分布在赤石镇大享里、排沙墩、三角坑等自然村，1949年前后从省内信宜县移来，使用人口约500人。

潮汕话分布在赤石四季村、新兴、企岭和可塘铁道营等自然村，1949年前后从省内潮州移民来，使用人口约300人。

海丰现代的军话是数百年来官话与当地闽客方言混合的结

果。所以军话既有官话特点，又有当地方言特色。海丰讲军话的人主要分布在平东镇的龙吟塘村，约300人。平常人们提到"海丰话"时，即指海丰的福佬话。海丰约有40万人在香港，出于交流需要，特别是20世纪80年代后，与珠三角城市交流频繁，年轻人基本都能讲白话。海丰渐渐成为福佬话和白话双方言地区，而客家话、占米话等弱势方言使用人口日渐减少。

此外，海丰还保留着一种属于中州音韵系统的官话，即"正字"。海陆丰的"正字戏"和"西秦戏"流传几百年，其唱念至今仍使用"正字"音（有越来越多的字已改为方言中的"读册音"）。在民间道坛做法事和祭祀唱礼时，也常常用到"正字"音。

20世纪80年代后，随着改革开放和人口流动，普通话渐渐兴起。进入21世纪，全县通行普通话。

四、民俗文化

海丰县南临大海，北倚莲花山脉，构成一个相对独立的地域格局，是粤闽传统商路必经之地。福佬文化和客家文化在这里交流、融合，并长期受到广府文化的影响，以及继承和掺和先民土著畲、疍、瑶的百越文化遗风。复杂的地理环境，丰富的方言语汇，多元的文化积淀，形成既保守又开放、既神秘又独特的人文风貌。同时，经过长期的融化整合后，又形成大同小异、难分彼此的民俗风情。

海丰是广东省首批历史文化名城。经过多年发展，海丰文化已经初步形成传统文化与现代文化相互融合、民族民间文化与外来文化相互结合、民俗文化与高雅文化并存的多元化文化形态，海丰县文化事业进入一个新的发展时期。

海丰县是戏剧之乡，有西秦戏、白字戏、正字戏三个稀有剧种。自改革开放后，有两个国有专业剧团，即县西秦戏剧团和县白字戏剧团，以及多个业余剧团活跃于海陆丰、潮汕、惠阳及福建等地，并且多次应邀赴香港、澳门演出。

第三节 经济发展

海丰背山面海、毗邻港澳，位于珠三角内环辐射区域，处于珠江三角洲与海峡西岸两个国家级经济区的交汇点，是最靠近粤港澳大湾区的前沿地带，是大湾区"虹吸效应"和"外溢效应"辐射的第一圈层，也是粤东地区融入粤港澳大湾区建设的重要战略支点；拥有青山绿水、碧海蓝天的生态环境，是一个没有污染的净地、宜居宜业宜游的投资置业好地方。

多年来，海丰立足优越的资源优势和坚实的发展基础，全面实施"工业强县、农业稳县、商贸旺县"战略，加快推进工业产能、现代农业、基础设施、商贸旅游等重点项目建设，掀起了科学发展、加快发展的热潮，县域经济实力位居汕尾排头兵地位，经济总量约占全市的三分之一。特别是2013年以来，积极抢抓省委、省政府促进粤东西北地区振兴发展的政策机遇，主动对接深圳市龙岗区对口帮扶，全力加快"向西融入珠三角"，全面推进振兴发展，县域经济综合发展力2011—2013年连续居全省第十位、2014年居全省第十三位，全县社会民生各项工作走在全市前列。

回首海丰老区过去的峥嵘岁月，无论是艰苦卓绝的革命年代，还是热火朝天的建设时期，无论是日新月异的改革开放年代，还是繁荣发展的新时期，全县人民始终坚持不忘初心、牢记使命，始终坚持敢为人先、无私奉献，书写了彪炳史册的红色诗篇，创造了震古烁今的辉煌业绩，推动老区经济社会快速发展、老区人民生活逐步改善、老区面貌发生了巨大变化，如今正在全面建成小康社会的康庄大道上迈开大步、奋力向前。但是，由于受区位、自然、历史等多重因素影响，这片红土地至今仍然属于经济欠发达地区，与革命老区这张红色名片相比，落差巨大，差距甚远。在全省万马奔腾、千帆竞发的队列中，不进则退、慢进亦退，只有进一步提振敢闯敢干的信心，坚定改革创新的决心，保持快进先进，才能不掉队、不落伍。

今日海丰，已成为南海之滨的耀眼明珠、粤东地区迅速崛起的新兴城市，正朝着奋力当好汕尾建设沿海经济带靓丽明珠排头兵的目标阔步前进，不断推动海丰老区在新时代实现新作为、在新征程实现新跨越！

第二章
农运伟绩　彪炳史册

　　封建社会以来，海丰广大农民长期遭受封建官僚、地主的压迫和剥削，阶级矛盾十分尖锐。1921年夏，彭湃留日归来，发起号召占大多数人口的农民觉醒起来！终于，一场大规模的农民革命运动在海丰地区爆发。

　　彭湃领导的农民运动以燎原之势席卷南粤大地，引领一大批革命先贤和仁人志士，为了崇高理想前赴后继，谱写了一曲曲壮丽的革命诗篇，开启了农民运动的先河，在中国革命史上写下了光辉灿烂的一页。

第
一
节 马克思主义在海丰的传播

一、地主阶级家庭的叛逆者

1896年10月22日（农历九月十六日），彭湃出生于海丰县城郊桥东社的一个工商地主家庭。1901年，进海城七圣宫读私塾。1903年，进林氏祖祠小学读书。

1909年，彭湃入读海丰县第一高等小学，取名汉育。1910年春，海丰知县唐汝梅搜刮了大量的民脂民膏后，准备卸任溜走，海丰人民暗自庆幸送走"瘟神"。可是一群素仗唐汝梅的权势作威作福、欺压群众的豪绅地主，却跑出来吹捧唐汝梅统治海丰"有功"，并特地制作了一把"万人伞"（又称凉伞）作为送给唐汝梅的礼品，以歌颂他的"德政"。彭湃对这件事十分不满，极力反对，当他知道祖父也是赠送"万人伞"的参与者，并在"万人伞"上具了名时，便愤然拿起剪刀把祖父写在"万人伞"上的名字剪掉了。彭湃的行动在青年中产生了极大的影响，不少青年都学着彭湃的样子，跑去将自己家长的名字从"万人伞"上剪掉，把"万人伞"剪得破烂不堪，使地主豪绅送"万人伞"之事办不成。贪官唐汝梅也只好灰溜溜地走了。1911年10月10日，辛亥革命在武昌爆发。

1913年，彭湃就读于海丰中学。那时，随着辛亥革命的失败，国内政治上复辟专制与民主共和的斗争日益剧烈。这种斗争对海丰地区也有明显的影响。海丰中学是当时海丰的最高学府，因而也成了新旧思想争夺的一个主要阵地。然而，土豪劣绅千方百计地阻挠新思想在海丰传播，把那些顽固守旧的老朽安插到海丰中学去当教师。彭湃和同学们一起发起了"择师运动"，公开抵制那些坚持宣扬封建文化的老朽，接纳具有新学识、传播新思想的教师。

择师运动以后，民主革命思想在海丰中学得到进一步传播。青年学生逐渐形成了学习新知识和追求进步、探索真理的风气。彭湃和同学们经常在海丰中学后面的"方饭亭"和"表忠祠"里，议论国家大事，诵读文天祥的爱国名篇《正气歌》。在林晋亭等进步教师的支持下，彭湃和陈复、陈魁亚等学生组织了"群进会"，这是一个以"互相切磋，共同进步"为宗旨的群众组织，它宣传资产阶级的民主革命和社会政治学说，传播新书刊，关心时事发展。群进会逐渐成为海丰中学进步学生的核心，对海丰民主运动的开展起到了极大的促进作用。

1916年5月7日，彭湃与海丰中学学生一起，举行"五七"国耻纪念一周年的集会游行，在海丰地区第一次掀起了群众性的反日爱国浪潮。

1916年秋冬，群进会的学生组织发动了一场反对地方豪绅为袁世凯爪牙、海陆丰驻军统领林干材竖立石像的斗争。林干材是龙济光任广东都督时派到海丰的驻军统领。他专门"清剿""反袁"的革命党人和洪门组织三点会（三合会）会员，屠杀了几百个农民。海丰地主豪绅尊称林干材为"统领公"，无耻地为他雕了一个石像，准备安放在表忠祠内，与文天祥配祀。群进会的成员对此非常愤慨，他们在县城张贴标语，表示抗议。在竖像前一天的深夜，彭湃和同学陈复悄悄地来到表忠祠，趁看守的卫兵在大殿睡觉，迅速把石像鼻子敲掉。林干材听闻后勃然大怒，派出打手殴打群进会成员。在彭湃带领下，海丰中学学生联名具呈，到广州省城告林干材。这场斗争延续半年，在袁世凯倒台后，林干材被撤职。那个石像由军队押到碣石湾沉入海底。

1917年春，彭湃随陈其尤经香港到广州，在广府中学上学，学习一个多月。6月间，离开广州前往日本东京留学，住在东京神田区神保町中华留日基督教青年会馆，学习日语。9月，考入专门为中国留学生进行预备教育的东京成城学校预科，很快便学会日语。

彭湃在日本的博物馆里看到从中国掠去的文物，在社会上看到有偏狭爱国狂的日本人竟然随意欺侮凌辱中国人的现象，便以"为生做中国人的唯一责任是救国，当头的急务是排日"为誓言。在留学日本期间，彭湃积极投入反日爱国运动。

1918年5月16日，段祺瑞政府与日本政府签订《中日陆军共同防敌军事协定》密约，允许日本在中国境内的所谓"军事行动区域"自由行动。消息一经传出，中国留日学生无不义愤填膺。彭湃踊跃参加抗议行动。当日，彭湃邀同学黄霖生、陆精治到照相馆合影，面对镜头，三人正襟危坐，虎目怒视。彭湃在照片上题词："民七年中国军事亡国协定被迫签订之日，特合摄此'国丧纪念'照片，以示国仇之不忘。"

中国留日学生的爱国抗议活动遭到日本当局镇压，几十名学生救国团干事被捕。彭湃率大批留日学生赶到神田警署门外，强烈要求释放爱国学生。日本军警本就理亏，更被凛然正气所慑，终于无条件释放了被捕学生。事后，彭湃悲愤地说："日本之

1918年，彭湃（右一）、陆精治、黄霖生三位留日的粤籍学生为反对《中日陆军共同防敌军事协定》，在条约签订之日臂缠黑纱合影

自由、民主，何不忍吾辈之正当呼声，而动拳脚于白日，置华人与动物无异？！"日本当局随即又剥夺了中国留学生集会结社的自由。无奈愤慨之下，5月中旬，留日学生为抗议日本警察迫害中国留日学生的爱国运动，3000多名留日学生决定集体罢学回国，以示抗议。彭湃随即离开日本，先后在上海、广州等地为反对中日密约的救国事业奔走。在上海，他与部分同学成立救国团总事务所，同时在广州、北京设立分所，又在《国民日报》上刊登《归国学生泣告同胞书》，号召各界共同反日救国。后又回到广州，参加救国团广州事务所工作，和留日的广东同学发出《留日广东学生同乡会宣言书》，痛斥中日密约是"直举吾国领土奉送之"的亡国条约，说明"大祸临头，大义在目，威力甘言，不值一顾，此吾人所以不旬日而归国者千余，奔走呼号，愿舍学，舍身而谋废约救亡也。"回到海丰后，彭湃积极发动青年学生，开展了"废约救亡"的宣传活动。

留日学生的爱国行动，得到人民群众的广泛支持，而当时的北洋军阀政府却强令归国学生"务于六月十日前到达日本，返回各校继续留学，其后仍不回校者，经调查核实，取消留学资格"。在反动政府的压力下，留日学生不得不忍辱负重，重返日本，继续学业。此后，彭湃更加积极地投身于反日爱国活动。

1918年9月30日，彭湃考入著名的早稻田大学专门部三年制的政治经济科就读，系统学习了政治经济理论，课余经常与留日中国进步学生研讨社会学说。

二、五四运动对海丰的影响

1919年，巴黎和会上中国外交失败，帝国主义者强将德国在中国山东半岛的权益转让给日本，引发了中国民众的强烈不满。5月4日下午，北京三所高校的3000多名学生代表冲破军警阻挠，云集天安门，打出"誓死力争，还我青岛""收回山东权利""拒绝在巴黎和约上签字""废除二十一条""抵制日货""宁肯玉碎，勿为瓦全""外争主权，内除国贼"等口号，从而爆发了轰轰烈烈的五四运动。

1919年5月6日，日本报纸报道了五四运动的消息，中国留日学生的爱国热情高涨。他们决定在"五七"国耻纪念日召开纪念大会，集会请愿，但遭到日本军警的镇压，日警拔刀狂挥，马队纵横冲踏，受伤者甚众，彭湃被打得头部手足破皮流血，30多名中国留学生被捕。面对日本帝国主义的残酷迫害，彭湃悲愤交加，转而寄希望于唤起民众、激励同胞。他回到住处，在长约一米、宽约半米的白绢上，啮指血书"毋忘国耻"四个大字，并写了一封长信，一并寄回海丰中学。

五四运动犹如沉沉黑夜中的一声春雷，以前所未有的不妥协精神，给人以振奋和鼓舞，使海丰人民特别是彭湃等青年知识分子受到了洗礼，扩大了政治视野，思想面貌起了很大的变化，开始了新的觉醒。

五四运动爆发后，迅速波及海丰地区，给海丰人民特别是青年学生以极大的鼓舞，他们集会游行，强烈抗议帝国主义者的侵略行为和北洋军阀政府的卖国罪行，声援北京学生的爱国运动。郑志云、陈魁亚等一批进步学生成立了海丰学生联合会，学习新文化，组织救国团，开展反帝爱国运动。

爱国青年学生郑志云等在海丰县城召集大会，发表声援通电，组织示威游行。5月中旬，在海丰学生联合会的推动下，全县各地普遍掀起学生运

彭湃留学日本时留影

动。下旬，学生联合总会收到彭湃从日本寄回的长信和"毋忘国耻"的血书，将其贴于海丰中学揭示榜上，更加激发了广大师生的爱国热情。同时，学生联合总会还组织中小学生在海丰县城举行示威游行，高呼"誓杀国贼""抵制日货"等口号，掀起了爱国宣传和抵制日货的热潮。

6月上旬，海丰县学联总会发动海城、汕尾、捷胜、青草、马宫、公平、鲘门等圩镇学生，组织日货检查队，四处查封日货。当汕尾"贵记"商号运载日货进入汕尾港时，被学生检查队当场查获，扣留于海滩。"贵记"以武力相威胁，妄图赶走学生。检查队星夜派人赴县城向学联总会报告，学联总会立即召集县城学生300多人赶赴汕尾支援，当场将缴获的日货付之一炬。

全县各地中学学生纷纷组织队伍，在日货较多的商场搜查，并把搜来的日货当场销毁，以示对日本帝国主义野蛮行为的愤恨。

面对各地抵制日货的浪潮，日本驻广州总领事太田喜平要求广东督军莫荣新武力镇压。广东军政当局接连发出布告，严禁抵制日货，并出动大批军警对爱国民众进行压制。但反动当局这些倒行逆施不但未能扑灭学生运动，反而激起更大的爱国浪潮。

五四运动

1919年暑假，彭湃从日本回国，辗转上海、漳州回到海丰。当时五四运动正向全国发展，彭湃把新文化运动和政治斗争结合起来，与海丰县学生联合总会骨干陈修、陈魁亚、郑志云等组织讲演团和白话剧团，到农村宣传演出《打倒帝国主义》《袁世凯卖国史》《秋瑾》《朝鲜亡国恨》等反帝反封建剧目，抨击帝国主义和封建主义。

五四运动以后，随着新文化运动的深入开展，新文化、新知识、新思潮传播到海丰地区，对海丰人民产生了深刻的影响。海丰一改千百年来的封建文化思想，进入以争取民主、自由、平等、科学的新文化、新思潮阶段。一时间，反对封建文化，提倡科学与民主，在海丰地区盛行。《新青年》《农工周刊》《赤心周刊》《新生周刊》等刊物，成为知识青年喜爱的进步读物。陆续成立颇有影响的"群社会""竞进会""培才会""励进会"等进步团体，为改良社会鼓与呼。

五四运动是空前的反帝反封建的爱国运动，促进了海丰人民的觉醒。海丰青年学生和人民群众在五四运动中表现出高昂的爱国热情，不仅冲击了帝国主义和反动军阀的统治，而且有力地打击了地方封建势力。彭湃、郑志云等一批先进知识分子通过实践锻炼，认识到工人阶级和人民群众的伟大力量，开始深入探求救国救民的道路。

三、成立社会主义研究社

1919年暑假以后，彭湃回到日本继续求学。俄国十月革命爆发，各种社会主义学说和团体在日本广泛出现，早稻田大学是传播社会主义学说的阵地之一，彭湃开始接受社会主义思潮的熏陶。1919年9月，彭湃、李春涛、杨嗣震等留日学生参加了早稻田大学的进步团体"建设者同盟"，积极研究社会主义问题，参与讨论了工联主义、无政府主义、行会社会主义、苏维埃研究等问题。彭湃还参加了劳动者同情会，接触了工人、农民和其他劳动者。

1920年10月，彭湃和李春涛、杨嗣震等留日同学在东京发起组织赤心社，一心研究社会主义诸家学说。该会出版《赤心周刊》，组织会员学习

彭湃在日本与赤心社成员合影

《共产党宣言》《社会主义问题研究》等书刊，讨论十月革命，并通过书信、文章，向国人介绍社会主义和马克思主义。

1920年11月，彭湃和赤心社成员参加了日本进步人士成立的戈思母俱乐部，学习和研究马克思主义和社会主义学说，结识河上肇教授。读到了他翻译的马克思主义学说之后，彭湃深受启发，认定找到了解决阶级矛盾与民族矛盾的钥匙。

1921年3月、4月间，中国共产党日本小组的负责人施存统，就中国革命问题与彭湃进行多次交流，彭湃强调中国是农民占多数，社会革命要依靠农民。当时，海丰的广大农民依然生活在贫穷、落后、分裂的苦难深渊中，彭湃决心在家乡实践社会革命的理想。

1921年5月初，彭湃学成回国，带回不少马克思、恩格斯、列宁的著作和进步书刊。5月15—19日，彭湃在无锡出版的《双周评论》第一、二期发表《日本底"五一"》，文章反映了1921年五一国际劳动节日本劳动人民的示威游行及与日本政府军警斗争的情况。5月23日，彭湃回到海丰。他决心留在家乡开展社会主义宣传，实现他改造旧社会的抱负。

海丰经历了五四运动，知识青年受到了新思潮的洗礼，思想十分活跃，无政府主义、耕读主义、建设新农村等各种思潮甚为流行，十分复杂。随后，马克思主义也以先声夺人之气势传入海丰。陈独秀主编的《新青年》、李大钊等所写的歌颂十月革命以及介绍马克思主义的文章，成为海丰知识青年吸取革命精神养料的重要媒介。彭湃是海丰知识青年心中所景仰的人物，他的思想倾向极大地影响了这些知识青年。他一回来，就成了知识青年学习和研究社会主义、探讨改革社会问题的核心。彭湃与一些志同道合的知识青年，围绕改革社会，团结教育知识分子，启发工农群众的觉悟，进行富有时代意义的活动。

经过短时间的酝酿，7月初，彭湃组织了郑志云、林铁史、马焕新、陈修等70多名知识青年，成立了社会主义研究社。社址初时设在幼石街马氏少宗祠，后迁往杂货街的绵德堂。这个以学习和研究社会主义为宗旨的团体，欢迎对社会主义有兴趣的人参加，它采用自由研究的方法，通过学习讨论，探讨有关社会主义的各种问题。

研究社有组织有系统地学习研究马克思主义，并主动走向工人农民开展宣传活动。《新青年》杂志刊登的文章是他们学习和研究的重要内容。除了社员自学外，还举行座谈讨论。研究社创办两个多月，共举办了12次讨论会、4次专题讲座。彭湃亲自作过几次专题演讲，介绍河上肇的《社会问题管见》《世界第一个社会主义国家——十月革命后的俄国》《唯物史观》《资本论入门》，也介绍过俄国无政府主义者克鲁泡特金的《互助论》等，传播马克思主义，培养青年骨干。研究社的活动在海丰知识分子中产生很大的吸引力，其成员最多时达70余人，其中也包括一些从广州回县城度假的学生。

研究社社员经常深入群众，向工农群众宣传马克思主义常识，彭湃还亲自向县城的工人、店员等300多人宣讲《世界工运发展形势》，公开向到县城赶集的农民演讲《社会问题与社会主义》和《农民生活与地租问题》。彭湃演讲的内容，既是工农群众切身的问题，又是他们前所未闻的革命道理，使工农群众耳目一新。

社会主义研究社成立不久，其活动便转向全社会。为使贫苦民众能够识字读报，接受现代教育，1921年7月30日，彭湃发起组织"劳动者同情会"，吸收16岁以上、60岁以下具有劳动能力者入会，组织他们学习文化知识，传播马克思主义，抨击私有制的种种罪恶，主张破坏"现社会"，建立一个新社会。

彭湃在《劳动者同情会的缘起》中，深刻抨击当时的教育制度"不是贫民阶级——劳动者、农夫、贫民的教育，而是贵族、官僚、资本家的教育"，"不是图平民福利的教育，乃是专教资本家官僚一班掠夺阶级的教育"。组织劳动者同情会的目的，就是"表同情于劳动者"，结束"教育与贫民"分离的现象。他提出："凡我们能力所能及的，必欲与劳动者协力工作，互相扶助，交换知识，以促成教育与贫民相接近，庶社会的革新，有些希望！"这篇文章，是彭湃"反对现代教育制度的宣言"，反映了他革新社会的强烈愿望。

彭湃曾在绵德堂向300多名南丰织布厂的工人及商号店员宣讲《世界工运发展形势》。他也曾到城郊的溪西社灵爷庙前番薯市，向赶集的农民讲演《社会问题与社会主义》《农民生活与地租问题》。此外，他们还开展社会调查，组织演讲团和剧社到城镇乡村进行宣传。这些宣传活动，第一次比较集中地把社会主义、马克思主义播撒到海丰工农群众的心坎中。社员、会员们通过社会调查等也逐渐懂得剖析社会的方方面面，增强实行社会主义运动的责任感，使海丰知识分子"自五四运动发生以来，服务社会，劳动同情的声浪，一天高似一天"。

四、为社会革命改革教育

1921年8月9日，海丰劝学所所长陈伯华在学生的反对下，以"事繁不克兼顾本邑学误"为理由被迫辞职。8月12日，海丰县学生联合总会郑志云、陈家修等学生代表到县署请愿，要求任命彭湃为劝学所所长。

海丰县学生联合总会刊物《新海丰》

1921年8月中旬，彭湃与郑志云、陈魁亚等前往广州，住在广东省议会，会见中国共产党领导人陈独秀，并向在广州的海丰要人们"解说社会主义是主张共产，不是主张均产，是主张自由恋爱，不是主张公妻"。

1921年9月1日，社会主义研究社成员为海丰县学生联合总会创办《新海丰》双月刊，宣传马克思主义的基本观点，讨论人生观、政治、政府、教育、妇女解放等多项问题和其他许多有关地方上的兴革事情。彭湃在《新海丰》创刊号发表《告同胞》文章，揭露封建统治阶级的罪恶，宣传社会主义革命。他进一步阐明了自己关于社会革命的思想，指出了私有财产制度所造成的种种社会罪恶，"贫者耕不得食，织不得衣，造成屋宇而不得住；富者田园阡陌，高楼大厦，闲游无事而衣食住自足"。因此，必须进行社会革命，破坏私有财产制度，实现社会主义。文章还引用马克思、恩格斯在《共产党宣言》中的观点，驳斥所谓社会主义是提倡"公妻"的瞎说。文章最后说："有志者事竟成！我们既承认现社会之种种罪恶，种种缺陷，有不得不实行社会革命之决心，我们就应当赶快觉悟！""赶快将新社会现在我们的眼前！"彭湃开始从教育入手进行社会革命的实践。

彭湃组织海丰县城学生植树造林

1921年10月1日，县长翁桂清委任彭湃为海丰劝学所所长。这是海丰的进步势力对反动势力斗争的一次胜利。彭湃为实现自己从教育入手开展社会革命的设想，于是正式就职。任劝学所所长的第一天，就亲自写了要普及教育、推广农村教育，使教育为贫民服务为内容的布告，贴在街头，把教育方针公之于世。他还亲书"漫天撒下自由种，伫看将来爆发时"的对联，贴在自己的办公室。彭湃把教育作为实行社会革命、劳动解放和培育革命种子的阵地，积极向学生宣传革命道理，发展体育运动，组织运动会，主张"普及教育，推广农村教育，为广大的工农群众服务"的教育方针。

1922年初，彭湃在绵德堂陈氏宗祠组织部分进步青年，同路过海丰的共产国际代表马林和团中央负责人张太雷座谈，讨论社会主义问题。

1922年1月，劝学所改称教育局，彭湃继任教育局局长。他决心以教育为阵地传播马克思主义学说，培育革命的种子，对海丰教育做了许多改革和创新，整顿教育行政机构，发展农村教育，增办女子学校，革新教材内容，把语文课本中宣扬风花雪月、脱离实际的课文删掉，另从《新青年》等书刊中选择李大钊、陈独秀、鲁迅等人的文章作为补充教材，并在海丰中学和陆安师范开设了经济学课程，同时聘请杨嗣震和李春涛、陈淑娟等进步青年分别担任校长和教员，使新文化运动和社会主义思想在全县各校中开展起来。这些革新措施使海丰的教育充满生机，广大师生的面貌大为改观，革命的氛围日益浓厚。

引导学生参加实际斗争，接受现实生动的教育，也是彭湃任教育局局长任内改革教育，促进社会主义新思想、新文化在海丰传播的重要部分。

第一，他亲自带领学生拆城。1921年海丰已有拆去城墙扩建马路之议，开始有了拆墙与否之争。1922年元月初，海丰县议会通过议案，2月24日正式公告。彭湃认为拆墙有利于破除人们封建迷信思想，也有利于把拆除下来的砖石用于扩建学校的室舍，发展教育事业。他顶住压力，积极支持，号召和亲自带领学生动手拆城墙。于是在海丰引发了一场"拆城"与"护城"的激烈斗争。

海丰的大地主等封建顽固势力，认为拆城破坏了海丰的风水，组织了"护城会"，表示要与"丰城共存亡"的决心，坚决反对拆城。同时，大地主对彭湃任教育局局长，改革教育，宣传马克思主义，早已怀恨在心，视彭湃为眼中钉，时刻都想抓点把柄制造事端，加以打击。拆城扩路的事件，他们便把一切仇恨集中到彭湃的身上，妄图借拆城事件搞垮彭湃在教育界的地位。3月2日上午，大地主召集了护城会会员会议，决定"先除彭湃，以儆效尤"；下午纠集了流氓无赖到教育局闹事、行凶，捣毁办公室，使教育局不能办公，又结队到县公署，胁迫县长罢免彭湃局长之职。

事件发生后，县长翁桂清不加制止和惩罚，实际上就是纵容和包庇这种恶劣行动。彭湃异常气愤，第二天公开发表了一个声明，然后前往广州，在广州参加广东社会主义青年团成立大会和其他一些活动，19日致电海丰县县长，辞去教育局局长职务。但县长翁桂清迫于群情，不敢允准，复电表示"慰留"，且把电文公开发表在《陆安日刊》上。彭湃又回海丰继续担任教育局局长。

第二，组织纪念五一国际劳动节。彭湃于4月27日从广州回到了海丰。这时，五一国际劳动节即将到来，他与杨嗣震、李春涛等经过商议，决定举行全县学生庆祝五一国际劳动节的大型活动，以扩大社会主义的宣传。彭湃在会前特意写了一首《劳动节歌》，让各校师生练唱，其歌词：

今日何日？

"五一"劳动节，

世界劳工同盟罢工纪念日。

劳动最神圣，

社会革命时机熟。

希望兄弟与姊妹，

"劳动"两字永牢记。

5月1日这一天，彭湃向海丰第一高等小学师生作了以《纪念五一国际劳动节》为题的演讲。因海丰连日滂沱大雨，劳动节群众性的纪念活动改在5月4日举行。

当日，各校师生列队在县城东仓埔集合后，开始游行。学生余汉存高举写着"赤化"两个大字的红旗作游行队伍的前导，各校师生手执写着标语口号的小旗，敲锣打鼓吹喇叭，或唱着《劳动节歌》，或呼喊劳动神圣等口号，依序而行，沿途还散发传单。队伍穿越海丰县城的大街小巷后，又回到东仓埔集合，举行大会。杨嗣震在会上作了题为《五一纪念日是社会运动纪念日》的演说，陆安师范等代表也发表演说。这是海丰历史上第一次纪念五一劳动节的大游行。

五一劳动节大游行，是一次向旧制度的挑战，极大地振奋了全县的劳苦大众，也引起了豪绅地主等反动势力的惊恐与忌恨。他们深恐穷苦百姓由此觉醒，团结起来推翻他们的统治，便急忙向当时的广东反动当局告状，咬住"赤化"游行大做文章，竭力攻击彭湃。反动当局对此非常震惊。5月8日，《陆安日刊》上便有人发表了题为《借教育以宣传主义之谬妄》《铜鼓喇叭可以休矣》的文章，《陆安日刊》的记者也效其主子的腔调，喧嚣一时。"彭湃遂得了与二三友人在海丰借教育宣传社会主义的罪名。"5月9日，县长翁桂清撤去了彭湃教育局局长的职务，全县各地学校具有进步思想的校长和教员也被迫纷纷离职。彭湃"从教育入手"实现革命的尝试，受到反动派的顽固抵抗，无法继续进行下去了。

五、建立社会主义青年团

彭湃虽然被撤去了教育局局长的职务，但并未丝毫动摇他进行社会革命的决心。他深深感到从教育入手来改革社会是绝对不可能，必须组织起来，依靠民众力量。于是，他开始了一种新的探索，把精力转移到工农劳动群众方面来。他和李春涛、杨嗣震成立起海丰县赤心小组。

1922年5月5—10日，中国社会主义青年团第一次全国代表大会在广州召开。会后，海丰地区社会主义青年团开始组建。

1922年5月14日，彭湃和李春涛等在得趣书室创办编印了16开本的油印刊物——《赤心周刊》，每期售价3个铜板；由李春涛担任主编兼缮写员，彭湃的表兄马可光负责油印；该刊的目的是向学生宣传灌输马克思主义，替工农劳动群众说话，号召他们出来发动和组织工人、农民进行社会革命。该刊发表的文章立论新颖，针对性、

中国社会主义青年团海丰特别支部旧址

斗争性强，且图文并茂、文字通俗，办得很有生气。彭湃常为该刊设计主题鲜明、寓意深刻的封面与插画，还在该刊发表文章和诗歌。《赤心周刊》受到进步青年学生的欢迎，给许多读者留下十分深刻的印象。

　　1922年5月、6月间，彭湃与留日同学、共产党员杨嗣震、李春涛等在海丰县城什货街绵德堂陈氏宗祠成立中国社会主义青年团海丰特别支部，彭湃任书记，团员有杨嗣震、李春涛、郑志云、陈修、陈振韬、马焕新、陈淑娟等人。经批准，团海丰特别支部直属团中央领导（后归属团广东区委领导），海丰成为广东省三个较早成立团组织的地方之一。海丰团组织成立后，带领团员深入劳苦大众，积极开展农民运动。

　　《赤心周刊》影响逐渐扩大，甚至发行到外县，深受学生、知识青年喜爱。6月2日，彭湃在《赤心周刊》第4期发表《谁应当出来提倡社会主义》，充分体现了他决心从事农民运动的意志。从此，他踏上新的征途，开始农民运动的伟大实践。

第二节 彭湃与海陆丰农民运动的兴起

一、到农民中间去

1922年6月14日，彭湃在《赤心周刊》发表《告农民的话》，在其家庭内引起了一场风波，促使彭湃开始从事农民运动的实际工作，走上新的奋斗道路。

彭湃深深感到，《赤心周刊》尽管"自命是工农群众的喉舌"，但它的实际作用与影响只限于知识分子，它的"背后绝无半个工农，街上的工人和农村的农民也绝不知我们做什么把戏"。工农群众并未从中得到什么启示与有益的东西。欲达到变革社会之目的，只依靠少数知识分子，没有广大工农参加是不行的。只有把受压迫最甚、占人口最多的农民群众组织和发动起来，社会变革才有坚实的基础。而要唤醒农民，发动农民，就必须深入到农民群众中去，了解他们的要求。

彭湃《告农民的话》，道出了代表农民利益的心声。他的母亲周凤听完这篇文章后，竟放声哭起来说："倘如此做法岂不是要破家荡产吗？"此事使彭湃联想到这篇文章，如果给农民们看了，他们必然十分高兴，而且他也自信农民一定可以团结起来与地主作斗争。于是他便放弃了与《陆安日刊》无谓的论战，也放弃了只作文字宣传，下决心到农村去做实际运动，直接与农民接触。

1922年6月开始，彭湃便自觉地"到农村去做实际运动"，他目睹土豪劣绅残酷剥削农民的惨状，决心拯救百万群众于苦难之中，他不顾封建地主家庭的阻挠和反对，不怕地主豪绅的攻击诽谤和社会舆论的责难讥讽，赤着双脚跋涉于乡间，在农民中进行艰苦细致的宣传、发动工作。

6月中旬的一天，他毅然从县城走向赤山约的农村。

彭湃第一天到赤山约农村，一连走了3个村庄，毫无收获。第二天吃过早饭后，再到去过的乡村，又去了别的村子，结果仍是没有什么成绩可言。两天下乡，虽然他以诚恳的态度与农民接近和谈话，可是所遇到的农民，不是把他认作来收捐税的，就是以为他是当官的来办什么差事，或是某家有钱人来收账的。所以，都视他如仇人，只是不敢得罪他，表示了恭敬、客气的态度。当他向农民说明是来与他们交朋友，向他们宣传地主的压迫、剥削农民的道理时，也终未使那些农民感动，总是以一种冷漠的态度对待他。

下乡第二天晚上，彭湃就认识到自己对农民讲话过于文雅，许多东西农民听不懂。同时，自己的面貌、衣着与农民也不同，农民一见便有了戒心，敬而远之，不敢接近。他明白了这些之后，便立即改变过去的衣装与语言，并开始实行一项新的计划。从第三天起，他就不直接到农村去，而选择了海丰县城附近龙山脚的天后庙前作宣传。这里是赤山约、北笏约、赤岸约及河口约各农村来县城的岔路口，不仅是农民来县城的必经之地，容易吸引各方群众，而且许多人往往又要在这里的大榕树下歇脚休息。彭湃在这里作宣传，起初只与少数人谈话，逐渐变成了演讲的形式。尽管听者对彭湃的宣传总是半信半疑，但第一天，有四五个人与他谈话，10多人听了他的演讲，使他心里十分高兴，认为已有了好成绩。此后，他每天都到这里与农民谈话，或对他们作演讲。

为使农民能与自己接近，彭湃穿起了粗布衣裳，戴上斗笠，赤着脚板，在外表方面尽量缩小同农民的距离，为了吸引农民，他"时或独歌行路中，招惹农民围观，时或携留声机，伏树荫下放唱，诱起农民之好奇心，以便乘机向之宣传。于是农民识与不识，莫不知有彭湃先生，而表示亲爱景仰之忱"。为使农民更容易听懂和接受，他采用当地通俗的语言来表达各种道理，或采用歌谣，自己独唱或教放牛娃唱，他编写过许多诗歌，都很通俗易懂。《田仔骂田公》就是在这时编写出来向农民指明地主剥削，启发农民阶级觉悟的一首诗歌。

> 咚呀、咚、咚、咚！
> 田仔骂田公！
> 田仔耕田耕到死，
> 田公在厝食白米。
> 做个（的）颠倒饿，
> 懒个（的）颠倒好。
> 是你不想知，
> 不是命不好。
> 农夫呀！醒来！
> 农夫呀！勿戆！
> 地是天作，
> 天还天公。
> 你无分，
> 我无分，
> 有来耕，
> 有来食！
> 无来耕，
> 就请歇！

他深入浅出地把深奥的马克思主义关于阶级斗争的理论、社会主义观点与海丰农村实际结合，化为浅显易懂的内容和群众语言，向农民进行宣传，为农民讲解生活困苦的原因，揭露地主剥削压迫农民的事实，指出摆脱困苦的途径，鼓励农民团结起来共同奋斗，向封建势力作斗争。尤其是帮助农民算了一笔账：农民向地主租田耕种，收成纳租后农民的最终收入，扣除肥料、种子、工钱等等费用，结果总是亏空的，这就是地主对农民的无情剥削，从而使农民一下子醒悟过来。之后，彭湃还通过改编农民喜爱的白字戏，创作新歌谣《田仔骂田公》《无道理》《成立俺个农协会》等多种通俗易懂的方式，走进全县农村宣传阶级剥削、阶级斗争等有关理论，并到陆丰、紫金、惠来等地指导协助开展宣传工作，使马克思主义的观念深深植入人心，海丰和周边地区的农民迅速觉悟起来。

二、成立"六人农会"

彭湃为了深入开展农民革命宣传，天天与农民打交道，每逢农民到城里挑尿粪，从得趣书室经过，彭湃都诚恳地要农民兄弟放下担子，入内喝茶座谈。青年农民张妈安、林沛、李林焕、李老四、李思贤等常到得趣书室座谈，经过彭湃深刻的启发教育，他们的思想受到了极大的影响和熏陶。

1922年7月9日（农历六月初六）这一天，彭湃依旧在龙山脚下庙前的路口向农民作演讲。当他说到农民如有了团体，团结起来，就有了力量，便能实行减租，也能免除"三下盖""伙头鸡""伙头钱"及加租吊田等压迫时，一位40多岁的农民就厉声说："车大炮！说减租，请你们名合（名合是彭湃家的店号）不要来迫我们旧租，我才相信你是真的。"彭湃尚未开口说话，便有一青年农民与那人对了话："你这话真是错了，你是耕名合的

"六人农会"雕塑

田，名合如能减租，不过是你的利益。我呢，不是耕名合的田，怎样办呢……今日不是打算你个人的问题，是打算多数人的问题。"

彭湃意识到多时以来的心思与力气没有白费，农民是能够明白团结斗争的道理的。这位叫张妈安的青年，曾多次听过彭湃的演讲，又经过反复的思考之后，所表达的观点颇有代表性。彭湃遂即问明了他的姓名，约他当晚到得趣书室座谈。

当晚，张妈安果然应约来访。与他同来的还有林沛、林焕、李老四、李思贤，他们都是不上30岁的青年农民。张妈安向彭湃表示"曾听过多次演讲，也常在农村与人们讨论，人们总是怕你说谎，但我们几位则是很相信"。他们继续热烈地谈论了农民运动的许多问题。彭湃询问下乡宣传总没有人理睬，或是农民不愿多说话的原因。林沛诚恳地回答"一是农民很忙，不得空闲；二是讲话太深听不懂；三是没有熟人带引"。他建议晚上七八点去，讲话要浅显，由他们带路。并郑重地告诫，到了农村，切不可排斥神明。李老四则提议"我们几个先立一个农会，将来有人来加入，那就不用说。如无人加入，我们也不要散"。这个建议得到大家的赞成。

1922年7月29日，彭湃与进步农民张妈安、林沛、李林焕、李老四、李思贤在彭湃居住的得趣书室秘密组织成立了广东第一个农民协会（简称"农会"）——"六人农会"。

彭湃告诉他们，"对外我们称农会，对内则叫作'贫人党'"，并为贫人党规定了三个手势作为秘密联络的信号，第一个手势是张开手掌背，伸出大拇指、食指，成为一个"八"字，表示"贫"字；第二个手势是手面伸出大拇指和食指，成为一个"人"字，第三个手势是伸出四个手指，成为四个点，表示"党"字，以后在农村联系，先做三个手势，表明是自己人之后，再谈知心话。他还规定，加入贫人党的要宣誓，并订出三条纪律：一是不怕死。上级叫干什么就干什么，布置什么工作都要干，在斗争中不要怕死，怕死就不要参加贫人党；二是不为敌人办事。参加贫人党后，要为贫苦劳动人民服务；三是要保守机密，以免敌人破坏。

张妈安、林沛、李林焕、李老四、李思贤五人都同意彭湃的意见，表示要坚决干下去，要发展农会会员，吸收好的会员加入贫人党。"六人农会"把六颗火热的心紧紧地凝结在一起，迈开了农民由分散到组织起来的第一步，从此点燃起中国农民运动的火种。

"六人农会"成立以后，张妈安、林沛等五位青年农民成为彭湃的得力助手。他们一方面进行串联活动，介绍志同道合的农民与彭湃认识，参加农会；另一方面带领彭湃到赤山约各个乡村去开展宣传。经过一个多月的努力，农会会员增加到30多人。农会组织会员反抗土豪地主加租易佃，帮助农民解决纠纷，农会的威信越来越高，影响也越来越大，不仅农民纷纷要求入会，而且很多青年知识分子，也对农会表示同情和支持。彭汉垣、陈魁亚、郑志云、李劳工、林甦、余创之、陈修等后来都相继成为农会的主要骨干。

10月25日（农历九月初六日），在彭湃主持下，成立赤山约农会，并选举黄凤麟为会长。农会从揭露地主对农民的经济剥削入手，引导农民为维护自己的经济利益，改革不合理的土地制度，进而为改革农村的乡规民约和改造乡村社会而斗争。农会

赤山约农会旧址

发表《宣言》和《农会利益》传单，提出的奋斗目标是：防止田主升租、勒索，凶年减租，调和内部争端，救济疾病、死亡、孤老、抚灾，防止盗贼，禁止烟赌，奖励求学，改良农业，增进农民知识，共同生产，便利金融，抵抗战乱等。这些主张都关系到农民的切身利益，体现了农民的心愿，因而受到广大农民的支持和拥护。

1922年秋，农会会员已发展到565户（每户一人参加农会），辖人口3390人，分布在赤山约周围28个乡。

11月上旬，彭湃动员热心农民运动的西医医生吕楚雄、刘恩泉夫妇将自己在大街开办的药房改为"农民医药房"，规定凡农会会员有病须药者，准由该会员执会员证前去看病，不收诊费，药费折半。

三、彭湃烧田契

赤山约农会成立和农会运动的声势越来越大，引起了当地地主豪绅的注意与不安。他们企图将彭湃排斥出海丰，以打压已经发展起来的农民运动。而在此时，彭湃拒绝家人要其外出做官的安排，继续进行农民运动，引起家人不满，并以分家相威胁。他不为所屈，表示家产是剥削农民的，根本无家可分。11月果然分了家。彭湃所得的田产由堂弟彭承训代领。

彭湃坚持为农民争取权益，为了唤醒农民自己起来解救"千百年来世世代代，无日不在无知饥饿压迫的难关恶战苦斗以维残命"的境地，"反对社会一切不合理的制度，争回我们生存的权利"，彭湃以"我即贫民"的坚决态度，于1922年11月，趁龙舌埔演戏晚会，手捧分家所得的田契，走上戏台，对前来龙舌埔看戏的观众发表了震人心弦的演说："田是农民兄弟起五更睡半夜终年辛勤劳动的成果。过去被不劳而获的地主占去了，使终年劳动的农民吃不饱穿不暖。这是不合理的制度，必须彻底变革和废除。"彭湃说罢，便当众一张张地宣读田契的内容、地点、亩数和佃户姓名，然后当场烧毁，宣布那些土地归耕种农民所有。这一旷古未有的行动，表现出彭湃与封建剥削制度彻底决裂的意志。这是一个打破千年封建田产制度之举，显示了彭湃与自己的地主家庭实行彻底的决裂，与私有财产制实行彻底的决裂，从此，彭湃由有产者变成无产者，坚决、彻底地走上革命的道路。

彭湃用自己的行动获得了农民的了解和信任，有力地团结了农民。1923年初，在海丰蚕桑学校学习的李劳工、林务农被彭湃

"彭湃烧田契"浮雕

吸收为农会会员，从此成为彭湃的得力助手，使农会组织在斗争中迅猛发展。

至1928年2月，海丰焚毁田契47万张，租约5.8万本，没收和分配土地约占了全县总数的80%。由于农民得到了土地和粮食，极大调动了他们起来革命的积极性，他们踊跃参加或者主动配合武装暴动，誓死捍卫农会。

四、农民运动迅速发展

农会的火种以燎原之势迅速蔓延，席卷全县。赤山约农会成立后，海丰农民运动得到迅速的发展。到1922年12月，海丰县共有12个约成立了农会，辖98个乡、2760户、16590人。

1923年元旦，各乡农会代表60多人在海城龙山天后宫召开大会，成立中国第一个总农会——海丰县总农会，彭湃任总农会会长，加入农会的会员达765户、1万多人。彭湃亲自设计总农会的会旗、农会印章，起草了农会章程。农会作为农民的坚强后盾，轰轰烈烈开展减租减息运动，并开办农民医药房、妇女识字班、农民市场等，为农民争取各种合理合法权益，旗帜鲜明地向封建势力宣战，因而深得民心、影响极大，迅速进入了兴盛时期。

农会的发展引起了地主豪绅的恐惧和仇恨。他们组织成立粮业维持会，与农会对抗，通过反动法庭拘捕进步农民。农会干部闻讯后立即发动农民举行大规模示威，提出强烈抗议，迫使法庭释放了被捕的农民。地主豪绅的粮业维持会也被迫解散。农民示威的胜利和粮业维持会的解散，是海丰农民群众第一次在和地主阶级面对面的斗争中取得胜利。因此，农会的威信和影响立即"播扬到附近各县。由是要求入会者纷至沓来，实有应接不暇之势"。海丰县总农会在此后一个多月又发展了1万多名会员，农会的势力很快扩展到陆丰、惠阳、紫金、普宁、惠来和五华等县。

1923年春，海丰县总农会的声势更加浩大。邻近的陆丰、惠阳、紫金、五华等县的农民很受鼓舞。到五一国际劳动节时，海丰、陆丰、惠阳三县已有70

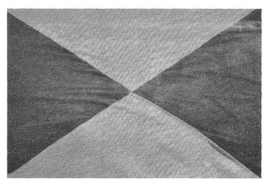

海丰县总农会会旗

余个约，500多个乡建立了农会，会员达20万人。1923年5月海丰县总农会改组为惠州农民联合会，彭湃为会长，海丰、陆丰、惠阳设分会。

1923年5月1日，海丰、陆丰、惠阳三县在海丰县城外菜圩埔举行纪念大会和示威游行。参加者有农会会员8000余人，还有汕尾造船工人百余人及附城学生千余人，总数不下万人。大会发表了《海陆归三县农会"五一"宣言》，宣言指出"社会上由贫穷而发生了种种极大的罪恶……处在今日饥寒压迫无智的地位的工人和农民，在生活上和人道上，是不得不要求自身的解放和世界的改造""我们要在这一天，轰轰烈烈的显示我们伟大的阶级团结，鲜明我们的阶级意识，整饬我们的先锋队伍，发挥我们的斗争精神，联合世界无产阶级协力推倒国际资本家以完成无产阶级的解放！起呀！我们亲爱的工人和农人！起！起！打倒我们的共同敌人——资本家和军阀！争回我们的固有权利——自由和幸福！"。同时发表《海丰劳农节报告书》。

此后，海丰农民运动得到了进一步的发展。1923年7月中旬，惠州农民联合会扩大改称为广东省农会，选举彭湃、杨其珊、马焕新、林甦、余创之、蓝镜清、黄正当、李劳工、张妈安、彭汉垣、万维新、万清味、林朝宗为执行委员，彭湃为执行

海丰县总农会旧址

委员长。彭湃起草了《广东农会章程》，明确提出农会的纲领："一、谋农民生活之改造；二、谋农业之发展；三、谋农村之自治；四、谋农民教育之普及。"此时，广东省农会有海丰、陆丰、惠阳、紫金、惠来、普宁6个县的团体会员，共计2.68万户，达13.4万人。其中海丰1.2万户、6万人。

农潮席卷陆丰、惠阳、紫金、五华等县，又发展到潮汕一带，如暴风骤雨般推进，有力地打击了封建势力。

农会成立后两个阶级的激烈斗争

一、地主豪绅"要用银片埋葬农会"

海丰县总农会的成立，标志着海丰农民运动发展到了一个新的阶段，农会事事替农民撑腰，在经济、政治上限制和打击以地主豪绅阶级为代表的封建势力，严重威胁着他们的阶级利益。农民与地主之间的一场大搏斗，已经是箭在弦上。

在海丰县总农会举行农民新年同乐会后不久，海丰农民与地主之间发生了第一次正面冲突。农民余坤等与地主的主佃纠纷，成了这次斗争的导火线。1923年3月，海丰县城内的恶霸地主突然要公平区黄坭圹乡余坤等六户佃户加租。余坤等人先是不同意，认为这种故意加租，毫无道理，不予理睬。地主未达目的，不甘罢休，即唆使爪牙去余坤等家里闹事，余坤干脆辞耕，免与其再发生纠葛。他把事情及主意报告了农会，农会早有"同盟非耕"（即农会会员耕的地如果辞退了，附近农民无论谁也都不接受耕种）的规定，也同意了余坤等人辞退租田，余坤等将所耕3石余种田悉数交还。可是，地主借与官府有勾结，继续寻衅，于第二天向法庭告状，指控余坤等交出之田不足数量，罪名是"佃灭主业"。

法庭分庭推事张泽浦受理此案，即派法警3人，带着传票传讯余坤等人。这些法警到了黄坭圹，见乡民妇女看到他们如遇虎狼，愈发嚣张，他们捕到余坤等人，还借机勒索。余坤等人拿不出这么多钱，遭殴打后，被带到公平圩。他们没法，只好把典当衣物的6毫钱，交法警当作杂费，余款请某商号担保，才暂获释回家。第二天，余坤等人将自己的遭遇报告农会。农会立即作出对策：（1）只交传票费1两银元，其余脚皮钱等一概不交，如法警要钱，可叫他至农会来取；（2）在法庭上，可告诉推事，以后如果要传讯，不须到乡下家里，只到农会便可以，保证随传随到。农会给他们撑了腰，壮了胆。在法庭上，推事张泽浦在审理此案时，已知道了农会为余坤等人打抱不平，慑于农会的声威，不敢袒护地主。地主拿不出证据。第一次堂讯以地主的失败结束。

地主败诉，四出谋求援助。海丰地主豪绅们认为这是对付农会的最好时机，即起而响应，到县城朱氏祖祠聚会，商议对策，大肆攻击农会和彭湃，说农会"实行共产公妻，并运动法官，欺负田主"，彭湃"煽惑无知农民，希图不轨"。这番危言耸听的言论，博得与会的人鼓掌赞成。地主豪绅王作新提议成立一个业主的组织，以联合起来与农会相对抗。众人起而赞成，组织起了粮业维持会。

豪绅地主们列队到法庭，气势汹汹，大骂法官，张泽浦被吓得魂飞魄散，迫于无奈，不得不答应拘禁余坤。

二、六千农民闹法庭

第三天，法庭来农会传讯余坤等人。农会得知变故，当即开会商议，议定由余坤等人上堂对讯，农会职员尽量去旁听。正准备前往，忽有人报告，粮业维持会派人在路上埋伏，专等农会的人行凶。经派人侦察，临时决定只由余坤等人先去，其他人暂在农会等候。

当天，余坤等6人到了法庭，地主方面来了七八十人皆是有权势的绅士。法官张泽浦匆忙上堂审讯，并没有什么讯问，便命法警将余坤等人加上镣铐收监。农会认为，法庭未经判决，便随便押人，纯属违法行为；事已至此，已经不是余坤与地主个人之间简单的民事官司，而是执法者犯法的问题。于是，农会召集紧急会议，决定第二天上午举行集会，向法庭请愿，以援救受冤屈的农友。农会连夜派出40人，分途通知各乡农会，动员会员参加请愿。

第二天一早，各乡农民从四面八方赶来县城，上午10时集合了6000多名农友，在龙舌埔由县总农会主持开大会。彭湃向大家报告了事件发生的经过及原因，指出这次斗争的意义。赤山约农会会长黄风麟继彭湃之后在会上讲话，提出了与地主斗争的办法。

龙舌埔大会之后，农民集合队伍去法庭请愿，出发时天下着大雨，农民以久旱逢此大雨高兴万分，冒雨向法庭进发。法庭闻讯，特派代表前来与农会谈判，农会不予理睬。队伍到了法庭门口，径直冲了进去，进了法庭的客厅，才派20位代表与法庭进行谈判。"农民代表把戴的竹笠置在法庭公案上，那种神气，正是表现了海丰农会的威力。"

面对浩浩荡荡的农民队伍，分庭推事张泽浦强装笑容迎接代表，殷勤地招待烟茶，问明来意。农民代表向他提出立即释放被冤扣押的农民余坤等。最后，法庭只好立即放人。请愿斗争取得完全胜利。

三、海丰"七五"农潮

正当农民运动迅速发展之时，海丰县发生了"七五"农潮。

1923年7月，彭湃应当时在广州的中共中央执行委员会委员长陈独秀之约，准备前往广州，但在动身的当天，即7月26日

（农历六月十三）的凌晨，突然狂风暴雨大作，少顷，风势来得更加凶猛，房屋倒塌之声不绝，大树被狂风拔地而起。天将拂晓，洪水袭来，人们的呼救声不绝。风停下来，雨水仍两日未退，台风席卷海丰沿海及内地。彭湃为帮助农民救灾，取消了广州之行。

面临严重灾情，农会为解救农民于倒悬，8月2日（农历六月二十），农会召开海丰全县各约农民代表大会，到会代表100余人。因广大农民对交租问题非常关心，有1000多名农民自动参加大会旁听。把整个会场挤得水泄不通。大会由彭湃主持，他报告了各地的灾情，农会所作的救灾工作，以及执委会讨论减租问题的经过和意见。会议的旁听席群情激昂，纷纷拥护"免租运动"。不过，出席会议的代表，经过反复讨论，支持"免租"的不及半数，多数人拥护"减租"，大会最终通过了"至多三成交租"的决议，并发表《为减租而告农民》的公开信，要求地主酌情减租。但地主仍强行要求农民十足交纳田租，引发农民与地主之间的争执。

8月5日（农历六月廿三），再次发生台风。海丰地区在十天内遭了两次强台风的袭击，继而带来暴雨和海潮。当时为将近收获季节，农作物严重歉收，房屋倒塌无数。广大农民遭此惨重风灾，惨不堪言。农会为争取农民不致因灾害而饿死，当台风一发生，"即时组织救灾队，或分乘小舟赴各灾区援救农民，或去慰问和调查，或去引导水出去，或修筑起堤坝……各区农民以农会如此努力，益密切而引起莫大的同情"。水稍退，农民纷纷到农会来，或报告灾情，或要求农会为他们出主意，或询问如何交纳田租等问题。农民寄希望于农会为他们解脱灾难，更加踊跃地加入农会。

地主阶级的头面人物与农会势不两立。新任县长王作新等暗中联络地主反动势力，串通一气，恢复粮业维持会，在县公署秘密开会进行策划。王作新等竭力造谣攻击农会。他们坚持十足收租，并散布种种谣言破坏减租，制造事端，挑起农民与地主之间的冲突，为反动政府压迫农会制造借口。

8月11日，县保卫团局长林斗文的侄子到城西一个村收租，为农民驱逐。随后又到一个叫北笏仔乡的去收租，同样发生争执，他动手打人，结果被这个只有30多户人家的小村农民打伤。县长王作新受理此案，借题发挥，大做文章。第二天，派了武装20余人下乡围捕。军警入乡就鸣枪示威，乡民恐惧，扶老携幼逃避各处。这时，洪水尚未退尽，妇幼跌入水的不少。军警人员索要脚皮钱，农民没钱给。他们勒索不成，便逮捕了无辜农民3人带回县中。县长未加审问，即将3人加镣铐投入监狱。农会得悉此事，派人与王作新交涉，说明此案属于民事，不关县长的事。王作新则说，此是官租，可以受理。

无辜农民被投入监牢事件发生，农会执委举行会议进行讨论，认为进行减租必然要与地主发生纠葛。会议决定于8月15日（农历七月初四）召开大会，动员全县农民坚持减租斗争，同时详细报告北笏仔乡的事件，使各会员了解真情。

8月15日，按照计划召开农民大会。但这一天，县长王作新竟出了布告，诬指彭湃为"匪首"，"希图造反"，并威胁四乡农民"勿为所愚而自招重祸"。王作新还派军警把守各个路口，不准农民参加大会。各乡农民不怕威胁，扯掉布告，驱逐警察，仍来集合开会。上午10时到会农民已有四五千人，到12时已有两万余人，于是举行大会，通过"以减租七成为最高限度。收获不及三成者照数减之，如全无收则免交"的决议案。彭湃作了报告，李劳工、林甦、黄正当、杨其珊、彭汉垣相继演说，"皆痛快淋漓，及说至农民痛苦，演说者与听众皆相感泣"。大会决定要设法救济被捕农民及其家属，要依法律诉诸法庭。大会"最后三呼农民万岁，声如巨雷，乃宣告散会"。

农民浩浩荡荡集合，使县长王作新等惊恐万状，集中军警在县署和分守城门，构筑障碍，准备作战，继而电告汕尾驻军钟景棠，"海丰发生土匪"，请其派兵来县，最后自己也逃走了。

当晚，王作新探得农会并没有准备什么大的行动，便连夜召集豪绅四五十人开会，决定以武力摧残农会。会上有人主张趁农会不备，采取行动，扑灭农会，作一劳永逸之举，以免将来滋蔓难图，于是秘密决定了行动计划。

8月16日（农历七月初五），县署游击队队长王益三率领武装，连同从汕尾调来的钟景棠的军队与警察、保卫团等300余人，包围并冲入农会，捕去未能逃脱的农会职员及会员杨其珊、洪廷惠、黄凤麟、郑渭净、陈梦等25人，没收农会用具和会金。同日，县长出布告宣布解散农会，通缉会长彭湃及执委余创之、林甦等人。17日又宣布查封农民药房，缉拿医生吕楚雄。又纵令军警四出下乡，到各乡逼迫农民十足交租，查缴农会会员证章。

军警把拘捕的杨其珊等25人投入监狱。王作新坐堂审讯杨其珊，企图从他口里逼出背叛农会的口供，结果落了空。农会被解散后，彭湃等人在外斡旋营救被捕的人，彭汉垣、郑志云、陈修等人仍在海丰，主持农会的秘密活动。有的区乡仍保持其组织并开展对地主的斗争。

这次地主豪绅的反攻倒算事件，在农民运动史上被称为"七五"农潮。

"七五"农潮发生后，彭湃及林甦、彭汉垣、黄镜清、张妈安等突围出来的农会骨干40余人撤退到大嶂山边，先后聚集到大嶂山的一间庵寺——凤髻庵，地理位置和形势对于他们暂时藏身非常有利。附近农村的农民都是热心农会的，他们还在山顶和山口放哨。庵中有一道士叫吕成善，曾是农民起义首领东成王党刘福田的门徒。在反对北洋军阀失败后，隐居于此。吕成善同情农民运动，当他知道彭湃等的来意后，极表欢迎，热情接待，妥为安置。彭湃等人在凤髻庵举行会议，商讨解救对策，决定大力争取各方支持，并继续秘密领导农会。彭湃胞兄彭汉垣主张利用陈炯明曾许下支持农会的诺言，去老隆找陈炯明交涉。

8月23日，彭湃和林甦、蓝陈润一起经过数天跋涉，抵达老隆，向陈炯明进行说理斗争，终于迫使陈炯明同意电令王作新释放被捕入狱的农会职员。8月24日，彭湃等人离开老隆，前往潮安，遇到从北京南归的李春涛，请他起草《海丰农民告同胞的宣言》，揭露海丰地主豪绅压迫农民、摧残农会的暴行。

"七五"农潮彭湃、李劳工等人避难旧址

9月初，彭湃等人经汕头回到海丰，即与李劳工、彭汉垣等互通情况，商量对策。得知他们离开海丰后，王作新及地主豪绅极为横暴，陈炯明给王作新的电报并没有起作用。9月上旬，彭湃和李劳工赴香港找林晋亭，要他催促陈炯明解决释放农友问题。在香港的一个多月里，彭湃在人力车工人中进行革命宣传、为被捕农友募捐。当月，海丰公平区白水湖农民仍坚持交租三成，遭到区长镇压。10月，海丰圆霖乡40余户农民反抗迫租勒索，集体辞田。

11月初，彭湃和李劳工离开香港，经汕头到达老隆，再次找到陈炯明，陈炯明却一再敷衍。彭湃认定，靠陈炯明释放农民是行不通的，根本方法还是"发展农民运动去求之才对"。

1923年11月下旬，为了联络各县农会援助海丰农民，恢复发展农会，彭湃在汕头发起组织"惠潮梅农会筹备处"，并于12月召开了海丰、陆丰、惠阳、紫金、普宁、惠来、澄海、潮阳、潮安、五华等十个县农会代表大会，宣告惠潮梅农会筹备处成立。

1924年1月，以惠潮梅农会的强大声势为后盾，迫使王作新释放了全部在"七五"农潮中被捕的农友，各地农会迅速恢复，农会的抗租斗争最终取得胜利。通过此次事件，彭湃意识到武装的重要性，开始产生建立农民革命武装的思想。

海丰农民运动虽然遭受了挫折，但是经历了两年斗争考验的农民，"阶级的认识益加鲜明"，此时，农民运动已成为中国农民反帝反封建斗争的一支重要力量。当时正在欧洲求学的周恩来，在《赤光》杂志著文指出："海丰百万农民的反抗运动……引起了地主的恐慌，农民是一支庞大的力量，中国农民是可以在不久的将来加入革命战线的。"

国共合作形势下农民运动的新发展

一、彭湃把农民运动的经验推向广州

1924年春，当海丰县总农会再度被取缔，农民运动转入低潮的时候，广州却出现一个预示着农民运动将在更广阔范围兴起的新局面。

以孙中山为代表的国民党，在共产党人的帮助下，于1924年1月在广州召开了以"重新来研究国家的现状，重新来解释三民主义，重新来改组国民党的全体"为主旨的国民党第一次全国代表大会。大会确定了实行"联俄、联共、扶助农工"三大政策，中国共产党党员以个人身份加入国民党，形成以国共合作为基础的各革命阶级的统一战线，开展反对帝国主义反对封建军阀的国民革命，开始了中国革命的新篇章。

国共合作后，孙中山领导的革命政府设在广州，成为国民革命的策源地，吸引了全国各地的革命分子，也为海陆丰农民运动的复兴带来了曙光。海陆丰农民运动的一部分领导者和革命青年也来到广州，从此海陆丰的农民运动不再孤立于一隅。

彭湃等于1924年3月26日离开海丰，4月初到达香港，并由中共中央委员、国民党中央常务委员兼组织部部长谭平山派专人迎接到广州。彭湃在广州由社会主义青年团员转为中国共产党党员，又按党的要求参加国民党。根据中共党组织安排，彭湃出任国民党中央农民部秘书，随后任共青团广东区执行委员会委员、中共广东区执行委员会委员、国民党广东省党部执行委员兼农民部部长，分工农民运动的领导工作。

彭湃到广州后，随即把海陆丰农民运动的经验传播到广州及广东其他地区，亲自指导农运斗争。他积极参与国共两党制定农民运动的纲领、方针与政策，亲自深入到广州郊区和西江的广宁，指导组织农民协会，领导农民向地主豪绅及当地军政右派势力进行政治和经济斗争。他一贯主张，农民要取得自己解放，必须首先结成团体并且联合起来。在广州，他不但十分注意利用国共合作的形势，大力推进各地的农民运动，而且积极参与能够真正代表全省农民权益的广东省农民协会的筹备工作。

二、创办农民运动讲习所

国共合作后，在中国共产党的推动下，国民党采取积极态度对待农民运动。广东革命政府把组织和发动农民加入国民革命作为重要任务之一，多次发表支持农民运动的宣言。

1924年4月上旬，廖仲恺、谭平山派特使邀请彭湃抵达广州，以共产党员身份出任国民党中央农民部秘书。当时，国共两党合作，革命统一战线宣告建立。彭湃在海陆丰农民运动的实践中，深感培养有农运经验和军事才能的农运干部是革命发展的当务之急。为推动农民运动向广东及全国各地发展，彭湃向孙中山建议，开办农民运动讲习所。6月30日，国民党中央执行委员会第三十九次会议通过了农民运动实施方案，同意彭湃的提议，开办农民运动讲习所（简称"农讲所"），并委任彭湃为第一届农讲所主任。

由彭湃创办的第一届广州农民运动讲习所在广州越秀南路惠州会馆正式开学，来自广东各地38名学员参加了学习。彭湃决心把学员培养成为"坚忍卓绝之农民运动战斗员"，除组织学习和

彭湃与第五届广州农讲所学生毕业合影　　　　海丰县农民运动讲习所旧址

研究有关农运的理论外，重点组织学员学习军事知识和进行严格的军事训练。

广州农民运动讲习所名义上由中国国民党中央农民部主办，实际上由中国共产党创办和领导。从1924年7月至1926年9月，共举办了六届。彭湃担任第一届及第五届主任，其他的分别由共产党人罗绮园（第二届）、阮啸仙（第三届）、谭植棠（第四届）、毛泽东（第六届）担任。六届农讲所共培养了772名毕业生和25名旁听生，为中国农民运动的发展输送了一批中坚力量。

1925年4月22日，海丰县农会在海城龙山准提阁开办海丰农民运动讲习所，由彭湃任所长。彭湃、杨嗣震、李国珍、吴振民、聂畸等分别授课。首期招收男女学员40余名，到7月份学员结业后，一部分人留在海陆丰工作，另一部分人分配到紫金、五华、普宁、惠来、潮阳、揭阳、潮安、饶平等县从事农民运动工作，使各地农民运动更加有效开展，海陆丰农民运动成为中国共产党建党初期范围最广、影响最大的农民运动，推动了全国农民运动的蓬勃发展。

1926年5月，第六届广州农讲所开办，毛泽东任所长，这一届的规模比前五届大，招收有志于农民运动的进步青年327人，他们来自全国20个省区，于5月3日开学，学习4个月，毕业后回原籍做农运工作。在毕业前夕，学员在该所教务主任陆沉、军事训练总队总队长赵自选率领下到海丰进行为期两周的实习。

8月10日，农讲所全体学员从广州乘轮船，傍晚到达海丰的汕尾镇，连夜行军，拂晓抵海丰县城。第二天，全体学员参加了海丰县农民协会举行的联欢会。适逢海丰县于8月12—17日召开全县第二次农民代表大会，农讲所来的全体人员列席大会听取了重要的报告，或参加了其他的活动。8月16日，应邀参加了由海丰县党部、县农民协会、县总工会等团体联合举行的欢迎会。17日，农讲所全体学员到海丰附城龙山烈士纪念碑，向为农民运动牺牲的烈士致祭。在实习期间，学员分组深入到各区乡，其中一个组到陆丰，"亲入革命的农民群众中，考察其组织，而目击其生活，影响学生做农民运动之决心极大"。可见，海陆丰农民运动已经成为中国农民革命的一面光辉旗帜。

第六届农讲所为适应北伐战争的胜利进行，以及农民运动在全国的迅速发展，为从事农民运动的同志研究的需要，决定编印《农民运动丛刊》。毛泽东为该丛刊写了题为《国民革命与农民运动》的序，总结了广东农民运动，特别是海陆丰农民运动的经验。从理论上阐明农民运动对国民革命的极端重要性，毛泽东指出：

农民问题乃国民革命的中心问题；农民不起来参加并拥护国民革命，国民革命不会成功；农民运动不赶速的做起来，农民问题不会解决；农民问题不在现在得到相当的解决，农民不会拥护这个革命。

毛泽东在论述国民革命的反帝反封建斗争，必须动摇其基础，打倒地主豪绅、贪官污吏时，举了海丰为例：

陈炯明的故乡，历来土豪劣绅贪官污吏猬集的海丰县，自从有了五万户二十五万人之县农民协会，便比广东任何县都要清明——县知事不敢为恶，征收官吏不敢额外刮钱，全县没有土匪，土豪劣绅鱼肉人民的事几乎绝迹。因此，乃知中国革命的形势只是这样：不是帝国主义军阀的基础——土豪劣绅、贪官污吏镇压住农民，便是革命势力的基础——农民起来镇压住土豪劣绅、贪官污吏。中国的革命，只有这一种形式，没有第二种形式。全中国各地都必须办到海丰这个样子，才可以算得革命的胜利，不然任便怎样都算不得。全中国各地必须都办到海丰这个样子，才可以算得帝国主义、军阀的基础确实起了动摇，不然也算不得。因此，乃知所谓国民革命运动，其大部分即是农民运动。

毛泽东在1927年春考察了湖南农民运动之后，写作的《湖南农民运动考察报告》，又一次提到海丰。他写道：

县政治必须农民起来才能澄清，广东的海丰已经有了证明。

毛泽东的上述两文都是在第六届农讲所学员到海丰实习之后写的，他相继著述充分肯定海丰农民运动的经验，高度赞扬海丰农民的革命精神，而且特别肯定"中国的革命，只有这一种形式，没有第二种形式"。正是彭湃的这种农运模式，推广和促进了全国农民运动。

三、策应东征

1923年6月12—20日，中国共产党第三次全国代表大会在广州举行。中共三大主要讨论与国民党合作问题。大会经过讨论，通过了全体共产党员以个人身份加入国民党的决定，确定了统一战线的策略与组织形式。中共三大之后，中共广东区委以积极态度，推动国民党改组，促进国共合作的实现。

在中国共产党的帮助下，1924年1月召开的中国国民党第一次全国代表大会通过了中国共产党人参与起草的《中国国民党第一次全国代表大会宣言》和《中国国民党章程》，确立"联俄、联共、扶助农工"三大政策，重新解释"三民主义"，认可共产党员和社会主义青年团员以个人身份加入国民党。这次大会实现了第一次国共合作，标志着反帝反封建的革命统一战线正式形成。

为了进一步发展国民革命运动，奠定北伐的基础，国共两党还达成了建立和巩固国民革命基地的共识，并为此进行了东征和南征。

1924年9月，周恩来从法国回来，经香港抵达广州。彭湃将自己的住所让给周恩来居住。从此，两人成为相互支持、并肩战斗的挚友。

1925年1月15日，广东革命政府决定举行第一次东征，发表了《中国共产党檄告广东工农群众，保卫革命，打倒陈炯明》，号召工农群众起来保卫革命，打倒帝国主义和反动军阀。在广东区委和苏联顾问的支持下，广东革命政府发表了《东征宣言》，并将所辖各路武装组成东征联军，计划分三路进军东江；以

彭湃在欢迎东征军大会上演说

黄埔军校学生和许崇智之粤军为右路，进攻惠阳淡水、海陆丰及潮汕；刘震寰之桂军为中路，进攻惠州；杨希闵之滇军为左路，进攻博罗、河源、龙川、五华、兴宁一线。

为了配合东征军作战，广东区委和彭湃派遣李劳工带领广州人力车工人俱乐部中的多名海丰籍工人组成先遣队，作为东征军向导，同时派张威、林务农等回海陆丰组织农民武装，策应东征军。

此时，彭湃根据国民党和中共广东区委的有关指示，与在广州的东江海陆丰同志就如何配合和支援东征军做了研究与部署，并做了许多实际工作。

第一，组织东征军先遣队，为东征军做向导。李劳工被委任为先遣队队长，在广州的人力车工人俱乐部中，挑选革命分子组成先遣队。

这个人力车工人俱乐部，它的成员绝大多数为海陆丰籍的破产农民，其中不少是因农会被解散后，生活无着落，被逼来广州拉车谋生的。彭湃于1924年到广州后便与李劳工、林甦、林务农等把这些人力车工人组织起来。俱乐部成立后，发挥了团结、互助的作用，使工友们亲身体会到好处。因而，后来随之有第二、第三人力车工人俱乐部相继成立。通过这些俱乐部的活动，提高了工人们的觉悟，还培养了一批革命分子和骨干，许多人在以后的东征、海陆丰革命斗争和广州起义中，为革命作了重大的贡献，有的人在与敌人的战斗中英勇牺牲。

先遣队由50多位精干分子组成，随即奉令"合同党军，分海陆两路进攻海丰"。出发前"先到黄埔军校领了50多人的枪和服装，以及供应，武装了这些工人，并进行了两三天基本动作训练之后，即搭车到樟木头，转往淡水"。这支武装队伍为东征作了向导，后来又成为海陆丰农民自卫军（农民自卫军简称

周恩来东征到海丰

"农军")的基础。它的组成，是海陆丰农民自卫军的开端。

第二，事先派遣干部回海陆丰，发动农民接应。1924年先后从海陆丰来了一大批人到广州参加革命工作，或参加各种学习，如李劳工、郑志云、林甦、张威等人。东征前夕，革命政府通过彭湃物色了一些对地方情况比较熟悉，有一定的工作能力和影响的人，事先派回海陆丰，做组织、宣传、情报及其他方面的策应工作，其中有郑志云等。东征军到达海丰的第二天，周恩来、彭湃随军到达，张威就专程到海丰向他们送来了敌军的情报。这些被先后派回海陆丰的革命分子，同当地的秘密农会相结合，在敌人的后方进行各种活动。此外，有更多的海陆丰籍干部随军并担负一定的工作任务。

第三，联系农民秘密组织，为革命军收集情报，准备内应。东征之前，为使进军顺利，急需得到东江方面的情报。在着手建立海陆丰情报网时，彭湃通知了在海丰坚持秘密斗争的"十人团"收集情报，还特地通知了陈修秘密到广州，布置任务，交给电报密码。后来海丰与广州的电报联系中断，他们便建立了由海丰汕尾经香港转广州的秘密交通线，提供了许多情报。郑志云、张威等根据形势和广州方面的指示，通过"十人团""贫人党"秘密组织，把东征消息向海陆丰群众扩大宣传，使之家喻户晓。群众得知东征军即将到来，都非常高兴，纷纷操起土枪、土炮、尖串、匕首等武器，准备参加战斗。又组织人力充当向导、侦察、挑夫，安排慰劳和后方供给，制作党旗、农会会旗等欢迎东征军。

四、东征胜利进军

1925年1月30日，东征军司令部决定采取先发制人的策略，分三路进兵东江。右路以许崇智的粤军和黄埔军校两个教导团，进军淡水、平山、海丰、陆丰直取潮汕。

在东征联军中，担任左路和中路的滇、桂军首领杨希闵、刘震寰，原本就是地方军阀，对广州革命政府怀有异志，始终徘徊观战、逡巡不进。东征实际上只是右路军迅速进军，并取得胜利。

右路军以建国粤军司令许崇智为总指挥，骨干力量是黄埔军校的2个教导团，由黄埔军校学员编成，学员是来自全国各地有志于革命、觉悟较高的热血青年，在军校学习期间受过优良的政治教育和严格的军事训练。周恩来以黄埔军校政治部主任的资格兼任黄埔军校前方政治部主任。彭湃参加东征军指挥部工作，积极协助周恩来。

东征军右路于2月1日从广州沿广九线向石龙前进。敌军节节败退，至10日东征军驱逐了敌军的前沿部队，完全控制了广九线，占领宝安平湖、深圳等地。15日攻克了易守难攻的淡水城，打退了从惠州前来增援的敌军，俘敌2000余人，缴枪1000余支，获得了开战以来最大的胜利。东征军继续东进，21日攻克了平山。22日许崇智、蒋介石、周恩来及苏联顾问加伦将军在白芒花举行军事会议，决定暂置惠州城于东征联军监视之下，分二路进军海陆丰。25日，右路军夜袭敌军之背，洪兆麟部大乱，向海丰方面溃逃。同日，黄埔军校教导团从平山向白云、稔山、赤石、梅陇挺进，包抄溃敌。

总司令部在海丰决定乘胜追击，分三路进攻潮汕。2月27

日，在张威、林务农带领的海陆丰农会和农民武装的大力配合下，东征军攻占海丰县城，迅速扫除了地方反动势力，总司令部及黄埔军校校本部设在县城林氏祖祠。彭湃回到海丰，给海丰及附近各县农民以极大的鼓舞，从陆丰、惠阳、惠来等地赶来的农民向彭湃控诉了土豪劣绅的残酷压迫剥削，强烈要求恢复农会，建立农民武装，提出"减租、取消苛捐、发给武装"三项迫切要求。谭平山等到达海丰后，与彭湃商议决定，尽快恢复海丰农会，建立农民自卫军。2月28日，东征军许济旅从海丰县城途经陆丰新田宿营，溃退之敌2000余人闻风向河田败走。

五、农民支援东征

由李劳工率领的东征军先遣队，于2月4日从广州出发。东征军攻占敌人设防坚固的淡水城的当天，已先期到达惠阳县与海丰县交界处。敌军在淡水、平山溃败后，向海丰的战略要地东都岭和埔心岭逃窜、集结。先遣队利用熟悉地形与路径的优势和易于了解民情和发动群众等有利条件，绕道从崎岖小路翻越云峰，占据制高点，使敌处于受牵制境地。东征军在神速进军追击中，先遣队也参加追击与截击。

敌军溃退海陆丰，随后又向潮汕溃退时，到处都受到农民的袭扰或武装截击。"敌军一路由海丰的公平向陆丰的新田、河田，揭阳的河婆撤退，农民群众知道他们是被击溃的败兵，纷纷拿起刀枪拦截。当敌军到达陆丰新田时，农民秘密团体贫人党组织发动的农民群众或四处登山呐喊，或三五成群放冷枪骚扰，夜晚又在山上烧起一堆堆篝火，使敌军丧胆。有一次败军百余人正待吃饭，听见枪声仓皇而逃，一些掉队的小股敌军，被农民缴了枪。"

3月3日，海丰各届在东仓埔举行欢迎东征军大会，到会者3

万余人，周恩来、彭湃、谭平山和俄国顾问加伦将军分别作了讲话，全场欢声鼎沸。彭湃在会上宣布恢复海丰县农会，指出"在县代表大会未召集前，由旧时职员组织临时县执行委员会，行使委务"。周恩来安排共产党员、黄埔军校毕业生李劳工、吴振民等人留在海丰，并任命李劳工为东征军后方办事处主任，吴振民为政治部特派员，负责党务及宣传工作，恢复海陆丰农会，协助农会组织训练农民自卫军，建立农民革命武装。

周恩来在海丰县城停留三天，他参加了群众欢迎东征军大会，还参加了海丰团小组会议，特别是推荐彭汉垣担任海丰革命政府的首任县长，使海丰迅速打开政治局面。在周恩来、彭湃的支持下，3月中旬，海丰县召开农民代表大会，把海丰县总农会改为海丰县农民协会，选举彭湃、杨其珊、林甦、郑志云、万维新、余创之、李劳工为执行委员，彭湃为会长，杨其珊为副会长。大会通过了恢复各级农会、实行"二五"减租、建立和训练农民自卫军、举办农民运动讲习所、委任各区农会特派员、清算和惩罚反动地主等项决议。

东征军于2月28日、3月4日先后离开海陆丰，分兵前进。此时，敌军林虎虽已孤立，但拥兵上万，有较强实力，他们集结于河婆、鲤湖、棉湖之线，预备与东征军决战。东征军于3月13日

海丰县农民协会徽章（正面）

海陆丰人民自卫队"减租减息"传单

与林军进行棉湖战役。教导团2000余人，对敌军1万余人，激战数日，打垮敌军，获以少胜多和东征以来的最大胜利，接着奔袭五华，19日转攻林虎据城固守的兴宁。经两天激烈的战斗，俘敌千余人，缴枪2000余支，林虎弃城而逃。敌军残部逃往闽、赣边境。固守在惠州的杨坤如部也被逼接受改编。历时两个多月，整个粤东即惠、潮、梅地区全部克复。

3月16日，以李劳工率领的东征军先遣队为基础，扩充成立海丰农民自卫军，总队部设于海丰县城东林氏祖祠，李劳工为总队长（后为徐成章、吴振民），林甦为党代表（后为余创之），总队最初只有60多人，一个多月后迅速扩大到200多人，编为两个中队。在周恩来的积极支持下，黄埔军校派出吴振民、于鲲、卢德铭、聂畸、陈如愚、陈一史等担任教官，对农军进行军事训练。

东征军兵分三路继续向潮汕进军。各地农会组织大批农民，手持各种武器和农具前往助战，声势浩大。东征军所向披靡，先后占领普宁、揭阳、潮安、潮阳、汕头。棉湖大捷是东征军继淡水之战后取得的又一重大胜利。两次战斗的胜利，基本奠定了第一次东征胜利的基础。

东征军黄埔军校政治部驻海丰南湖别墅旧址

6月，周恩来和东征军的苏联军事顾问鲍罗廷、加伦曾短暂住在彭湃家中。周恩来十分重视武装工农群众，壮大工农革命队伍。当他发现农民自卫军缺乏骨干和经验，便委派黄埔军校二期生李劳工为农民自卫军大队长，另派吴振民、卢德铭、宛旦平等为教官，协助训练农民自卫军。他还指令政治部的李侠公把缴获的400多支枪送给了海丰农民自卫军，从而大大鼓舞了海丰农民的革命斗志，促进了海丰农运的发展。

六、第二次东征前后

东征军收复海陆丰，农民运动迅速恢复，正当蓬勃发展之际，1925年3月，孙中山在北京逝世，那些打着"革命"旗号的军阀政客都觊觎广州的军政大权和广东地盘。驻在广东的各省客军如杨希闵的滇军、刘震寰的桂军以其实力较为雄厚，便迫不及待地妄图夺取广州政权。

6月初，杨、刘在广州的叛乱发生。在广州革命政府号令下，这次叛乱很快就被平定了。但为平叛，保卫广州革命政府，东征军的主力被调回广州，败退闽南的敌军便有了卷土重来之机。他们到来之后，便勾结余党，向商界、农民迫勒军饷，强拉夫役，占住民房，在汕尾、遮浪、碣石、甲子等地洗劫农会，掳掠农会职员。农民协会不得不多次发表通电，向广州国民党当局要求彻究这些土匪式的军队，农民自卫军也只得起而自卫，把他们驱逐出境，如驱逐马剑郎于梅陇、驱逐陈保群于汕尾等等。

平定杨、刘叛乱后，为推进国民革命，7月1日，将设在广州的大元帅府改组为国民政府。8月，驻在广东的各省部队统一改编为国民革命军，当时发生了国民党左派领袖廖仲恺被刺杀事件，蒋介石趁内部肃奸之机，施展权术，取代了许崇智，掌握了军事大权。在争取帅印的大变动中，原粤军继续放弃粤东向广州集结。在海陆丰再度沦入敌手的前夕，彭湃写的《革命政府应如何对付东江问题》在报上发表，斥责国民党内部挂着国民革命的招牌，为争取权力，置东江人民于不顾，一味向反革命势力妥协的行径，强烈要求"革命政府应努力与东江的人民合作"。

彭湃又在广州推动惠潮梅各界要求革命政府举行第二次东征。9月6日，惠潮梅各界团体联合会议召开，公开推举彭湃为主席，决议召开惠潮梅人民请求政府收复东江大会。9月14日，大会召开，彭湃作了演说。

大会通过惠潮梅人民请求政府收复东江大会宣言。随后惠潮梅各界团体联合会发表宣言和通电，呼吁政府出师东征。

9月，敌军初次攻陷潮梅，中旬由刘志陆任总指挥，15日在汕头下达动员令，18日下达总攻击令，分三路向东江西南部进犯。在敌军进逼，原许崇智指挥的粤军纷纷撤退到海陆丰时，海丰农民决心全力协同许部抵御敌军，与敌军决一雌雄。农民协会召开紧急会议，决议动员农民做好各种准备，农军作了御敌的部署。

当时，退驻海陆丰的原许崇智指挥的粤军部队，有余鹰杨部1300余人驻陆丰的河田，张和所部3000余人驻海丰的公平，独立团冯轶裴部1000余人驻海丰，还有张员等部2000余人，由张员指挥驻海丰的梅陇。

海陆丰两县农民协会按计划将农民自卫军400余人，部署在公平、樟树坳等处据守。海丰县农会拟动员全县9个区的农民自卫军协同驻军第四旅和第九旅作战，由农军训练所学员到各区指挥这些自卫军；各区又挑选精壮农民，组成义勇队，由乡农会用减租抽一成粮谷供义勇队之用。海丰工会踊跃争任后方运输之责。海陆丰农民对敌军来犯严阵以待，誓同革命军并肩作战。

岂料，敌军刘志陆部从五华绕道河婆，直逼河田、河口、大安，扑向陆丰县城；在海丰的许崇智驻防军，竟未经作战，悉数而退，撤往惠阳淡水。局势剧变，因"许部既退，农军知孤力与战，徒牺牲农民"。故再度召开紧急会议，决定"农民暂守沉静态度，待援军反攻时起而策应"，"农军为保全实力，由陆赴省请援"。会后，吴振民带领农民自卫军及同县党部、农民协会、总工会、新学生社、妇女解放协会、青年农工俱乐部等职员500余人，向广州撤退。

海丰农会决定撤退，并通知李劳工，要求他率农军务必星夜赶到海丰集中，转移广州。李劳工接通知后，深知时间十分紧迫，他传达了上级命令，马上动身往海丰，但敌军前头部队已到达陆丰县城附近，他只得改走小路，当他进入海丰境的大德岭后，因天黑迷路，误投海丰第七区反动头子陈丙丁的爪牙的家乡城林埔，被反动民团逮捕，押解田墘，后被陈丙丁、何仲缄等反动分子杀害。

9月22日，敌军占领海丰县城。敌军进入县城，即施残暴之淫威，到处肆意摧残。由于敌军烧杀过甚，激起农民的愤恨，起而与敌军对抗到处发生。海丰第二区麻竹乡的农民40余人，用10支枪与敌人坚持了3个小时的战斗，逼使敌军退却。二区"曾瑞南指挥联乡反抗逆兵摧残，召集勇敢农民，每夜开会，预备作战。自县农军离海丰数日，该乡农会的旗帜仍见飘扬于青天白日之下"。第三区上墩尾乡农民协会执行委员叶集朗，组织联乡反抗逆兵勒枪抢谷。当第三区银溪乡农会正在联系各乡农会，联合围攻驻梅陇的敌军，上墩尾乡首先悬挂起农会的会旗，"其余各处，因不愿受逆军之摧残起与抵抗尚多"。

9月下旬，国民政府决定再度出师东征。10月1日，国民革命军举行第二次东征。这次东征由蒋介石任总指挥，汪精卫为党代表，周恩来为总政治部主任，罗加觉夫、切列潘诺夫等人为军事顾问。总兵力共3万多人。

东征军分左、中、右三路纵队。中路（第一纵队）由博罗、惠州前进；右路（第二纵队）由淡水、平山向海陆丰前进；左路

（第三纵队）由龙门、河源前进。10日，东征军各路纵队均进到惠州周围，第一纵队攻占了惠州城外制高点飞鹅岭阵地。13日上午9时半开始发起总攻击，到14日黄昏，经过无数次的"步炮协攻"，其势甚猛，终于攻占惠州城。

攻克惠州后，为肃清盘踞在东江地区的叛军，东征总指挥部决定，兵分三路东进。周恩来和第一师师长何应钦率领第一纵队第一师从惠州出发，沿途肃清溃敌，20日到达海丰赤石。21日，第一纵队在东都岭、宋公岭一带，与叛军洪兆麟、谢文炳部对峙。东都岭地势险要，地形比较复杂，叛军在这里驻有一个团，而宋公岭、羊蹄岭地势较平坦，有叛军三个团扼守布防。周恩来同何应钦前往侦察后，决定以部分兵力向宋公岭、羊蹄岭佯攻，而以主力向东都岭进击。22日早上5时，各部依照计划分途进攻，敌人不堪一击，纷纷退却。东征军通过险要，于上午9时占领了梅陇，又马不停蹄，乘胜追击向海丰败退之敌。22日上午，东征部队随即尾追敌人来到海丰县城外。下午5时，东征军在农民自卫军的策应下，在没有大规模战斗的情况下克复海丰县城。周恩来指示第一军政治部主任李侠公，在所缴获的枪支中拨出400多支（分2次）给海丰农会，武装海丰农民自卫军。

敌军谢文炳部退出海丰县城，分别向公平和陆丰方向逃遁。23日，第一师留下第三团暂驻海丰，以肃清县城附近的敌人，一、二团向公平方向追击前进。敌军在公平东北高地进行顽强抵抗。经第二团猛烈的攻击，下午4时进占公平。敌人弃公平向河田溃退。东征军紧追不舍。

当革命军进占海丰，主力向公平方向追击敌军时，从海丰败退陆丰城的敌军谢文炳部，侦得海丰县城驻兵力少，于24日凌晨3时，亲率所部及陆学文部3000余人，回头袭击海丰县。当时，驻在海丰的军队，虽称为一个团，但一部分留驻汕尾，执行肃敌任务，在县城只有5个连。战斗开始之前，部队已得到海丰农民自卫军的情报，对敌人的反扑有所准备。但敌我力量过于悬殊，战斗一开始，敌军即蜂拥而上，炮火十分猛烈，东征军牺牲很大，形势极为不利。该团继续奋力反击，集中兵力攻占了龙津桥，把桥东与桥西的敌军切为两段，并消灭了桥西之敌。桥东的敌人，因势孤被迫撤退。为追击败敌，由农民自卫军带领东征军包抄至赤岸河渡口，切断敌人的退路。在渡口与敌军进行激战，获得大胜。此役以少胜多，俘虏及缴获敌人枪支各300多支。战后，周恩来指示第一军政治部主任李侠公将所缴获的枪支拨给海丰县农会以武装农民。赤岸渡口作战后，余敌向陆丰败退，东征军与农军继续追击，26日占领陆丰县城，敌军向潮汕方向逃窜。

至11月中旬，东征部队克复潮、梅，歼乱闽边，第二次东征取得完全胜利。在这次东征中，海陆丰农军担任了前导，海陆丰广大农民再次全力支援了东征军。在东征军克复海陆丰前，海陆丰农民自卫军退守淡水、石龙。10月3日进入广州，向国民政府请求迅速出兵，驰救东江海陆丰农民。自卫军在广州期间，进行补充和整训，并得到在广州各机关和人民团体的代表热情慰问。不久，又奉命回石龙担负守卫兵站和车站的任务。东征军进军时，他们又奉命到前线，担任向导。

1926年1月中旬，海陆丰农民自卫军受省港罢工委员会委托，兼任省港罢工纠察，驻汕尾、妈宫、田墘、捷胜等港口，负责对香港封锁。随着农民运动走向高潮，海陆丰农民自卫军不断壮大，已发展至万余人，组建了中国革命最早的妇女武装队伍——赤坑妇女粉枪队。海丰农民自卫军成为一支服从中国共产党领导的、具有严格纪律的、同人民群众保持血肉联系的新型农民武装。

经过一个多月的浴血奋战，第二次东征取得了完全胜利。东

中国革命最早的妇女武装队伍——赤坑
妇女粉枪队

海丰人民欢迎东征军祝捷大会

征的胜利是第一次国共合作进行国民革命运动取得的一个重大成
果。它对于海丰地区工农运动的广泛开展和工农武装力量的发展
壮大，对于中国共产党海丰地方组织的建立和发展，以及对于促
进广东革命根据地的统一和巩固，都具有重要的历史意义。

海陆丰农民两度支援革命军征讨消灭军阀，这是农民运动史
上光辉的一页，也是中国革命史上灿烂的篇章。

七、海丰党组织的建立和发展

东征的胜利，解除了海丰乃至广东人民饱受反动军阀的压迫
之苦，给海丰人民带来了新的希望。第一次东征，周恩来在海丰
停留期间，对筹建中的海陆丰党团组织作了重要指示，并参加共
青团海丰特别支部会议。1925年3月1日，根据广东区委和周恩来
的指示，在海丰县城郊桥东平民织布厂成立中共海丰支部，彭湃
任书记（后由郑志云接任）。4月1日，中共海丰支部改称为中共
海陆丰特别支部，彭湃任书记。党员有彭湃、郑志云、李劳工、
林甦、李国珍、陈修、陈振韬、张威、吴振民等10多人。

东征军再次攻克海丰后，海丰的党组织恢复了活动并且有
了很大发展。1925年10月29日，撤销了中共海陆丰特别支部，成
立中共海陆丰地方委员会，由彭湃任书记（后由张善铭接任），
组织委员郑志云，宣传委员李国珍，妇委书记蔡楚吟（1926年9

月到任），农委书记余创之，经委书记陈子岐，职委书记林道文，军委书记吴振民。海陆丰地委统辖海陆丰各区部委和高潭特别支部。同年11月，共青团海丰特别支部召开团员代表大会，正式成立共青团海丰地方委员会，由彭元章任书记，彭元岳任组织委员，林务农任宣传委员，陈新任妇女委员，黄连渊任经济委员，候补委员有邝纪璜、李国珍（学委书记）、杨望（童子军书记）。同时，由林蔚深任平民教育委员会书记，陈鹏魂任青年农工俱乐部书记。下属有9个团支部，团员70人。同年12月初开始，海陆丰地委在海城鉴湖举办党员训练班，每月一期。

在海陆丰地委领导下，海丰地区农民运动的发展更快。到1926年5月1日，广东省第二次农民代表大会召开时，海丰县有区农会11个，乡农会660个，会员19万人。全县有340多个支部，至1926年底共发展党员700人，到1927年3月，党员增至4000人，占广东省党员人数将近一半，占全国党员人数将近一成，成为当时全国中共党员最多的地区。

在农民运动不断发展壮大的形势下，海陆丰地委着手建设农民武装，建立了一支常备农民自卫军，由吴振民、卢德铭任教官。这支农民自卫军统一服饰，统一配备枪械，统一进行政治教育和军事训练，从装备到训练与正规军无异。广东国民革

共产主义青年团海陆丰地方委员会旧址

命政府也以正式驻防军的编制，命令海丰常备农民自卫军驻防海丰，并按月发放军饷。由共产党领导的农军成为国民政府的驻防军，这在国民革命运动中还是先例。举办农军干部训练班，把经过严格训练的农军干部派往各区，帮助农民协会组织和训练农民自卫军。在农军干部的帮助下，各区农民协会都建立了人数不等的农民自卫军，负责日常的保卫工作。另外，拥有3万之众的不脱产农军。他们以大刀、长矛和火药枪为主要武器，平时参加生产，战时参加打仗，被誉为"东方红军"。

随着农民运动的深入发展，农会的威信日益提高。当时的海陆丰，人们称"政治的中心不是县政府，而是县农民协会"。凡是县公署的决议事项，一定要有县农民协会代表参与才能生效。省政府委派的县官，到海陆丰上任后，也要受农民协会的监督。农会还实行减租减息，由县农民协会印制"减租证"，农会会员凭"减租证"可以减租三成。部分区农民协会还张贴布告：不许田主吊田。同时，田主须持有区、乡农民协会的字条，才可按规定收租。"一切权力归农会"的口号，在海丰地区成为现实。

海丰农民运动产生了深远的影响，成了广东全省乃至全国学习的榜样。1926年10月底，共青团广东区委机关刊物《少年先锋》记者杨白，对海丰农民运动给予很高的评价，把海丰称为"东方小莫斯科"。他在《小莫斯科纪游》一文中写道：

谁都知道，现在俄国的莫斯科，是另一个世界，她从帝国主义统治之下，掘出六分之一的地方，来建设无产阶级的乐园——工农的国家。你看！请你由马鬃看到海丰城，又由海丰城看到公平，转看到汕尾，那一块地方，不撞见工友农友的乐园——农会工会？那一班的农友工友，不在他们的小乐园当中，过他们艰苦奋斗却是乐也陶陶的生活？

　　毛泽东对海陆丰农民运动的经验十分重视，1926年9月，毛泽东主持农民运动讲习所工作时，委派农讲所教务主任陆沉、军事训练总队队长赵自选率领学员到海陆丰实习两周，学习海陆丰农民运动的经验。

八、彭湃与《海丰农民运动》

　　1926年，彭湃根据领导农民运动的实践和经验，亲自撰写了长达6万多字的《海丰农民运动报告》（后定名为《海丰农民运动》）。这篇报告的最初文稿从1923年就开始写作，"七五"农潮时被毁。后来，在广东区委书记陈延年和周恩来等鼓励下，又重新起草，直至1925年间才完成。1926年1月，《海丰农民运动报告》在中国国民党中央农民部的机关刊物《中国农民》第一期发表了一部分，以后陆续在第三、四、五期连载。《海丰农民运动报告》是中国共产党历史上第一部阐述农民运动理论方针的专著，使海丰农民运动的经验向全国迅速推广。而海丰农民运动的经验，成为当时中国共产党领导农民运动的创举。彭湃被毛泽东誉为"农民运动大王"。

　　在《海丰农民运动报告》中，彭湃运用马克思主义关于阶级和阶级斗争的原理，分析了海丰社会的阶级状况，严格区分了地主和农民两大营垒，揭露了地主压迫农民的真相，从理论上阐明了农民运动发生和发展的社会根源。

　　彭湃指出，地主阶级及其政治上的代理人军阀、官僚、豪绅，是属于压迫阶级。他们不仅通过高额地租剥削农民，还通过种种高压手段压迫农民。

《海丰农民运动报告》

占人口80%的农民（包括自耕农、半自耕农、佃农、雇农、自耕农兼小地主）是被压迫阶级。其中，"自耕农兼小地主及自耕农两种农民本可自给自足"，但由于帝国主义及封建势力的重重压迫，他们中的许多人也逐渐破产而沦为佃农，"20年前自耕农有10户之乡村，最近只有二三耳"。

彭湃还指出，农民不仅在政治上和经济上遭受地主阶级的压迫和剥削，在文化教育上也处于极端低下的地位。农民负担大量的教育经费，却没有享受教育的权利。"全县教育经费之收入大约80%是抽诸农民，而农民倒不知教育是什么东西！全县的农民能自己写自己的名字者不到20%，其他80%连自己的名字都不会写的。"他揭露地主阶级向农民灌输"以反抗（革命）为罪恶，以顺从（安分）为美德"的奴隶思想，指出"这通通都是压迫阶级，欲农民世世代代为其奴隶，而赐予这些奴隶的文化"，是其达到巩固地主阶级的反动统治的罪恶手段。

彭湃在报告中，除了以大量篇幅系统地回顾从1922年6月至1924年初海丰农民运动的发展过程之外，还概括了四个方面的经验教训：

第一，要发动农民起来革命，必须自始至终对农民进行艰苦细致的思想教育，提高农民的政治觉悟。

彭湃从事农民运动，一开始就十分重视对农民进行思想教育，并且注意讲究教育的方法。他尊重农村习俗，利用夜晚农民休闲的时间，以通俗生动的语言和农民谈心，"大概是说些痛苦的原因，及救济的方法，并举出地主压迫农民之证据及农民应有团结之必要"，所讲的，就是农民痛苦之所由来，及地主苛待压迫农民之事实，农民应如何解救等道理，因此，农民从不敢与他接近到欢迎他，从不愿听他说到支持他。彭湃深深认识到，要把农民发动起来，就必须放下架子，主动接近农民，与农民交朋友，深入细致地做好思想教育工作，以提高农民的政治觉悟。

第二，农民的政治觉悟提高之后，必须尽快地引导他们组织农会，并加强农会的组织建设，使农会成为既是为农民办事的机构，又是领导农民向地主展开斗争的指挥部。彭湃从事农民运动不久，就组织了"六人农会"，接着，又成立赤山约农会和海丰县总农会。不到一年，又相继建立了惠州农民联合会和广东省农会。彭湃十分重视农会的组织建设。成立"六人农会"时，就约法三章；成立赤山约农会时，就实行民主选举，在会员证中印上"不劳动不得食，宜同心宜同力"的组织原则；成立海丰县总农会时，制定了严密的《临时简章》和《农会简章》，并在农会中设立9个部，实行集体领导和分工负责制，保证各项工作的开展。农会不仅替农民办理各种事务，举办教育、福利事业，还领导农民向地主开展斗争。农会建立之后，"乡村的政治权力，已由绅士土豪之手而移至农会"。"在有农会的时候，地主不敢十分加租、吊田、逼旧新租等等去压迫农民，土豪劣绅、警察以及县城的流氓都不敢鱼肉农民；农会解散之后，他们就向农民进攻。""在有农会的时候，军阀官僚抽派军饷不敢十分硬派农民，即有之，如以农会团体之名义去请求，也可取消或减轻；农会取消之后，农民如无主孤魂，任人派勒。"因此，农会组织在海丰出现的短短时间内，广大农民便深切地体会到：农会是为农民办事的，是农民自己的组织。农会在农民群众中树立了很高的威望。当反动派疯狂摧残农会时，农民纷纷表示："生为农会人，死作农会鬼，杀头也是要干的。"

第三，农会组织建立起来后，必须领导农民开展反对封建势力的经济斗争和政治斗争。彭湃成立赤山约农会前后，就领导农民进行"同盟非耕""取消码头税"等斗争，有效地推动了农民运动的发展。海丰县总农会成立后，彭湃和总农会领导全县农民开展了声势浩大的反对封建势力的政治和经济斗争。例如，1923年5月反对地主串通法院扣押农民的斗争，同年7月因受风灾、水灾而开展的减租斗争等，都对海陆丰乃至全省的农民运动产生了深远的影响。

通过各种斗争，不仅使农民从经济上政治上受益，而且使他们经受了锻炼和考验，阶级觉悟日益提高，逐步成为反帝反封建的革命主力军。

第四，在领导农民进行反对封建势力的斗争中，必须讲究斗争策略。"七五"农潮后，彭湃等人在与地主阶级的斗争中，从客观实际出发，注意斗争策略，充分利用地主阶级内部的矛盾，争取释放被捕的农民。

《海丰农民运动报告》的发表，是中国现代农民运动史上的一件大事，具有重大的理论意义和现实意义。

第一，它从实际出发，以事实为依据，叙述了当时海丰农村及农民的现实状况，充分阐明了中国革命的中心问题是农民问题，提高了党对农民问题的认识，从而对进一步加强党对农民运动的领导起了重要的作用。中国共产党成立以后，一度以主要力量领导工人运动和学生运动，一部分人对农民问题重视不够。彭湃不但在实践上首先领导了海陆丰农民运动，而且在理论上对农民问题在中国革命中的重要地位作了深刻的阐述，使中国共产党人对中国革命的认识产生了重大的飞跃。从此，在中国共产党的领导下，中国农民革命斗争发生了质的变化。

第二，它是中国共产党人最先总结农民运动的一本专著，是党指导农民运动的教科书。广州农民运动讲习所把它作为学员学习的重要教材，它哺育了大批农民运动骨干。海丰是开展农民运动最早、取得成绩最大的地区，1926年毛泽东对这本专著作了充分的肯定。《海丰农民运动报告》对海丰农民运动全过程作了详尽的记述和总结，这就给共产党人，特别是从事农民运动的共产党员树立了榜样。瞿秋白曾经把这个报告，同毛泽东的《湖南农民运动考察报告》相并列，指出："中国的革命者，个个都应当读一读毛泽东这本书，和读彭湃的《海丰农民运动》一样。"1929年9月，瞿秋白在莫斯科编辑出版的《纪念彭湃》一书中，收入了《海丰农民运动》一文，并为它写了序言，向各国革命者推荐。

第三，《海丰农民运动报告》既详尽地叙述了海丰农民运动的全过程，又记载了彭湃在1922—1924年间的革命活动及其思想发展的历程，是后人研究海陆丰农民运动和彭湃的革命活动的重要文献。

《海丰农民运动报告》于1926年刊出以后，曾多次重印出版。1926年9月，这篇报告编入《农民运动丛刊》第19种，初次印成单行本。10月，广东省农民协会将它改名为《海丰农民运动》，作为《广东省农民协会丛书》之一出版，由周恩来题写书名。1927年1月，国民党湖南省党部的农民部翻印了这本书。3月，毛泽东在武汉主持的中央农民运动讲习所，又翻印了这本书作为教材。中华人民共和国成立后，这本书被收进《第一次国内革命战争时期的农民运动》一书，1959年作家出版社又重印了单行本。在国外，有英文和意大利文等译本。《海丰农民运动》在中国现代历史上发挥了重要的作用，是一部具有深远影响的著作。

第三章

苏维埃政权、农村革命根据地

海丰人民在中国共产党的领导下，先后举行了三次武装起义，与红二师、红四师一起勇往直前、浴血奋战，创建了中国第一个苏维埃政权，首次实行土地革命，发展革命武装和建设海陆丰革命根据地，开启了中国苏维埃革命运动的新纪元。

第一节 苏维埃政权开创先河

1927年4月12日，蒋介石在上海发动震惊中外的反革命政变，公开暴露了其反共反人民的反革命面目，并以暴力手段进行"清党"，大肆镇压共产党人和革命群众。

四一二反革命政变后，国民党广东当局于4月15日前后在广州、汕头、惠州等地对共产党人和革命群众进行了大屠杀，广东的党组织被迫转入地下活动。

在中共广东区委与各地党组织失去联系的情况下，各级党组织纷纷起来开展斗争。从4月15日开始，海陆丰地委主动与五华、普宁、紫金等地党组织取得联系，组成临时东江特别委员会指导各县的斗争。后来，以彭湃、郭瘦真、杨石魂、林甦、张善铭、何友逖等7人为委员的中共东江特别委员会（简称"东江特委"）在海丰成立。此时的东江特委主要管辖原海陆丰地委、汕头地委、惠州地委所属海丰、陆丰、紫金、惠阳、五华、普宁、

东江特委旧址：海丰县桥东五龙寺

广东东江农民代表大会全体代表合影照片

惠来等县党组织。从此开始，东江地区人民在东江特委的领导下，高举起土地革命斗争的旗帜，展开武装反抗国民党反动派，建立工农革命政权，创建革命根据地的斗争。

一、三次武装起义风起云涌

四一二反革命政变前后，经历过大革命风暴洗礼的东江人民，面对国民党反动派的倒行逆施，纷纷在东江各级党组织的领导下举起武装反抗的旗帜。

为反击国民党军队的疯狂屠杀，海丰人民于1927年4月、9月、10月先后三次举行武装起义，为建立红色政权而斗争。

（一）第一次武装起义

在潮汕工农武装起义风起云涌之际，国民党当局也将反革命黑手伸向海陆丰。4月20日，国民党广东特别委员会发出秘密电令，要海丰县农民自卫军大队长吴振民在海陆丰组织"清党"。吴振民是未公开身份的共产党员，黄埔军校第二期毕业生，第一次东征时以黄埔军校海丰留守处特派员身份留驻海丰。吴振民接到电令后，当即将情况向中共海陆丰地委报告。海陆丰地委在与广东区委一时无法取得联系的情况下，地委书记张善铭召开紧急会议商讨对策。鉴于不知道广东区委的对策和行动计划，同时也需要准备时间，会议决定采取缓兵之计，由吴振民复电国民党广东特别委员会和国民党惠州驻军第十八师师长胡谦，假称"拥护清党"，阻止其向海陆丰派兵，并决定5月1日在海丰、陆丰、惠阳、紫金四个县同时进行武装暴动。

4月25日，国民党右派对起义有所觉察，紫金县县长郭民发派人到处搜捕刘琴西。刘琴西等果断决定，将原计划于4月30日晚在海丰、陆丰、紫金三县同时起义的时间提前于26日深夜在紫金举行。是日深夜，各路农民武装1000多人，突然包围紫金县城，配合城内的刘琴西、刘乃宏率领的起义队伍，顺利收缴了国民党右派掌握的军警全部武器，逮捕了县长郭民发等10多人，释放了被监禁的无辜群众。在海丰，以吴振民为起义总指挥，率起义群众于5月1日黎明进攻县城，收缴了国民党右派掌握的游击队及第一警察署的枪械，汕尾盐警队100多人也被缴械。第一次农民武装起义取得了胜利。

5月1日，海丰、陆丰、紫金三县同时召开了万人群众大会，各自成立了由共产党人和国民党左派共同组成的县临时革命政府。

上午10时，在海丰、陆丰县城举行了庆祝五一劳动节大会，各群众团体列队进入会场，锣鼓喧天，旗帜飞扬。主席台上，县各界人民团体联合会、救党运动委员会、工农救党军及救党运动大同盟的代表就座，主席团主席致辞，公开揭露蒋介石和广东反动当局背叛孙中山所定的"联俄、联共、扶助农工"的三大政策，背叛国民革命，破坏国共合作，屠杀共产党人和工农群众，号召各界人民在中国共产党领导下建立和建设人民政府。接着，主席宣布经过各界人民联合会协商推选的县临时革命政府委员，

海丰县临时革命政府旧址：黄羌官田村吕氏宗祠

即日成立县临时革命政府。海丰县临时革命政府由吴振民、吕舜阶、郑志云、林铁史、李国珍、陈子岐、杨其珊等11人组成。

大会还发表声讨蒋介石集团背叛革命的宣言，号召"召集人民会议，组织人民政府"，并提出"取消苛捐杂税；对反革命实行革命的制裁；救济粮食；豁免追征旧粮，预征钱粮，及取消契税抵纳券；实行中央与各省区联席会议政纲"等五项"最低限度"的政纲。

海陆丰第一次武装起义像一声春雷，震撼了中国大地，使遭受右派大屠杀的共产党人和革命群众看到新生的希望，蒋介石闻讯海陆丰建立临时革命政府后十分恼怒，严令广东当局限期消灭海陆丰农民武装。

广东国民党反动当局在获悉海陆丰武装起义后惊恐万分，十分惧怕海陆丰的星火燃烧至广州周边，迅速从惠州、汕头派遣三个团的兵力，两面夹攻紫金和海陆丰农民武装。

在强敌压境之下，紫金县农民武装首先撤出县城。5月7日，海陆丰地委得到情报，惠州驻军十八师师长胡谦派遣最得力的刘炳粹一个团进攻海陆丰，随后得知汕头也将有两个团来夹攻。海陆丰地委决定先迎战惠州之敌，派大队长吴振民率农军常备大队，包括尚未结业的农军教练所学员中队，在海丰县境分水坳（惠阳到海陆丰要道）设置防御工事。且有近千乡村农民武装调往分水坳准备配合战斗。在发动起义时，广大党员和武装人员就已做好敌人进攻的思想准备，战斗热情高涨。

5月9日早，来犯的敌军一个团千余人开始向防守的农军攻击。因分水坳地势险要，敌军不能完全展开，几次冲锋都被农军击退。中队长兼炮手彭桂中弹负伤，敌军人枪众多，且有多架机关枪，他们在机枪掩护下继续冲锋。第三中队中队长陈如愚身先士卒，率领几十人冲入敌军阵地，不幸中弹牺牲。学员中队表现得非常勇敢，坚守阵地，顽强战斗，牺牲了几十人。战斗至下午2时，大队长吴振民不得不下令撤退。当晚大队宿于公平圩，大队长派一个中队配合农民武装去海丰城骚扰敌人。

分水坳之战失利，使在海丰县城里的海陆丰地委及各群团单位撤往城郊农村。分水坳离海丰县城仅15千米，当天下午敌军先头部队进入海丰县城，当晚大队到后在城外驻扎，严加警戒。

5月10日计划反攻县城因准备不及未能举行。再决定5月13日凌晨反攻，定了口令，并在附近高山及城内放火为号，使各处一齐进攻。但是吴振民率领的农军大队因退至陆丰河田，不能及时赶到，参加反攻县城的农民虽有1000余人，却不敢在没有主力农军的情况下贸然反攻。毕竟他们好枪、子弹都很少，大部分是粉枪和尖串大刀。"敌军到海丰一星期，对各区乡仍然全无得手。"且吴振民大队已回师到新田。于是地委决定16日凌晨再次攻城。15日晚上，各区乡的武装农民有三四千人。16日2时山上火起了，枪声响了，农民武装冲锋前进，可是不一刻枪声忽止，农民又犹豫不前，退回原阵地。原来吴振民大队长认为农民热情固然很高，但敌军大部分集中在县城，不宜反攻，故在当晚派人送信来要求改变计划，同时派一小队到城郊放枪骚扰。这次反攻又无功而退。

农军退出后，敌军占据县城和主要乡镇，并派兵到各地"清乡"，扶持反动势力对革命群众进行摧残。由于敌我力量悬殊，起义相继失利。

5月中旬，海陆丰地委召开各县党组织及农军负责人的扩大会议，决定将会合于陆丰县新田的各地工农武装的骨干1000多人组成惠潮梅农工救党军（简称"农工救党军"）。以吴振民为总指挥，杨石魂为党代表，设立总指挥部，下辖两个团。海陆丰农军编为第一团，吴振民兼团长和党代表，副团长于昆；潮汕各县农军编为第二团，钟鼓为团长，李芳岐（李运昌）为党代表。并成立由吴振民、杨石魂、林甦、李芳岐、余创之为委员的前方特别委员会，负责这支队伍党的工作和军事指挥。

5月下旬，农工救党军总指挥部决定队伍北上，避开敌军的夹攻。队伍北上途中，遭受国民党军尾追阻截，经过多次激战，队伍消耗很大，只好退往江西寻邬，进入湖南的桂东、汝城。在汝城期间，总指挥部先后派林甦、杨石魂等到武汉向中共中央报告情况，请示行动方向。部队北上途中到达湖南郴县时获悉发生"马日事变"，国民革命形势发生变化，队伍遂退回湖南汝城，参加当地的工农运动。8月初，汝城反动势力勾结国民党军范石生部袭击汝城，农工救党军大部分被打散，吴振民等20多人牺牲，陈魁亚、黄强、彭桂等人突出重围后，几经辗转回到东江地区。

海陆丰农军大队离开海陆丰，转战湘赣，失败于汝城，这是海陆丰农民武装最惨重的损失，也使海陆丰的共产党组织失去赖以保卫农民协会、发展革命势力的一支农军主力。

在农工救党军北上的同时，东江地区各县的党组织带领起义保存下来的力量，与敌人周旋于广大农村，并通过发动大规模的抗租抗税运动与敌人进行斗争。

东江地区的讨蒋武装起义是中国共产党领导的早期武装斗争的组成部分。东江地区共产党人带领工农群众在全省乃至全国率先举起武装斗争的旗帜，成为探索武装夺取政权道路的最先尝试。

（二）第二次武装起义

在国民党右派以三个团兵力进攻下起义失败以后，党领导农民继续掀起抗租运动，使革命中心从县城顺利地转移到农村，而且斗争在日益扩大，控制了许多区乡。

8月1日凌晨2时，中国共产党领导的南昌起义爆发，打响了武装反抗国民党反动派、挽救中国革命的第一枪，从此中国共产党走上独立领导武装斗争、夺取政权的道路。

8月3日，中共中央决定在工农运动基础较好的地区发动秋收暴动，并发布了《关于湘鄂粤赣四省农民秋收暴动大纲》，指出"这次抗租抗税的暴动是土地革命急剧发展之新阶段，他至少要动摇反动的新旧军阀的政权，在湘粤则有建立新的革命政权的可能的前途"。周恩来、朱德、贺龙、叶挺、彭湃、刘伯承、聂荣臻等率领南昌起义部队按中共中央武装暴动部署，启程南下，取道赣东，目的地是海陆丰，与彭湃领导的农军会合，建立革命根据地，伺机夺取广州，再举行北伐。

8月7日，中共八七会议确定了土地革命和武装反抗国民党反动派屠杀政策的总方针，号召全党和人民群众坚持革命斗争。

8月中旬，南昌起义军南下广东，准备重建广东革命根据地的消息传到海陆丰，使正在抗租斗争中的农民受到极大的鼓舞。海陆丰地委收到了中共中央关于秋收起义的计划，广东省委改组和《暴动后各县工作大纲》等文件也先后收到。通过学习文件，认清了全国的形势，明确了革命方向，找到了出路，清楚了当前的行动纲领与政策，同时认识到海陆丰前段退守农村所采取的一系列措施，如整顿健全党与农会等群团组织，加强农军训练与扩大，结合农民切身利益，宣传土地农有，全力领导抗租斗争，争取在农村中积聚雄厚革命力量等等都是正确的，符合八七会议精神与广东省委的行动纲领。海陆丰党和人民大为振奋，斗争方向更加明确。

8月下旬，中共广东省委派黄雍以特派员身份到海丰，组织成立海陆丰暴动委员会（简称"海陆丰暴委"），以作为公开机关，指挥海陆丰地区的武装斗争。

9月初，南昌起义军即将入粤。为接应起义军，海陆丰地委、暴委决定举行第二次武装起义。海陆丰地委决定在海丰原有区乡农军的基础上，挑选精干农军组建两个大队，由林道文和杨望率领，分别在西北和东南两大地区活动。两县组建的常备队，称为工农讨逆军。

9月7日，工农讨逆军攻占陆丰大安。8日，乘胜收复陆丰县城。9月13日左右，中共海陆丰地委书记张善铭和暴委主席黄雍与林道文、杨望、刘琴西等集中于公平部署攻打海丰县城。此前，海丰部分区农军已迫不及待向海丰县城发动过进攻。10日，梅陇农军乘胜迫近县城，因各处不能齐集，未能进攻。13日因梅陇农军赶不及，至公平农民到来，附城工人及农民起来也不能进攻。这两次虽然没有成功，但已使敌军一夕数惊。"晚上城内及山顶到处火起，炸弹及冷枪时有所闻"。敌军决定逃走。

9月16日凌晨3时，在统一部署下，农军以刘琴西为总指挥，指挥彭桂、吴礼式、黄强、莫退等所部四五百人，与陆丰农军配合，总攻海丰县城。北路以起义过来的一连为主力，向龙津桥作数次冲锋，皆被敌人死守桥头所阻。东山方向进攻的农军已占车站，赤山约一带农民蜂起响应，守军一度被迫退到径口尾天主教堂。敌营长从北路抽调兵力往七圣宫桥，拼命反击。其时，梅陇、赤石农军曾两次冲入城内，毙敌军数人，但因子弹已尽，不得不撤出。公平农军也冲入城内，毙敌1人，因梅陇、赤石农军已退，其余农军又未到达，不敢深入而退回原防。

这次攻城未果，虽因配合不好所误，但震惊和挫伤了敌人，敌人于当晚乘黑夜往惠阳逃窜。9月17日，海丰各路农军进占、收复海丰县城，暴动胜利了。

两县收复后，整顿各级党组织，地委改为海陆丰县委，海丰陆丰两县分别成立工农临时革命政府，区、乡由农民协会接管政权。临时革命政府宣布没收土地和反革命分子的财产，镇压反革命，扩充革命武装。当时，海陆丰县委已意识到在敌强我弱的形势下，需要建设根据地以作长期武装斗争，把缴获的重要物资运往两县山区，在海丰、陆丰、惠阳三县结合部的公平之黄羌、新田之激石溪、高潭之中峒一带山区设立农军防地。

9月25日，国民党军队驻惠州胡谦师派一团伙同海陆丰保安队入侵海丰，临时革命政府主动撤出县城，海陆丰县委迁驻黄羌，海陆丰革命根据地进入了创建阶段。

（三）第三次武装起义

1927年10月上旬，南昌起义军领导人周恩来、贺龙、叶挺、彭湃、聂荣臻、刘伯承、林伯渠、恽代英等抵达海陆丰，在海陆丰党组织和群众掩护下，许多领导人和非武装人员先后离开海陆丰渡海往香港或上海。10月9日，南昌起义军余部1300多人在董朗率领下到达海丰朝面山，不久改编为工农革命军第二师（后称"红二师"），因人数不足一个师的编制，于是先成立工农革命军第二师第四团，董朗任团长，颜昌颐任党代表。红二师的到来，强化了海陆丰的武装力量。

1927年10月中旬，中共中央南方局和广东省委召开联席会议，总结南昌起义的经验教训，通过《最近工作纲领》。"省委认为广东土地革命运动仍是高涨，暴动的计划仍应继续实现"，并决定"扩大土地革命与建立工农兵政权的宣传。土地革命应根本打倒地主制度……政权应归于工农兵代表会（苏维埃）"。按照省委的指示，东江特委作出举行海陆丰第三次武装起义的决定。

东江特委和东江革命委员会原计划于11月7日在海陆丰举行第三次武装起义，掀起土地革命高潮。10月底，国民党军李济深部与张发奎部发生冲突，驻惠州的李济深部师长胡谦被杀，引起在海陆丰的李济深部驻军陈学顺团的恐慌。东江特委决定利用敌人内部混乱的有利时机，举行海陆丰第三次武装起义。

10月25日，林道文指挥的工农革命军在南昌起义军改编的红二师配合下，在黄羌诱敌深入，大败敌军。

10月30日，红二师第四团第一营在海丰县公平区农军的配合下，攻占了公平镇。各地农军纷纷响应。梅陇、汕尾等区乡先后被农军占领，海丰县城处于农军的包围之中。国民党驻军陈学顺团见大势已去，于11月1日撤出海丰，向惠州方向溃退。起义军乘胜进占县城。几天之内，海陆丰农军在红二师的支持下，相继占领了海陆丰两县大部分区乡，取得武装起义的胜利。与此同时，惠阳县高潭区、紫金县的炮子区及五华县的部分地区也先后举行暴动，并取得了胜利。

海陆丰第三次武装起义胜利后，东江特委以东江革命委员会的名义通电全国，向中共中央及全国人民报告喜讯。电文说，"自中国国民党领袖蒋介石、汪精卫等背叛革命以来，国民党已成为屠杀工农压迫群众之反动政党，各派军阀玩弄之工具，青天白日之旗帜，亦已成为白色恐怖之象征。中国之垂成之革命，遂断送于反动国民党之手。各地工农惨遭屠杀者，不可以数计，广东工农受祸尤剧。本委员会受中国共产党之指挥，与工农群众之委托，率领东江工农，艰苦奋斗数月，曾两占海陆丰县城，杀戮地主豪绅，义无姑纵。现本委员会又率领工农革命军，即日进驻海陆丰紫金各县，实行宣布没收土地，铲除杀戮地主豪绅，财产均行没收，归本委员会管理，分配给佃农、无地农民、兵士及被难者家属，与一切贫民，并即日召集工农兵代表大会，组织苏维埃政权，一切设施，均听命于中国共产党。望各地工农群众，一致兴起暴动，夺取政权，建设工农兵代表会"。

广东省委获悉海陆丰武装起义胜利的消息，立即致电东江革命委员会和红二师，指出："赖诸同志之努力，使本党旗帜飞扬于海陆丰、紫金县境，数十万穷苦农民同志闻风兴起为铲除豪绅地主奋斗，本委员会甚为嘉慰。望更积极扩大土地革命之宣传，没收一切土地归农民，并助五华、普宁、潮阳一带奋斗之农友。根本覆灭地主阶级之势力。且进而摇动推翻东江反动军阀之政权，以促成全省农工之大暴动。"

在海（丰）陆（丰）惠（阳）紫（金）起义胜利后，东江特委一方面指示红二师配合各地农军扫除残余反动势力，另一方面又派干部到各地开展工作，扩大战果。为了展示海陆丰武装起义的力量，扩大土地革命的宣传，11月7日在海陆丰两县城分别召开了"十月革命纪念大会"。当天，海丰县城的会场一切装饰都用红色，到会群众6000余人。开会前，海丰县苏维埃政府处决了一批反动分子，并在会场当众焚毁许多田契，人民群众拍手称快。大会发表通电，宣告在中国共产党指导下，向着铲除封建势力、实行土地革命、建立苏维埃政权的目标奋斗。

在海陆惠紫秋收起义同时，广东省委又派叶浩秀作为潮梅党务巡视员到潮梅地区，加强起义工作的领导。潮梅各县党组织也纷纷恢复农会，组建武装力量，进行秋收起义的准备，从而使南昌起义军失败后潮梅各县的革命斗争走出低潮。

二、建立中国第一个苏维埃政权

第三次武装起义胜利后，彭湃在香港参加中共中央南方局和广东省委联席会议。会后，彭湃迅速返回海陆丰，主持苏维埃的创建工作。对于创建工农兵苏维埃政权这项全新的工作，广东省委曾专门致函海陆丰县委，指示县委"召集工农兵代表大会，组织苏维埃，乡区即以当地之农民协会接收政权，实行分配土地……详细具体办法，可与（彭湃）同志协商一切执行"。

随后，东江特委做出部署，"限海陆（丰）各县于五天内召集工农兵代表大会，实行产生苏维埃政府"，并对苏维埃政府组织方法作出明确规定。

海丰县工农兵苏维埃代表大会全体代表合影

11月8日，彭湃从海丰率领红二师第四团到陆丰，协助农军攻打反动势力的据点，开展苏维埃政权的创建工作。

11月10日，汕尾市（区级）召开工农兵代表大会，成立苏维埃政府。

11月13—15日，陆丰县召开第一次工农兵代表大会，彭湃主持了大会并发表演说。大会选举林铁史、庄梦祥、陈兆禧、吴祖荣、黄依侬、张绍良、黄德光、范照南、许国良、陈宗尧、刘友仁、彭英其、林佛助、韩列俱、胡汉奎等人为苏维埃政府主席团成员，组成陆丰县苏维埃政府。

11月18—21日，海丰县第一次工农兵代表大会在红宫召开。全县出席大会的正式代表共311人，其中农民代表191人、工人代表90人、士兵代表30人。东江特委和东江革命委员会负责人、红二师第四团官兵代表，以及陆丰、紫金、惠阳等县的农民代表200多人应邀列席大会。

大会期间，"海丰各处农民工人以及贫苦民众兴高采烈，鼓乐喧天，较之旧历新年的快乐，当更快乐得数百倍，人人喜形于色，欢呼欲狂。到开代表会的那一

海丰县苏维埃政府办公旧址

海丰人民在海丰县城红场举行庆祝海丰县苏维埃政府成立大会

天，更有一番特别的情景，自会场以至各马路以及各机关，都是红灯红旗红彩照耀满目，而各马路上的清洁齐整，均由民众自动的扫除得一尘不染，诚有天下升平万民乐业的景象"。由于这次大会的召开在彭湃的具体指导下进行，会前做了充分准备，确定大会的任务，草拟决议案，进行党团代表动员等，大会得以按计划召开。

11月18日上午，大会在《国际歌》歌声中开幕。陈舜仪致开幕词。中共中央执行委员会代表彭湃发表演说，号召工农群众起来拥护中国共产党，实行土地革命。各界代表相继发表演说或致贺词。在下午的大会上，彭湃作《政治报告》，分析国内外形势，介绍无产阶级革命的历史及俄国十月革命的经验，赞扬海陆丰人民的斗争精神。彭湃指出，现在海丰已经建立了苏维埃政权，召集了全县的工农兵代表大会，讨论土地革命事宜。

19—20日，大会讨论代表提案。经过热烈讨论，大会通过了《没收土地案》《改良工人生活案》《改良兵士生活案》《取消苛捐杂税案》《妇女问题案》等决议案。大会期间，红二师第四团派兵扫除占据海丰捷胜城的残敌，大会代表和群众以庄严的仪式送部队出征，部队归来时又远出郊外十里欢迎部队凯旋。

21日上午，全体代表及数万群众举行公祭烈士和拥护苏维埃政府的大会，会后进行了示威游行。下午，大会发表《海丰全县工农兵代表大会开幕通电》和《海丰全县工农兵代表大会宣言》，宣告海丰县苏维埃政府正式成立。大会选举杨望、陈舜仪、杨其珊、黄悦成、古鸿江、吴礼式、曾添、黄娘汉、钟妈宁、何怜芳（女）、江中直、吴群、王怀栋等13人为海丰县苏维埃政府委员，并选出林彬、林覃吉等14人为海丰县苏维埃政府裁判委员会委员。海丰县苏维埃政权机构由县、区、乡三级组成。第一次工农兵代表大会选出的县

海丰县工农兵苏维埃政府第二次代表大会

海丰县第二次工农兵代表大会代表在苏维埃政府办公楼前合照

苏维埃政府，下设行政机构有秘书处及军事、人民、财政、土地四个委员会。县裁判委员会是与县苏维埃政府平行的机构。

　　至此，在国民党反动派大肆屠杀革命群众和共产党员，实行白色恐怖的最黑暗时期，海陆丰人民建立起中国第一个工农兵执政的红色政权——海陆丰苏维埃政权，树起了坚决反对国民党反动派的大旗，激发了工农贫苦大众的革命热情，开启了中国苏维埃革命运动的新纪元。

　　1928年2月，根据广东省委指示，海丰县召开第二次工农兵代表大会，县苏维埃政府改组为县苏维埃人民委员会，设主席团，由7人组成。主席团下设秘书处和经济、军事、工商、建设、教育、土地、裁判等九个委员会，作为工作机构；另增设政

海丰县苏维埃人民委员会布告（设立各委员会布告）

治探访局，负责情报收集和组织秘密交通工作。并将全县农军统编成县赤卫队。

海陆丰苏维埃政权是中国共产党领导下的工农革命政权，它的建立"实开中国革命史上光荣记载的伟大革命前途的新纪元"。1928年，中共中央政治局决议中指出："中国革命之中，这是第一次由几万几十万农民群众自己动手实行土地革命的口号，第一次组织成工农兵群众的无限制的政权。"中央"号召一般农民以海陆丰为模范，武装起来，组织准备自己的力量发动暴动建立苏维埃政权及工农革命军"。

为了推广海陆丰苏维埃政权建设的经验，东江特委从海陆丰抽调大批干部到各地开展工作。12月初，在东江特委派出的张威、陈振韬等指导下，紫金县在炮子召开工农兵代表大会，通过"施政纲领"，宣告紫金县苏维埃政府成立。大会选举钟一强为苏维埃政府主席，刘琴西、吴建民、张威、傅集霖、戴耀田、高云、钟道善、温国龙、黄培先、陈石进等为苏维埃政府委员。1928年初，惠阳县苏维埃政府及多祝区苏维埃政府也相继成立，罗汉珊任县苏维埃主席，张仁亮任多祝区苏维埃政府主席。

三、实行土地革命

在海丰县第一次工农兵代表大会上，全体代表审查通过了

《没收土地案》等九项政治纲领，宣布实行土地革命。随后在海陆丰掀起了轰轰烈烈的土地革命热潮，两县苏维埃政府收缴烧毁地主的所有田契、租簿，取消旧债旧租等一切债务，并

实现耕者有其田

按照人数、劳力、家庭经济和土地肥瘠重新分配田地，以实际行动实现了"耕者有其田"的理想。同时，两县苏维埃政府还对其他财产进行了处理：山林归政府；塘塭、蚝田、盐町等收归公有，组织合作社处理；地主房屋没收分配给农民；耕牛归乡农会就地分配或由农民公有；地主当铺由政府没收；粗重农具由农民持票免息领回。至1928年2月两县重新分配田地，海丰完成80%，陆丰完成约40%。1928年1月3日中共中央临时政治局的决议案指出：海陆丰的土地革命"是第一次有几万几十万农民群众自己动手实行土地革命的口号"。

这场土地革命，彻底摧毁了中国数千年来地主阶级剥削农民阶级的封建土地制度和封建宗法制度，是全国实行土地革命的第一次实践，成为中国土地革命的伟大开端。由彭湃主持制定的海陆丰《没收土地案》也成为中国在共产党领导下发布的第一部土地法规，为以后各个根据地实行土地革命提供了宝贵借鉴。

海陆丰革命根据地的创建和发展

一、开创革命根据地

早在苏维埃政权建立之前，海陆丰地委就认识到在敌强我弱的形势下，必须建设后方基地，做好退入山区坚持斗争到底的思想准备和物质准备。在海陆丰第二次武装起义胜利之后，海陆丰地委吸取第一次起义后没有大力筹集资金、物资的教训，把筹集物资和建立后方保障基地作为重要工作，有计划地把沿海和平原的粮食和重要物资运入山区，在朝面山、中峒、激石溪等地建立仓库，囤积数十万斤粮食和大批布匹、煤油、药品等战略物资，并把陆安日刊社的机器设备、汕尾坎白城军械厂部分设备搬往中峒，设立枪械修造厂、印刷厂和医院，着力建立后方军事根据地——农军防地，海陆丰革命根据地雏形初步形成。

1927年10月9日，南昌起义军余部1300多人到达海丰朝面山，接着改编为工农革命军第二师，海陆丰迎来了中国共产党领

南昌起义部队集结

南昌起义军朝面山兵工厂旧址

导下的第一支正规部队。11月初，海陆丰第三次起义胜利，至11月21日，海陆丰苏维埃政权建立，标志着海陆丰革命根据地正式形成，成为全国13块革命根据地之一。

二、南昌起义部队与广州起义部队红场会师

1927年12月11日，中国共产党领导工农群众和革命士兵举行了广州起义。但是，在国民党反动派与帝国主义者互相勾结镇压下，起义最终失败。

广州起义撤退出来的部队，分别向东江、北江一带转移，少数人转道香港，后来参加了广西左右江的百色起义。撤向北江地区的起义军，在韶关与朱德、陈毅领导的部队会合，后来上了井冈山。撤向东江地区的起义军，于12月15日先后到达花县县城。此时的起义军共有1000余人，大部分是教导团学生，其余的是警卫团和黄埔军校特务营的士兵200人，起义军中有共产党员300多人。由于与上级党组织失去联系，起义军又分属不同单位，指挥不统一。唐维、王侃予等提议对部队进行整编。12月16日，在花县县立第一高等小学举行党的会议，决定将部队改编为工农革命军第四师（后改编为"红四师"），下辖3个团。推选叶镛为师长。经过短暂休整，红四师继续向海陆丰挺进。

1928年1月5日，红四师抵达海丰县城。东江特委和海丰县委，在海丰红场召开几万人参加的群众大会，热烈欢迎红四师的到来。彭湃在会上发表长篇演说，强调共产党人不怕失败，革命总有一天会成功。会后，红四师在东江特委的指导下，召开全师党员大会，对红四师成立后的情况进行总结。接着选举产生由袁裕、白敞、龙子仁、唐维、唐篙、刘校阁、王若冰组成的师党委，以袁裕为书记，唐维、唐篙、袁裕为常务委员。同时，东江特委对红四师领导班子进行调整，叶镛仍为师长，袁裕代理党代

"胜利会师"雕塑

红二、四师纪念亭

表，王侃予调任东江特委军委书记，第十团党代表徐向前改任师参谋长，第十二团党代表陆更夫改任师政治部主任。

在红场，红二师和红四师两大主力部队胜利会师。红四师加入海陆丰革命斗争，进一步增强了海陆丰革命武装力量，群众革命热情高涨，海陆丰根据地成为全国基础最好、力量最强、组织最严密的革命根据地。

1928年2月，企图绞杀海陆丰苏维埃政权的战斗首先在陆丰河口打响。反动派为颠覆海陆丰革命政权，调集广东反革命军队三个师，分三路向海陆丰进犯。大兵压境下，红二师与海陆丰农民自卫军并肩作战，但由于武器装备不及敌人，加上兵力分散，准备不充分，终因力量悬殊，与敌人苦战三昼夜后，至29日，海陆丰县城均被敌人占据，海陆丰苏维埃政府只能撤退到山区，进入激石溪、朝面山、中峒、莲花山等一带山中，开展游击战争。3—4月，国民党再调两个师的兵力，对海陆丰军民进行南北夹攻。面对强敌，海陆丰军民并不退却，反而组织了多次对乡镇的反攻，但都因敌人过于强大而告失败。

为了加强党的领导，省委常委张善铭和省委委员赵自选临危受命，被派往海陆丰领导反攻县城的重任。

张善铭、赵自选一行8人于4月10日乘小船至沿海的埔町乡，登岸后分两批行进，被敌人发觉追捕，张善铭等三位同志先后被捕牺牲。赵自选等同志突围后与海丰县委成员会合同上埔仔峒，埔仔峒是当时海丰县委和红四师驻地。4月30日，红二师、红四师和中共海丰县委在赵自选的主持下召开联席会议，决定成立海陆丰总指挥部，赵自选任总指挥。

5月2日晚上，海陆丰总指挥部部署了反攻海丰县城的计划，决定分两路进攻，红二师两个连和公平、附城千余农民武装进攻五坡岭；红四师、红二师各一个营及梅陇、赤石500名农民武装进攻城内。

5月3日早上3时，反攻海丰县城开始。红四师和梅陇、赤石的农民武装从西门冲入城内，与敌交火，分两路冲锋，一部分武装冲进监狱，放出被押的100多名革命干部群众；一部分武装冲进师部，毙敌10余人，缴获机枪2挺。此时，敌军组织反击，红四师和农军以巷战转移退出。总攻开始后，红二师和公平农军未能按时到达，城郊五坡岭的敌军听到城内枪声后，争得时间准备。当红二师和公平农军到达时，被敌军猛烈的炮火击退。红四师在城内战斗近一小时，由于红二师配合不上，只得撤退。

总指挥赵自选亲临城内指挥作战，不幸中弹牺牲。紧随其身边的黄羌农军，冒着敌人的枪林弹雨，把赵自选的遗体从战场上抢了回来，运回黄羌安葬。

1928年6月，红四师反攻海丰县城失败后，退到海丰西北山区埔仔峒、大安峒等地进行艰苦卓绝的游击战争。随着敌军实行"焦土"政策，接二连三搜山、放火，红四师的处境非常艰难，粮食供给也中断。6月中旬，师长叶镛率领一部在白木洋遭到敌军的袭击，他因患严重的疟疾，不能随军突围，被捕后被杀害。叶镛牺牲后，徐向前担任师长。

1928年秋，东江特委考虑红二师的实际困难，决定将部队化整为零，和农民结合在一起。

三、拓展革命根据地

根据中共中央和广东省委指示，东江特委决定实施武装暴动计划，"极力帮助惠阳、紫金、五华、惠来这几个附近的各县之工农"，向惠州及周边地区发展，扩大革命根据地区域。1928年1月8日，东江特委决定红二师和红四师分两路推进，彭湃率红四师的第十一、十二团和海丰部分农军向普宁、惠来发展；颜昌颐率红二师向紫金、五华发展；红四师第十团留驻海丰。接着，在当地农军的配合下，红四师平定陆丰反动武装"白旗党"以及在赤石击败反动武装的进攻之后，即进军普宁，攻下果陇、和尚寮、葵潭等多个反动武装据点；红二师进军紫金，也先后攻下南岭、章溪田、黄布等反动堡垒。在打击敌人的同时，两路红军与当地县委发动群众暴动，在普宁、惠来、潮阳3个县分别建立县苏维埃政府，惠阳、紫金、五华3个县分别建立一个区苏维埃政府，海丰、陆丰、紫金、惠阳、惠来、普宁6个县的红色区域连成一片，革命根据地和革命政权得到了巩固和壮大，人口达百万以上，受到中央的高度关注和肯定。

海陆丰革命暴动迅猛发展，震惊了国民党反动派。1928年2月底，国民党反动派调集重兵，分三路进攻海陆丰，一路从汕头经揭阳袭来；一路从惠州经多祝袭来；一路是国民党第四舰队从海上袭击，从汕尾、马宫、鲘门、甲子、碣石等地登陆。红二师和红四师部分武装回师海陆丰防守，与工农革命军团队和赤卫队一起连续作战，终因敌人力量过大，防守失败，红色武装撤往北部山区，转战海丰、陆丰、惠阳、紫金、普宁、潮阳等地。东江特委和海陆丰两县苏维埃政府机构、人员也从县城撤至朝面山、大南山一带，继续坚持领导苏维埃运动和武装斗争。敌军占领海陆丰两县城后，大肆搜捕革命同志和群众，不少同志和群众惨遭杀害。1928年5月初，根据省委的指示精神，东江特委率领红二师、红四师和地方武装反攻海丰县城，但激战一小时后未能达到预期目的而退出县城，反动派马上集中力量进行反扑，"围剿"红军，天天搜山、放火，残杀革命群众，断绝群众与红军的联系，整个海陆丰处于白色恐怖之中。

红军和地方武装频繁作战，损失严重。海陆丰不少革命群众不惧敌人的威胁和残杀，坚决支援、掩护红军和苏维埃干部开展工作，为此献出了生命，尤其是黄羌、莲花、激石溪等北部山区，有多个乡村惨遭反动派灭村。红军处境日益艰难，战斗，挨饿、疾病，伤亡很大，损失惨重，至7月，红二师、红四师两师将士只剩200多人。12月，广东省委决定把这些红军转移出境。至1929年5月，包括董朗、徐向前等同志在内的红军余部分批撤离海陆丰革命根据地。

四、彭湃壮烈牺牲

1929年8月24日下午4时，上海沪西区新闻路经远里12号2楼，彭湃正在中央军委秘书白鑫家中主持召开江苏省委军委会议。突然，租界巡捕房巡捕和警察局的中国包探乘着钢甲车呼啸而来，将会场团团围住，经核对名单后，把彭湃、杨殷、颜昌颐、邢士贞、张际春5名参加会议的人员全部逮捕。

8月26日，彭湃等被租界巡捕房引渡到国民党上海市警察局小北门水仙庙侦缉处拘留所。8月28日清晨，他们被押解到龙华国民党淞沪警备司令部看守所。

彭湃等人被捕后，中共中央政治局委员周恩来当即主持召开紧急会议，研究解救彭湃等同志和惩办叛徒的措施。但是，对彭

彭湃在沪革命活动地之一：中共中央军委机关旧址

彭湃上海留影

湃恨之入骨的蒋介石唯恐这批中共要员会被共产党设法救出，便急电下达了"速速就地处决"的密令。在中国共产党营救计划未及实施之前，上海国民党军警便于8月30日，将彭湃、杨殷、颜昌颐、邢士贞4人枪杀于龙华。

噩耗传来，当晚，周恩来含泪为党中央起草了《告全国工人农民及其他劳苦群众书》，油印后，于翌晨发往各地党组织，并通知各级党组织举行哀悼。1930年8月30日，彭湃等四烈士牺牲一周年时，周恩来以冠生的笔名在《红旗日报》上发表了题为《彭杨颜邢四同志被敌人捕杀经过》的文章，饱含深情地写道：

彭湃受押的上海龙华监狱

革命领袖的牺牲，更有他不可磨灭的战绩，照耀在千万群众的心中，熔成伟大革命的推动之力，燃烧着每一个被压迫的革命群众热情，一齐奔向革命的火原，所以我们在死难的烈士前面，不需要流泪的悲哀，而需要更痛切更坚决地继续着死难烈士的遗志，踏着死难烈士的血迹，一直向前努力，一直向前斗争。

彭湃牺牲一周年纪念报道

五、革命根据地恢复发展

1929年10月，根据广东省委的指示，海陆紫特委在海丰朝面山正式成立中国工农红军第六军第十七师第四十九团（简称"红军四十九团"），团长彭桂，政委黄强。红军四十九团成立后，大力开展游击战争，转战海丰、陆丰及惠阳广大区域，开辟了海丰、陆丰、惠阳、紫金四县边区根据地，海丰、陆丰两县苏维埃政府在根据地恢复活动，海陆丰人民迎来了土地革命时期第二个革命高潮。1930年12月，海丰、陆丰、紫金合并为海陆紫县，成立海陆紫县委、县政府。同时，省委一度将东江红军改编为中国工农红军第六军第二独立师，师长彭桂，政委黄强，红军四十九团改为第二独立师第一团（简称"红一团"），红军和根据地逐渐恢复、发展。

1931年秋冬期间，党内"肃反"扩大化，错杀了一批干部和红军。与此同时，国民党反动派集中兵力大规模对海陆丰进行疯狂的"围剿"，使海陆紫苏区遭到严重削弱。随着敌军在根据地周围构筑封锁线，村庄被毁，干部和群众被杀或被赶走，红军活动十分困难。

1933年春，红一团挺进紫金受挫，损失严重，撤回海陆丰山区分散坚持斗争。在这个困难时刻，海陆紫县苏维埃政府主席林覃吉，独立师师长、红一团团长彭桂和东江苏维埃惠州十属特别委员会委员杨其珊相继被叛徒杀害，党组织、苏维埃政府和红军失去有效的领导。

1934年，海陆丰边界赤卫队被围失利，海陆丰苏维埃政权和革命根据地逐渐丧失。然而海陆丰的革命斗争并没有停止，而是转为秘密革命活动，此后历经抗日战争、解放战争，坚持到全国胜利解放。

4

第四章
抗日战争和解放战争

　　海丰人民继续高举革命斗争的旗帜，进行了十四年抗日战争和四年解放战争，用鲜血和生命谱写了气壮山河、惊天动地的英雄诗篇，最终实现了人民的翻身解放，为中国革命立下了不可磨灭的功勋，在中国革命史上写下了光辉的一页。

第一节 同仇敌忾抗击日寇

七七事变发生后，全国各地掀起轰轰烈烈的抗日救亡运动。在海丰地区，首先是学校的进步老师和青年学生，接着是工人、农民，他们纷纷走上街头，宣传抗日救国主张，救亡活动如火如荼。

1937年5—6月，中共党员林农、黄锦家、王文魁等发起，在海丰县组织了青年抗日同志会（简称"青抗会"）。

1938年1月，青抗会在海丰县城成立，参加会议者五六十人。会议决定迅速发动全县各阶层抗日青年参加青抗会，投身于抗日救国工作。到1939年，会员已发展到5000多人，农民约占80%。1939年3月，中共海陆丰中心县委在汕尾沁园成立。青抗会在海陆丰中心县委领导下，积极开展各项抗日救国运动。活动形式多种多样，有集体游行、街头演讲，有和微明剧社联合演出《凤凰城》等大型话剧，以及向国民党县党部请愿等。1940年3月，海丰国民党党部下令解散青抗会后，不少会员仍以青抗会会员名义，勇敢配合党组织，在全县各地为部队带路、送情报、作掩护等等，在抗日救亡运动中，成为一支朝气蓬勃、富有战斗力的青年战斗队伍，为抗日救亡写下了光辉的

抗日救亡活动

一页。

1938年1月，在中共香港党组织的推动下，海陆丰旅港同乡会组织了一个50多人的救亡工作团，经培训，3月正式成立海陆丰旅港服务团，团员20多名。服务团持钟秀南给海丰县抗日统率委员会的介绍信，直接与海陆丰国民党当局交涉，开展工作。团长吴禄是鲘门人，苏维埃时期曾任陆丰童子团总队长；副团长朱雪辉是陆

日军占领海丰县国民政府驻地

丰河口人，先后担任陆丰县农会特派员、金碣区委书记、陆惠县委领导成员；黄超如是海丰县梅陇黄厝寨村人，1932年曾任海陆紫县委书记和陆惠县委书记。

1938年农历七月初三，日机7架首次轰炸汕尾，紧接着又轰炸新港，炸死平民多人。10月，日机再次轮番轰炸汕尾，炸毁民房多间，炸死炸伤居民多人，接着日寇海军陆战队数十人在新港登陆，奸淫烧杀，焚毁渔船多艘，桐油味十里可闻。同时，公平圩也遭三次轰炸，死伤30余人。

10月12日，日军在大亚湾澳头登陆，21日广州失守。其时，日机不断轰炸海城、汕尾等处，海丰沿海船舶大多被日海军焚毁。

1938年底，以吴若冰（吴伯仲）为团长，吴棣伍、周大洲为副团长的东江华侨服务团海丰分团30多人回到海丰，与海陆丰旅港服务团合编为东江华侨服务团第二团。

1939年3—7月，以程跃群为团长、陈一民为指导员的东江

流动歌剧团由九龙经深圳、淡水、惠东等地，来海丰开展宣传活动。9—10月，又有以方定、黄炜然为正、副队长的东江华侨回乡服务团海陆丰队20人到海陆丰活动。

这些团员都是在香港自愿参加的，有学生、店员等爱国华侨。不少香港爱国同胞主动捐赠了幕布和演出用具、一批药品和进步书籍。

服务团的到来，像一股强劲的春风，鼓舞了广大群众的抗战信心。他们张贴标语、漫画，出版壁报，组织街头演讲，演出抗日节目，协助建立抗战团体和武装队伍，赈济灾民、救护伤病员，协助恢复和建立党的组织，等等，做了大量卓有成效的工作。

全面抗战初期，国民党蒋介石提出"攘外必先安内"政策，积极反共，消极抗日。西安事变迫使蒋介石同意停止内战、一致抗日的要求，直到1937年才形成以国共合作为基础的抗日民族统一战线。

当时，驻守海陆丰的国民党军保安团、国民党第四战区六十五军一五八师四七二团虽作为正规军作战，但大都是被动抵抗。1940年，海城、汕尾、鲘门、马宫、捷胜、田墘等圩镇，不时被日机扫射轰炸，人民的生命受到危胁，财产多受损失。

1941年3月24日，日军近卫步兵师第三联队千余人分别在汕尾、马宫、鲘门、小漠等地登陆，直驱海丰县城。4月14日上午9时撤离海丰县城，侵占海丰县城20天。日军撤出海丰县城后，仍驻扎在竹围、径口、汕尾、田墘、捷胜、马宫等圩镇。

1941年5月，国民党军队与日军在陶河寮望山枪战，国民党军阵亡2人。5月14日，日军由径口偷袭驻鹿境新山的国民党军保安二团邓龙启部队，该团被动抵抗，随即败退。日军冲进池口村逐户抓人，然后用机枪扫射，当场射死20多人。日军接着往新南村滥捕乡民数十人，欲行坑杀，适逢海九兰村（今附城新联村委）国民党军发来两颗炮弹，日军因指挥官被击毙，被捕乡民方获救。5月19日，国民党军与日军在陶河桐埔至观音妈山一带作战，日军死伤10多人，国民党军队阵亡30余人。

是年，嵌有"合作"两字肩章的国防军第四野战区六十五军一五八师四七二团，在团长吴植虞（进步人士）率领下前来海丰、陆丰、惠来抵抗日军，围剿伪军、海贼，团部驻陆丰县城龙山中学。9月19日下午，合作军营长朱金铭（紫金人）率领300名战士，从陆城步行跨过湮港，越过大德山，20日拂晓抵达田墘圩，接着扑向遮浪，一举打败游荡于田寮村五澳町的龟龄岛海贼，击毙匪首陈铁，歼匪40多人。海贼残部溃退遮浪岩，乘船投靠日本军舰。下午合作军返回田墘，营部驻红楼。21日（八月初一）午夜，龟龄岛海匪向驻汕尾日军告密，日军倾巢而出包围田墘圩，朱金铭率部英勇抵抗，壮烈牺牲，官兵阵亡81名，被俘42名，被解往汕尾惨遭杀害。当时还有数十名群众被捕，其中有22名无辜群众，被扣上窝藏伤兵及枪械罪，当场被杀。

10月18日，驻守鲘门泗马岭村的国防军陈勃江小分队，在铺岭村伏击从小漠据点出来准备到鲘门骚扰的10多名日寇，打死1人。事隔半月，日寇从潮沙、马宫、黄埔、稔山集结一个团以上兵力，突然于11月4日午夜，水陆并进，分四路包围驷马岭陈部防地。陈部采取集中突围，越过南山垭争取援兵。无奈驻扎于南山宋存庵的国防军主力某部，闻风向东北方溃逃。陈部被困于山顶，他们视死如归，决不投降。激战持续4个多小时，全排30余位勇士壮烈牺牲，光荣殉国。战后，当地绅士组织群众收尸埋葬，发现战士们有的与鬼子肉搏同归于尽，有的投崖阵亡，壮烈场面，可歌可泣。

1941年冬，日军集结力量进攻香港。11月26日，盘踞海丰的侵略军全部撤走。日军侵占海丰县8个多月期间，毁拆民房数千间，残杀平民无数，抢掠物资无法计算，肆意横行，奸淫凌虐，社会秩序混乱。

1945年初，一支由中国共产党领导的新的抗日自卫武装队伍正式建立，与东江纵队各兄弟部队互相配合，东进海陆丰，与地方党领导的行商自卫队武装力量结合在一起，组建东江纵队第六支队（简称"东纵六支"），支队下辖4个大队，抗击日伪军，建立海陆丰抗日根据地，不久又建了一个海陆大队，开展海上的对敌斗争。

1945年1月24日，日军第一〇四师团一〇八联队第一大队由稔山经小漠侵入县城。1月29日，日军步兵第一〇四师团主力开始入侵海陆丰。其一〇八联队进攻碣石湾西部方面；一三七联队进攻汕尾、鲘门、东涌、马宫、平海所城一带；十六联队进攻海丰、陆丰接境地区。

1945年2月，东纵六支在大安峒成立，仅一年内，与日本侵略军和伪军打了78次的大小战斗，还有许多小规模的游击战以及各地区民兵对敌人的袭击不计在内。在这些战斗中，据不完全统计，共击毙日军244人，击毙伪军120人，敌伪投降253人，缴获轻机枪2架，步枪百余支，无线电台1座，物资10余批。

3月8日，驻可塘日军一个小队进犯流冲圩。东纵六支吴海大队从南涂开赴流冲截击，群众踊跃助战。日军不支逃遁。是役毙敌9人、伤敌12人。东纵六支中队长钟通英勇阵亡。

3月15日，日军马队20多骑，从梅陇进犯赤石。东纵六支自卫中队，登坡仔岭伏击。日军至新径桥即遭迎头痛击，不支逃遁。群众蜂拥追歼，是役大胜，缴获战马8匹、打死2匹，毙日军1名，缴获步枪2支。

同日，日军20多人到沙港抢掠。东纵六支吴海大队在赤花寮村附近分三路伏击。600多名群众鸣锣吹角助威。农民林妈荣执尖串冲上敌阵，刺死日军机枪手后壮烈牺牲。敌退据石头村后山头，随即被抗日队伍包围。当夜日军在狼狈逃遁中被击毙一名，俘军医和台籍翻译各一名。

4月，10多名日军划小船沿黄江至渡头圩附近乡村抢掠。中共救乡大队侦悉后即在友冲山设伏，并派短枪队将敌汽船弄走。日军遭痛击后急欲退却，但除一名游过河逃脱外，余均被击毙。救乡大队缴敌步枪10余支。

5月，中共第六区委通过形势宣传教育，做通了一名姓张的翻译的工作，驻扎在海丰竹围的一股日军宣布投降，缴交军用物资一批。

6月4日，东纵六支吴海大队乘敌空虚袭击赤石，毙伤日军30余人。国民党在惠阳的地方武装陆如钧、赖耀庭部，竟集结300多人企图进赤石援助日军，遭到东纵主力部队和救乡大队的猛烈攻击，致陆、赖部溃败而逃。

6月7日，钟超武的国民党守备总队纠集惠阳和梅陇地方反共武装陆如钧、赖耀庭、曾广聘等部400余人，分三路再次进攻中共抗日根据地大安峒。东纵六支主力分头抗击，在黄山洞展开战斗，敌人死伤多名。

同月，东纵六支吴海大队攻打盘踞赤石金石寨山的土匪罗统部。大队政治指导员陈一平身先士卒英勇战斗，当他跳出掩体对敌喊话时，不幸中弹，壮烈牺牲。

6月13日，打着日伪"海军第四大队第十中队"旗号的海匪，向东纵六支投诚。

7月间，海匪"第五大队"三个中队205人到赤坑屿仔村抢劫，被东纵六支吴海大队包围，被迫投降。7月中旬，为争取反"扫荡"的更大胜利，东纵六支主力攻击赤石日军据点，击退赶来增援的日军两个小分队，经激烈战斗终于攻下赤石。是役击毙击伤日军19名、俘3名，缴获轻机枪1挺，英式自动步枪2支，长短枪17支，战马2匹，军用物资一大批。

8月15日，日本政府宣布投降，日军一三七联队在县城烧毁军旗。

8月下旬，中共海丰第六区委和区民主政府接受日军投降，共接收轻机枪4挺、步枪等军用物资一批。

日本投降，全国庆祝抗战胜利的鞭炮声还未绝于耳，国民党顽固派为了独吞抗战的胜利果实，大举向解放区发动进攻。为了和平，重庆谈判国共两党签订了《双十协定》，东江纵队根据党中央的指示，于1946年6月从广东北撤山东解放区，全国内战爆发后，这支曾在华南英勇奋战多年的抗日武装队伍，继续为解放战争的胜利立下不朽功勋。

第二节

解放战争艰苦卓绝

1945年8月15日，日本宣告无条件投降，抗日战争胜利结束。但是蒋介石为了发动内战，动用100多万人的军队向分布在包括广东的11个省的中共解放区和游击根据地进攻。从是年8月下旬开始，国民党广州行营在广东全省投入有美式装备的8个军22个师的兵力，采取"分进合围""填空格"等战术，对东江、琼崖等各解放区进行反复"扫荡"。进驻海丰的张泽深一八六师，师部设在海城东笏陈氏星聚堂，连续数月，对大安峒、明热峒、埔仔峒等东纵六支根据地轮番进攻。

中共海丰县委为了武装自己，对自身队伍作了精简，并转移一部分人到平原、沿海开展地下活动。东纵六支则采取分散与集中相结合的方针，把武装力量分散，长枪队布于山区，短枪武工队深入各区活动。

1945年9月21日，国民党守备部队钟超武集结几百人兵力，分四路由陆丰的东海、上英和海丰的可塘、平岗向驻在九龙（今平东镇九龙峒）的中共六区人民抗日武装进攻。六区队110人奋力抵抗，战斗自早上始，直至下午2时才突围，向乌面岭撤退。

1945年12月21日，国民党军一八六师1000多人到大安峒"扫荡"。东纵六支海丰独立大队所属的天狼队（中队的代号），在狗仔额山阻击，激战6小时，击毙国民党军20多人，击伤多人，天狼队也付出了重大代价。

1946年3月16日清晨，中共抗日民主政府第四区区长、四区救乡大队长许昌帜率所部在赤坑镇径口村山垭与国民党军一八六师"扫荡"部队遭遇，战斗激烈。许昌帜为掩护指战员撤退，壮烈牺牲。

1946年6月，内战全面爆发。国民党广东当局公然违背保证东纵复员人员安全的诺言，到处逮捕复员人员及其家属。粤东军政头目苏冠英于是年7月到海丰，同海丰县县长黄干英在县城召开海陆丰两县联防会议，成立两县"清乡委员会"，以钟超武的地方武装，纠合县政警队，以所谓"住剿"的方式实行"清乡"运动，大搞联防防保，拘捕杀害东纵复员人员、抗日进步人士和农会民兵骨干。

为保持地下党和群众的联系，保护群众利益，根据中共广东区委的指示，东纵六支北撤时留下一挺轻机枪和20多支步枪，交由大安峒地下党员掩藏，留下庄岐洲等5男1女共6位人员的小股武装，在海（丰）惠（阳）交界的山区陈寮肚村隐蔽。原一区抗日民主政府区长蓝训材则带领部分干部到香港寓居待命。

1947年1月，蓝训材带领首批人员从香港回到大安峒，与留下的武装人员庄岐洲等会合，在黄山峒輋钟村开会，传达中共广东区委关于恢复武装斗争的指示，同时成立海陆丰人民自卫队，蓝训材任队长，庄岐洲任副队长。该队成立时只有22人。

海陆丰人民自卫队旧址：黄山峒輋钟村旧址

同年3月，中共陆丰县原特派员刘志远到大安峒，主持召开海陆丰第一次干部会议，传达上级关于实行"小搞"，准备"大搞"的武装斗争，以及海陆丰两县党组织合并统一领导等指示，宣布重新组建中共海陆丰中心县委，刘志远任书记，蓝训材任副书记。会后分头由山区到平原宣传发动群众开展反"三征"（征兵、征粮、征税）和"双减"（减租、减息）群众

海陆丰中心县委旧址

活动，动员青年参军，截击小股下乡拉丁催税的警队、所丁，袭击远离国民党军庇护的乡镇公所。这样造成了"共产党又来了""老共武工队胜似天兵神将"等声势，使国民党不少基层政权处于瘫痪状态，游击区域逐步扩大。

　　同年5月，海陆丰中心县委在大安峒北坑肚召开海陆丰第二次干部会议，确定全面动员，放手发动群众的方针；农村以"双减"为中心，并建立民兵武装，随后以海陆丰人民自卫队的名义，颁布"减租减息条例"。第二次干部会议后，武装队伍和民运工作迅速发展，至是年秋，队伍已发展至300多人。

　　1947年6月，刘（伯承）邓（小平）大军千里挺进大别山，揭开了战略反攻的序幕。蒋介石政权派宋子文接替张发奎和罗卓英职，主持粤省军政，施行"绥靖新策略"，采取"分区扫荡，重点进攻"的方针。其各级政权为了应付内战之需要，加紧对人民进行征兵、征税、征粮等盘剥。国民党海丰县政府为完成1948年下半年征兵配额441名的任务，在其给各乡镇的代电中称："在此戡乱时期，兵员急如星火，乡镇长应星夜赶征，保长应连夜冒雨赶征。"对所谓"匪区"之壮丁，则"不管是否中签，均强征入营"。海丰人民受"三征"之苦，连县参议会的提案也惊叹"因征兵（派款）而至卖男鬻女或受拘禁者与日俱增"，并乞

求其上司对"征兵配额请准予七成征送"。当时驻县的国民党军队和地方联防队、政警队等之军饷、枪支、子弹、服装,以及建筑碉堡等需费,均统由地方政权逐项向民间摊派。因内战和官员腐败还引发了严重通货膨胀,据海城和汕尾商会上报的米价,中等食米每市石(1市石=70千克)由1946年2月国币23210元,升至12月为国币48014元,至次年7月升至国币40.5万元,12月达国币137.5万元,至1948年5月竟涨至1500万元。两年三个月间物价竟飞涨近650倍。1948年8月以后发行金圆券,贬值速度更快,到后来几乎成为无人使用的废纸。在此民不聊生之际,各地在中共民运队的发动下,为反对"三征",汕尾等多镇多次有工人罢工、商人罢市之举,农民则在军警进村催征之前已逃避一空。

7月,海陆丰人民自卫大队"天雷""钢铁"两连队联合夜袭驻青坑天主教堂的国民党联防队。但因布于教堂后墙脚的地雷威力不够,只炸开一小洞,突击组无法冲进教堂,守敌居高还击顽抗,"天雷""钢铁"不能接近,只得撤出战斗。

9月23日,"天雷""钢铁"联合,乘鹅埠圩圩日袭击国民党鹅埠乡公所。从发起攻击到打扫战场,仅15分钟,生擒乡长李振亚,缴步枪8支,驳壳枪2支,子弹200余发。

同年9月,刘志远到香港向中共中央香港分局汇报工作,并把东纵北撤后在香港的刘夏帆、蔡高、卓洪等一批中共干部动员回来,队伍日益壮大。

12月4日,驻海丰的国民党军百余人分三路突然袭击驻在可塘东溪口村的"红星""芳泉"两支武工队。东溪口村后面是可塘圩,前面有一条河,北面是海(丰)陆(丰)公路,村后有个小山头。战斗打响后,负责军事指挥的"红星"队队长林敬一时失策,没有在天亮前指挥队伍向靠山的北面冲出,而是向河方面撤走,结果在渡河时,遭强敌狙击,陈威("红星"队指导员)、林敬、卓杰英（"芳泉"队队长）等17位指战员牺牲在河中。

为了扩大反动势力，国民党和三民主义青年团以及依附国民党的青年党在全县拉拢市民和青年学生入党入团。但是国民党已为广大民众唾弃，爱国青年纷纷投奔中国共产党领导的解放区参加革命运动。从1947年3月至1948年2月，中共海陆丰中心县委在大安峒先后召开了四次干部会议，传达贯彻了上级由"小搞"至"大搞"的一系列战斗部署。四次干部会议后，海陆丰人民自卫队迅速发展，并通过大小战斗30多次的实战锻炼和大练兵活动，提高了战斗力和政治素质。

1948年3月，中共江南地委和广东人民解放军江南支队成立。

1948年3月间，"天雷"队、"松花江"武工队、"蛟龙"队（由平龙警卫排扩编）在广（州）汕（头）公路旁后林铺仔，伏击由县城往可塘的国民党海丰县政府便衣警探队，活捉警探队员林嗜，击毙叛徒卓标，缴获驳壳枪2支。警探队队长钟咏等8人被追至赤岸河，被击毙于河中。次日，国民党县长黄干英集结配有迫击炮和24挺轻机枪的600多兵力，分三路向中共机关九龙驻地进攻。中共领导为避免敌人进村洗劫，让"天雷"队、"坦克"队、"蛟龙"队50多人，经罗厝角村后雁头岭山抢占制高点，且战且退，引开敌军。是役自上午11时开始战斗至黄昏，毙敌2人，伤敌1人，敌军因恐入夜难支，遂各自撤回。

4月，"天雷"队与"海鹰"队联合袭击捷胜警察分所，是日适捷胜演大戏，"天雷"队队员化装为戏班和赶集农民于中午前进城，下午4时，于广泰茶楼置机枪控制敌人驻地，以短枪队突进警察所。是役只花几颗子弹，便收缴了该警所全部长、短枪共21支。

7月，海陆丰人民自卫队改编为中国人民解放军江南支队第五团，全团800多人（不包括地方党政民运干部）。

8月20日晚，刘夏帆率"天雷"队、"海鹰"队、"青龙"队突袭青龙山国民党盐警中队，击毙企图抵抗的中队长，收缴步枪56支、轻机枪1挺、左轮枪1支及子弹、刺刀、军服、港币等一批。

是月，国民党县长黄干英率政警队3个连进犯中共根据地大安峒。"西熊"队队长朱连房受命率队和陆丰"东虎"队（当时这两队正在江子下开会）进行抗击。朱连房部据守了望石山，与敌刚接火，不料机枪出故障，敌蜂拥冲来，朱连房一边指挥沉着应战，一边迅速修好机枪还击。时因敌主力连连长陈永波被击中，敌阵顿时慌乱，朱连房部乘机转移。是役，叶汉民等3名战士阵亡。

是月，江国新率"天雷"队与"钢铁"一、二中队于白天进攻青坑联防队，冲击敌据点，但因火力未能压住敌人，无法再冲上去。此时，敌人扔来一枚手榴弹，江国新为救副班长谢槐，被弹片割断喉咙而阵亡。经几小时激战，时已黄昏，江国新余部只好撤出战斗。

9月中旬，江南支队第四团两个连，由团长高固率领到海丰，调"钢铁"一、二中队配合，同时还集结了海丰、惠阳、紫金部队六七百人的兵力在白水磜、高沙、吊贡待命，准备攻打县城。是时，驻苦楝村的"蛟龙"队1名班长洪某（原是潜伏的内奸），探得消息后，即潜往县城告密。18日，国民党县长黄干英亲率县政警等300多人向苦楝村、白水磜突袭。拂晓，"蛟龙"队同敌接火。敌一路向把水宫和左侧高山冲锋，第四团在团长高固指挥下同敌争夺山头制高点，并堵住把水宫来路。战斗异常激烈，双方各有伤亡。下午3时，敌撤回县城。

10月底，支队司令部移至大安峒，并召开江南地委扩大会议，决定撤销海陆丰中心县委，两县分立县委，蓝训材任海丰县委书记，原第五团扩充后分出第六团，庄岐洲为团长，刘志远为政委，活动于陆丰境内。

10月11日，江南支队从香港组织一批物资300多担（1担=50千克，下同）经惠东转运大安峒，有一个连的兵力押送，但却遭到国民党陆如钧一个大队（3个连）的尾追。是日天未亮，护送物资的部队在鹅埠同敌人交上火。天刚放亮，陆如钧3个连在赤石坪巷山路同刘启文队（"钢铁"队一部）展开战斗，激战1天，敌虽组织班、排冲锋，均不奏效。迎击于圆墩渡口的朱韬队（"钢铁"队主力）也于天刚亮开始战斗，打至黄昏，敌人也无法过渡。是役，在当地群众协助下，使押运部队和物资都安全到达大安峒。

11月8日，由司令员蓝造亲自指挥的江南支队（"钢铁"一、二中队协同战斗），突袭驻浅沙村的国民党保安队钟铁肩部据点。当突击队向敌据点前进时被敌发觉，随即接火。突击队几次冲锋均被敌火力压回，激战3小时，双方均有伤亡。天将亮时，该据点尚未能拔除，蓝部亦随即撤回山区。

1949年元旦，中国人民解放军粤赣湘边纵队成立，江南支队改编为粤赣湘边纵队东江第一支队，所属各团亦归属之。是年春，中共中央香港分局改称华南分局，中共海丰县委、陆丰县委归华南分局江南地委（后改东江地委）领导。

随着武装斗争和群众斗争的深入开展，为建立连片的解放区，1947年10月和1948年春，在摧毁国民党乡、镇公所的基础上，中共海丰县委曾先后建立了鹅埠、赤石、鲘门自

庆祝粤赣湘边纵队成立

卫委员会和海陆边团、民兵后备队、妇女会，五区还建立了盐民工会、脚踏车工会等组织。为适应形势的发展，1949年2月，在赤石圩成立海丰县民主政府，蓝训材兼县长，至4月改称县人民政府，7月以后刘夏帆任县长。因国民党政权的货币飞速贬值，市场商品买卖多以稻谷实物论价，为便于商品流通和保证民主政权的税收，海丰县民主政府曾于是年春发行1角至5元五种面值的"临时流通券"，总值相当于现行人民币10万余元，对稳定解放区和游击区域的金融物价起到一定作用。

1949年初，全国革命形势的迅猛发展，使国民党在华南的统治陷入极度动摇之中。为挽救其败局，国民党派薛岳取代宋子文任广东省主席，仍部署对全省解放区、游击区的全面进攻。

粤赣湘边纵队（简称"边纵"）遵照华南分局的部署开展夏季攻势，先后解放了五华、龙川等县城。

1949年4月，国民党军一五四师一部从海丰县城进攻中共游击区域圆墩、吉水门山地。"西熊"队配合粤赣湘边区纵队主力奋起反击。反击部队抢先登上牛仔港山，随后发起冲锋，夺取敌方前沿阵地。敌多次反扑皆败，遂乘晚逃遁。此役毙敌40多人，俘13人，缴获轻机枪、手提机枪各2挺，自动步枪4支，中正式步枪14支；反击部队牺牲4人，伤8人。

7月8日傍晚，粤赣湘边纵队东江一支三团和五团第二营围攻梅陇圩，同守敌国民党梅陇联防队和保安队（约200人）展开巷战。是晚，驻警察所之敌在施光尧率领下起义投诚；驻街头宫之敌，被迫缴械投降；驻营盘脚之敌联防队长曾广聘随即被迫投降。次日上午，驻教堂之敌人见大势已去，也举着白旗走出教堂投降。9日11时梅陇即告解放。此役俘曾广聘、杨柳湖、程达星、郭焕新等敌方头目，缴轻机枪2挺，步枪200余支，子弹一批。边纵部队牺牲3人，伤4人。

海丰县城和平解放

1949年7月12日，粤赣湘边纵队解放了海丰县公平地区，13日包围了海丰县城。在人民解放军的强大攻势下，国民党海丰县县长戴可雄于翌天早上集合队伍，交出武器。当日深夜，戴可雄带着随从共7人，离开海丰县城，前往汕尾。海丰县城第一次解放。

南下解放军图

7月下旬，国民党保安三师八团一部、三二四师一部及一九六师五八七团，分别从惠阳沿海和紫金两个方向进犯海丰。粤赣湘边纵队东一支五团第二营，会同东一支七团一道，在梅陇大嶂山一带布防阻击。双方兵力各近千人，战斗持续了一天。国民党部队无法进入梅陇圩，退至梅陇下港村，取道南垭转抵海城，旋下汕尾。其时，驻扎海丰县城的中共党政机关和部队主动撤出。

1949年9月底开始，边纵东一支五团驻扎在公平，准备攻打海丰县城。10月10日凌晨，国民党海丰县县长张诚逃往汕尾。边纵东一支五团于10月11日进入海丰县城，宣告海丰县城解放。海

1949年《人民报》登载海陆丰解放的消息

丰县城第二次解放。1949年10月11日，边纵东一支五团进入海丰县城，随后会同六团向海丰东南沿海进军，对汕尾形成包围之势。

10月11日上午，海陆丰盐场场长侯绍颜等委托梅陇中学校长程树勋为全权代表，到海丰县城，同边纵东一支五团协商海陆丰盐场和盐警、游缉两个武装大队和平起义的事宜。中共海丰县委书记、五团政委庄岐洲与程树勋谈判。经过11日、13日、15日的几次商谈，海陆丰盐场公署、盐警第二大队、游缉第二大队接受边纵部队条件。双方商定。10月17日为宣布起义的时间。

1949年10月17日上午，驻海陆丰盐场游缉大队、盐警大队解除逃至汕尾的国民党海丰县政府保安营和联防队以及部分警察的武装，活捉国民党海丰县县长张诚。下午3时，海陆丰盐场场长侯绍颜、驻海陆丰盐场游缉第二大队大队长柏新宇、驻海陆丰盐场盐警第二大队大队长李振海、大队副大队长周茂达率海陆丰盐场全体员工和驻海陆丰盐场两个大队全体官兵，贴出布告，宣布起义，参加中国人民解放军。同时，派出武装队伍巡逻汕尾，保护人民生命财产安全，并警戒东涌、田墘、捷胜、遮浪方向，以防海匪和残兵的骚扰。10月19日，边纵东一支五团派出一个小分队进驻汕尾。同日，汕尾军事管制委员会成立，庄岐洲任主任，刘夏帆、黄友任副主任。

10月中旬，海丰县城、汕尾相继解放，但海匪仍盘踞在龟龄岛、捷胜、田墘、遮浪及陆丰的碣石，继续在那一带残害群众。

11月中旬，东江军分区派一独立营抵达海丰，会同边纵东一支五团第二营和起义的游缉大队一道，对盘踞在海陆丰沿海及岛屿之敌作战。整个围绕对海匪的作战由东一支司令员蓝造指挥，第五团配合。先围剿盘踞在捷胜、田墘、遮浪三个地方的敌人。全歼后，直插到陆丰的碣石，把那里的海匪也歼灭了。剩余的海匪最后龟缩在龟龄岛上。

12月，边纵东一支五团第二营和起义的游缉大队在东一支五团团长黄友的指挥下，在一个傍晚登船向龟龄岛进发。起义的游缉大队担负由捷胜渡海的主攻，正面向龟龄岛进攻；另一路由汕尾港乘三艘机船，抄袭龟龄岛背后。渡海部队选择滩头登陆。海匪自以为海岛地势好、易守难攻，作负隅顽抗。中国人民解放军用炮火轰击其滩头和岛上阵地，同时选择容易靠船的滩地冲锋。经过一阵战斗，解放军登上龟龄岛。登岛部队迅速向敌人发起猛烈冲锋，其余的部队陆续登上龟龄岛。在强大的军事打击下，海匪最后一个据点妈祖宫被一举攻下，岛上敌人全部被歼灭。至此，海丰县全境解放。

历史表明，海丰人民解放战争的胜利，是中国共产党正确领导的结果，是海丰党组织领导人民武装紧紧依靠人民群众的支持，排除万难、浴血奋斗的结果。

在中国共产党的领导下，海陆丰人民在长期的革命斗争中，不屈不挠，艰辛奋战，为新中国的建立作出了重大的贡献和牺牲。据不完全统计，革命战争年代海丰共有5万多名革命群众牺牲，已查明的革命烈士3152人，被夷灭的自然村100多个。

海丰全境的解放和人民政权的诞生，标志着中国共产党领导的新民主主义革命在东江地区的胜利，标志着灾难深重的海丰人民被压迫被剥削的历史宣告结束。从此，海丰人民同全国各族人民一样成为人民共和国的主人，满怀着对社会主义社会的憧憬和希望，迈进一个和平、民主、平等、自由、幸福的新时代。

胜利来之不易，革命先辈的事迹可歌可泣，无私奉献、敢为人先的革命气概和精神永远激励老区人民奋勇前进！

第五章

红色土地　百业待兴

　　1949年，海丰全境解放后，海丰人民在中国共产党的领导下，面对新中国成立初期极其复杂的形势和重重困难，以经济建设为重点，全面开展新民主主义改革和各项建设，建立和巩固了基层新生人民政权，稳定了全县社会秩序，促进了国民经济的迅速恢复和发展，胜利实现了从新民主主义向社会主义的过渡。

第一节 国民经济恢复发展

新中国成立后，海丰县进行了生产关系的变革和经济建设，尽管经历了曲折，全县经济仍是不断向前发展。中华人民共和国成立后至改革开放前，海丰县经济发展经历了三个阶段。

1949—1956年，是新民主主义向社会主义过渡时期。在社会主义国营经济的领导下，多种经济成分共存。新民主主义经济对中华人民共和国成立初期的经济恢复和政权巩固具有重要意义，为社会主义经济的建立奠定基础。

新中国成立后，面对凋敝的经济局面，为争取迅速恢复经济和财政收支的根本好转，1949年底先在农村集中力量完成征购粮任务，在城镇反击投机商人抢购、囤积商品、抬价和扰乱金融活动，稳定市场和物价。1950年，在农村开展"清匪、反霸、退租、退押"。1951年的抗美援朝和镇压反革命运动的开展，激发了群众的爱国主义热潮，创造了良好的社会治安秩序，为经济发展提供了有利环境。1951—1952年开展和完成土地改革，改变农村不合理的土地制度，改善了贫苦农民的经济地位。在城镇开展民主改革，铲除阶级剥削，加强工人领导力量。从1949年底至1953年，在汕尾、海城建立国营金融保险业、商业、外贸出口、供销合作等机构。国营机构逐步下伸各区镇，促进对外贸易和城乡内外交流，繁荣了城乡经济，到1953年，全县经济恢复并有所发展。

1953年6月，中共中央提出在过渡时期的总路线和总任务，在农村，互助组、初级合作社至高级合作社逐步建立发展，推动了垦荒、扩种、兴修水利和积肥热潮，使农业生产逐步发展。在市场领域，国营集体经济成分处于主导和主体地位，并循序渐进地开展对私营工商业的"利用、限制、改造"，至1956年全面完成全行业的公私合营。工业、手工业根据生产和生活上的需求，建立了一批小规模工厂和手工工场。1958年工农业总产值年递增8.2%，其中农业5%，工业25.3%，1957年社会商品零售总额4773万元，比1952年增长56%，年均增长9.4%。

1956—1966年，是全面建设社会主义时期。以公有制为主体，私有经济成分微乎其微，实行计划经济体制。这一时期，全县社会主义经济得到了初步发展，社会主义公有制得到了巩固。

在"一五"时期取得经济发展基础上，海丰设想在第二个五年计划期间把经济推上一个台阶。但在"三面红旗"（社会主义建设总路线、"大跃进"、人民公社）推动下，急躁冒进的"左"的思想在全国范围内急剧膨胀，海丰县内也一哄而起，把高、初级生产合作社全面过渡，升格为"政社合一"的人民公社，统一指挥生产，作业军事化，生活供给制，取消农村自留地、家庭副业，关闭农村集市。1958年9—11月，为响应中央"大办钢铁，赶超英美"的号召，各社、队集中劳力，用"小高炉"土法炼钢，将"烧结铁"用于冒报产量，并收集旧废铁料，后期甚至砸铁锅、拆门窗以充钢产量。为发展工业，同年5月提出争取3—5年内实现农业机械化，10月又要求各行各业都办工业，争取数年内建成"工业体系"，工业产值超过农业产值。是年底，在汕头会议上，提出"少种、高产、多收"方针，要求少种粮食，尤其是番薯。1958年的粮食生产总量，是20世纪50年代第二个丰收年，为放"卫星"，报高产而进行反瞒产，粮食上调任务也不断增加。此时期，普遍出现以平调为主的"共产风"、虚报多报的浮夸风、急躁冒进的命令风和不切实际的瞎指挥。1959年春末，粮食供应不足，继而渐呈紧张，夏季调低城乡居民口粮供应指标。当年粮食生产比1958年下降18.18%。这一年，群众在公社组织下，人心齐、干劲大，秋冬二季，集中劳力建设公平水库和青年水库，各社也建成一批中、小水库，解决全县近四成的农业灌溉用水，为以后的农业发展打下基础。同时，工业也有发展。进入1960年，县号召工业和交通部门要"开门红、满堂红、红到底"，当年工业产值增长，也建起了一些厂矿企业，各社队都建了简易公路，通了电话。而农业连续三年滑坡。1961年农业总产值和人均粮食不及新中国成立后最低年份的1950年和1949年，农村出现荒情。各地推广以瓜菜作为粮食代用品，农民称为"瓜菜代"。

1960年9月，中央提出对国民经济进行"调整、巩固、充实、提高"方针。1961—1963年，全面落实中央政策，解决"大跃进"带来的混乱和遗留问题，安排城乡生产、生活为全县工作中心。1960年底至1961年中，分批整风整社，纠正"左"的思想，退赔由"共产风"造成的平调账；下半年起以贯彻落实《农村人民公社工作条例（修正草案）》（即"农业六十条"）为主要任务，缩小社队规模，变以队为核算单位，恢复社员自留地，准开五边地，开放农村集市。1962年春改以生产队为核算单位，并彻底清算平调，由国家拨款赔偿和再次减少粮食征购任务。同年4月，围绕恢复农村经济，组织调查队深入各地区，调查探讨恢复农业经济的措施和方法。为加速农业恢复，全县压缩社会购买力，严禁计划外基本建设，压缩工业生产战线，调整一批工业项目，精简职工和压减城镇非农人口。1963—1965年，贯彻以农业为基础、工业为指导的方针，把发展以粮为主的农业生产放在优先地位。推广良种，提倡科学种田。到1963年中，紧张的经济已趋和缓。1965年，粮食总产量从1963年9.3万吨增至14.5万吨。经济调整后的工业生产协调运转，1964年、1965年两年的产值比上年增长17%和21%，市场流通恢复。期末，工农业总值已超过历史水平。黄江水系的东、西闸及一批中、小水库，也在这一时期建成。

1966—1976年，是"文革"时期。1966—1968年是全县大动乱时期，先是批判封、资、修，继而乱揪乱斗，而各派群众组织的辩论、争斗纠缠不休，甚至于1967年8月、9月间发生"8·26"和"9·12"打人、杀人事件。1968年秋，大批干部贯彻"五七"指示，下放劳动，接着清理阶级队伍、知青下乡等。这一期间的生产秩序、社会秩序、工作秩序全被打乱，经济大受干扰。1966—1969年四年间，经济停滞不前，1968年工农业总产值比上年还下降8%。1971年起，全县各地农村开展水利渠道配套、农田平整和推广良种、田间栽培技术，粮产逐年增长。工业的发电量增加，一些厂矿如糖厂、酒厂、锡矿等进行技术更新，二轻和社队工业崛起，促使"四五"时期工农业产值每年以7.6%速度递增。

1971年起，"左"的思想在农村又滋生起来，宣传生产队搞政治评分。1974—1976年开展社会主义教育运动，在"大批资本主义，大批修正主义，大干社会主义"的口号下，批判"重副轻农、重钱轻粮、重私人轻集体"的"三重三轻"和"分、包、标"责任形式，缩减自留地，禁开五边地；批判推行"以粮为纲"中忽视其他经济作物的发展，以及盲目围海造田，使水产养殖业遭破坏；在批判"暴发户"中，甚至不准劳力修建房屋和上圩赶集；在大搞水利建设中，没有量力而行，农村集体经济大受削弱，群众生活比较困难，使农业的发展受到牵制。在工业上，

1975年，海丰代销社收购木柴

贯彻"五七"指示，二轻系统和海城等镇的街道工业被拆迁到农场，推行"工人与农民同工同酬"和"亦工亦农"，影响职工的积极性，挫伤了二轻、乡镇街道工业的元气；县大办"五小"工业，因没有很好地贯彻因地制宜的原则，受燃料、原料不足的制约，氮肥厂、电机厂等相继停产，盐业不恰当地转变所有制，由盐业生产合作社升格转为国营，给以后生产带来影响，增加地方财政的负担。

自力更生发展生产

一、土地改革运动和社会主义改造

封建土地所有制是地主阶级以土地剥削为主要形式，同时兼有田赋税捐、高利贷、无偿劳役等多种形式的剥削制度。据记载，在土地改革前，海丰县地主、富农总户数占全县总户数的5.45%，却占有全县耕地面积的48.09%；雇农、贫农、佃农和其他劳动人民占总户数的94.55%，却仅占有耕地面积的51.91%。有些平原乡村的土地更集中在地主的手里。无地和少地的农民受尽地主阶级的残酷剥削，承担着大量的苛捐杂税。

土地改革要把地主阶级占有的土地和财产夺回到农民手中来，这是一场激烈的阶级斗争。在土地改革前夕，海丰县首先开展了土地减租减息运动，以初步改善农民的生活，提高农民的阶级觉悟，为土地改革做好准备。

1951年5月开始，海丰县贯彻《中华人民共和国土地改革法》和中共中央华南分局的指示，成立土地改革委员会，土改工作队共千余人，队员除从各机关团体抽调外，还有从中共中央华南分局转来的华侨子女百余人和从南下大军调来的官兵200余人，以及从中南各省抽调南下的一批干部，投入到土地改革运动中。县委、县政府在领导土地改革的过程中，按照上级的指示精神，始终坚持贯彻放手发动群众，启发农民特别是贫雇农的阶级觉悟，通过农民自己的斗争打倒地主阶级取得土地的方针，在全县145个乡有步骤、分期分批地开展土地改革运动。第一阶段是发动群众,宣传贯彻党和政府土改的总路线和总政策;第二阶段是划分阶级成分,打击恶霸地主,没收封建土地财产;第三阶段是分配土地及主要生产资料,实现耕者有其田;最后进行查田定产,发放土地证,部署开展大生产运动。

土地改革后,全县地主2583户,占乡村总户数的2.68%,原占有土地15920公顷,占总面积的46.95%,下降为1260公顷,占总面积的3.7%。富农1495户,占乡村总户数的1.55%,原占有土地1486公顷,占总面积的4.38%,下降为1334公顷,占总面积的4.03%。1952年底全县完成土地改革,彻底推翻了封建土地所有制,解放了生产力。1953年进行查田定产,发放土地证,变为农民的土地所有制。

土地改革是新中国成立后在农村开展的一次彻底的民主革命运动,废除了封建剥削的土地所有制,使农民不但从经济上翻身,更重要的是在政治上改变了被压迫剥削的地位。

土地改革胜利完成以后,农村生产力已经从封建剥削制度的束缚下解放出来,农民的生产积极性开始得到了较大的发挥。但当时的农业仍然是建立在劳动农民的生产资料私有制基础上的小农经济。这种分散、落后的小农经济,难以满足城市和工业对粮食等农产品原料不断增长的需要,党和人民都需要考虑个体农业经济究竟向哪个方向发展的问题。海丰县的农村互助合作正是在这种历史情况下,由农民探索出从组织代耕队开始,到简单的生产劳动互助,再逐步发展为临时互助组等这些具有社会主义萌芽性质的初步互助合作形式。

海丰县按照《关于农业合作化问题的决议》要求,进行农业的社会主义改造。从此,农村体制经历了三个阶段的变革。第一个阶段是建立以农民自愿为原则的互助合作组。1953年冬,海丰县建立了38425个农业互助组，克服了个体分散经营过程中出现的生产资料不足、劳动力缺乏及抗御自然灾害能力薄弱的困难和矛盾，促进了农业生产的恢复和发展。第二个阶段是在农业互助合作组基础上，各地掀起建社、扩社高潮，由初级农业合作社转并为高级农业合作社。从1956年春的496个初级农业合作社调整、合并、升级为336个高级农业合作社，入户社员占农村总户数的95%以上，发挥人多力量大的优势，推动农业生产的发展。第三个阶段是冲破村界社界，取消乡、村建置，建立人民公社。1958年秋，全县建立324个人民公社，1256个生产大队，实行大集体、公有制的人民公社化。

在进行农业社会主义改造的同时，手工业的社会主义改造和资本主义工商业的社会主义改造同时进行（称"三大改造"）。在对手工业的社会主义改造中，海丰县根据社会需求及产销情况，对私营工业进行公私合营，各行各业的手工业者纷纷投入改造行列，1953年组建手工业社（组）328个，社（组）员5426人。在对资本主义工商业的社会主义改造中，贯彻"团结、教育、改造"的方针，以行业为基础，以自愿为原则，推行公私合营。1955年底，全县私营商业纳入改造的有7685户，组成公私合营商店125个2687人。1958年底，合营企业全部并入国营。

二、对私营商业的社会主义改造

1952年底，根据中共中央过渡时期的总路线，海丰县开始逐步对私营商业的社会主义改造。1953年，全面开展加强纳税和肃清偷税、漏税的查税补税工作。1954年，推行以行业为基础，以自愿为原则的公私合营，为国营商业代销、经销活动。1955年下半年，在农业合作化高潮的推动下，按照团结、教育、改造的方针，统筹兼顾、全面安排、积极改造的原则，对占有较大量的流动资金和固定资金，并雇有店员的资本主义企业采取公私合营；对一般贩卖烟酒、水果、小百货和经营饮食服务等小业主，采取组织合作商店、合作小组的形式；对小商贩中资金少，家庭人口多，经济负担重的给予自由经营，通过代销、经销，使之遵守国家法令，使私营改造工作走向行业公私合营高潮。

1955年底，全县私营商业纳入社会主义改造的有3986户（其中批发商618户、摊贩2210户、饮食服务业1158户），从业人数7079人（其中雇工631人）。各行业按规模与资本额大小，分别组建成公私合营商店51个1383人；参加合作商店、小组4412人；个体代销店、摊1284人。计有百货、纱布、京果、饼食、山货、医药、水产、肉食、旅店、照相、陶瓷、饮食、烟酒等51个商业、企业，自行独立核算，设有私方经理及会计、出纳、业务等行政人员，公方经理则由国营公司派任。公私合营职工与国营职工一样领取固定工资。私方人员股金实行按股金定息，年息为5厘。1958年底，合营企业全部并入国营。1962年8月，把合营从国营分出，实行独立核算，国营专业公司派出经理加强领导。1965年底，合营企业再度归口并入国营商业，资金股息同时停止。

三、"大跃进"和人民公社化运动

1958年，为了加快社会主义建设步伐，全国掀起"大跃进"运动。海丰县在"大跃进"运动中，从农业领域开始，不遵循自然规律和经济规律，在农业生产上搞"高指标、瞎指挥、浮夸风"。为了比速度、比成就、比粮食增产增收，各地虚报多报产量，争相放出高产"卫星"。工业、社会各业都掀起"大跃进"高潮。各地集中劳力，用"小高炉"土法炼钢铁，将"烧结铁"用于冒报产量，并收集旧废铁料，甚至砸铁锅、拆门窗以充钢产量。"大跃进"运动不但没有达到迅速改变落后面貌的愿望，反而使工农业陷入极度困境。

在"大跃进"运动迅猛发展的同时，还掀起了人民公社化运动的高潮。海丰县将945个农业合作社合并为36个人民公社。县直机关单位也合并为四大部：农林水利部、工交财贸部、文教卫生部和公安政治部。人民公社化后，实行"组织军事化、行动战斗化、生活集体化"的劳动组织方式和生活方式，取消原来合作社核算单位，取消社员自留地和家庭工农业生产，不让社员单家独户做饭，大办公共食堂，实行吃饭免费的做法。不少地方吃了过头粮，后来不得不以"瓜菜"充饥。由于人民公社化运动实行以搞"大兵团"作战方式的"大会战"形式来进行生产，对当时农田水利建设起到一定的促进作用，全县一年中兴建五个大中型水库和一个大型防洪大堤。但是，在运动中，把个体所有制作为资本主义残余加以取缔，简单生产用具和部分生活用具亦被收归公社所有，在公社内各村之间的集体财产被"一平二调"（搞平均主义；政府和公社无偿调用生产队土地、物资和劳动力，调用社员的房屋、家具），这种"共产风"给经济带来了极大的危害，直接造成了1959—1961年三年经济困难。

第三节 兴修水利发展农业

一、水利建设夯实农业基础

新中国成立前，海丰县灌溉工程以临时性的引水陂和容积很少的平塘、水堀、水井为主，灌溉条件较差。新中国成立后，海丰县进行了大规模的农田水利建设，于1950年开始建设山塘，1954年建设小型水库，1958年建设中型水库，1959年建设大型水库。在建设蓄水工程的同时，建设引水工程和提水工程。经过多年的努力，建成"以蓄为主，蓄、引、提并举，大、中、小结合"的农田灌溉体系，极大地改善了全县农业生产条件。1953—1987年，全县投入劳动工日1.82亿个，投放资金2.26亿元，建成堤防工程5座，使19093.3公顷农田和近40万人解除了洪潮灾害的威胁，兴建蓄水工程650座，引、提水工程174座，使有效灌溉面积达到33333.3公顷。

20世纪60年代开展"农业学大寨"，群众发扬"苦干、巧干"的精神，兴修水利工程，促进农业生产大干快上。图为1975年，水利工地上的工人正在你追我赶地搬运泥土

1988年《中华人民共和国水法》颁布实施，水利被摆在全县国民经济基

础设施的第一位。此后，海丰县水利部门继续以续建、配套、维修加固达标，提高防御、抗灾能力；抓好水资源开发、保护、利用和管理；依法治水，加强水利工程管理，提高效益为主要任务。并将防灾减灾、解决水的供需矛盾作为水利建设的重点。各级政府加大水利资金投入，兴建、维护加固了大批水利工程和设施，水利服务对象也从单一农业灌溉为主发展到综合利用，面向全社会。1988—2004年，全县共投入水利水电工程建设资金8.1亿元，平均每年投入水利水电工程建设资金0.47亿元，完成土石方335.5万立方米，投放工日365万个，修复、加固老化堤坝、水闸、渠道等的灌溉、引水工程设施，新建了一批防洪和供水的水利工程，全县防洪、防涝、灌溉、发电、供水、航运、环保等多功能的水利系统基本形成并有进一步发展。

二、全民兴修公平水库

1959年春末，全县粮食供应不足，继而渐呈紧张，夏季调低城乡居民口粮供应指标。当年粮食生产比1958年下降18.18%。这一年，群众在公社组织下，干劲大，秋冬二季，集中劳力建设公平水库和青年水库，各社也建成一批中、小型水库，解决全县近四成的农业灌溉用水，为农业发展打下基础。

公平水库位于黄江上游，因大坝靠近公平圩而得名。库区集黄羌水、松林水、西坑水、南门水和平东水五条水系，集雨面积317平方千米，淹没耕地1516.1公顷，移民64个村庄计2161户、9771人。工程任务以防洪、灌溉并重，兼顾发电、供水、养殖、航运。防洪捍卫面积9600公顷，人口30万人，灌溉面积1.04万公顷，发电装机5台2980千瓦，设计年发电量483万千瓦时，最大防洪库容33070万立方米，正常库容16330万立方米，兴利库容14610万立方米，垫底库容1720万立方米。

公平水库

公平水库管理局

公平水库建设工程于1959年10月25日开工，为边规划设计、边上报审批、边施工建设的"三边工程"，全县最高峰出动2万多人，当年12月26日大坝堵口，1960年2月基本建成并开始蓄水，历时105天。当时标准为100年一遇最大洪水设计，500年一遇最大洪水校核，坝顶高程19米，最大坝高18米，顶宽4米。

公平水库分别于1963年、1973年、1974年、1975年、1976年进行5次加固，坝顶高程加大至20.5米，顶宽加大至6米，灰沙墙块护坡改为混凝土护坡，内外坝脚取土坑填土镇渗，外坝脚平台设导渗沟和减压井，泄洪闸底两次灌浆等，消除了坝体安全隐患，提高了抗洪能力。1987年2月开始按100年一遇最大洪水设计，2000年一遇最大洪水校核，进行全面加固，直接捍卫着下游50万人民生命财产和2万公顷农田设施安全，担负着汕尾市区、公平、可塘、赤坑等城镇工业和居民的生活供水重任，充分发挥了重大的安全效益、经济效益和社会效益。

公平水库灌区建设从1960年2月至1961年春完成。首先完成至可塘陈厝陂的总干渠8000米，同时建成公平公社几条支渠。1962年冬续建，完成陈厝陂至陶河的分干渠5000米，陈厝陂至长桥节制闸总干渠4462米。1964年建成流冲反虹管和可赤分干渠，灌溉面积增至7666公顷。1972年9月开始，全灌区进行大规模扩建，总干渠延伸至遮浪的长沟总长达6万米，比原来增长4倍，同时建成田墘的南联、外湖，陶河

海丰自兴建公平水库、流冲渡槽以后，解决农田灌溉问题，促进农业增产增收。图为生产队在流冲渡槽水田插秧的情景

的杨埔，赤坑的沙港4条支渠2.3万米，扩建赤坑的船坞、可赤、可塘的可北三条分支渠31425米，全部干渠、分渠、支渠配套建筑物325宗，其中反虹管3宗、渡槽42宗、隧洞拱涵8宗、跌水21宗、公路桥机耕桥28宗、行人桥65宗、排洪闸和节制闸29宗、分水闸和分水管及渠底管129宗。灌溉范围扩大至除捷胜以外的东南沿海1.46万公顷，实现了海丰县"北水南调"的水利计划，水库的任务从以防洪为主改防洪灌溉并重。

公平水库建成后，为灌区提供防洪安全和水资源保障，促进了全县农业和国民经济的发展。

三、移民安置落实政策

海丰县从1955年建黄山洞水库起，至1976年建朝面山水库止，有18宗工程需要移民，其中大型水库1宗，中型水库10宗，小型水库5宗，堤围和灌区各1宗，合计淹没耕地2176公顷，房屋222423平方米，应迁移114个村庄3231户15673人。党和政府一开始就投入大量人力、物力、财力搞好移民安置工作，根据"依靠群众，自力更生，国家扶持，发展生产"的方针和"谁主管，

谁负责，谁受益，谁承担"的政策，坚持就地安置、集体安置为主，结合移民自愿为原则，先后将这些移民安置进17个镇、场和水库，合计建给房屋138135平方米，平均每人（原迁人口，下同）8.8平方米，包括割让、开荒和原存在内，解决耕地1488.2公顷，平均每人1.42亩，另加山地3255公顷，使移民得以安居乐业。全县移民安置，经历三个时期：

（一）1955—1967年，重建家园初级时期

这期间处于大拆大建阶段，特别是人民公社化初期，全县启动建设5宗大中型水库和1宗大型堤围工程，任务繁重。为了适应形势的需要，采取"六统一"办法，即地方统一规划，土地统一划分，资金统一筹措，器材统一调配，劳力统一组织，房舍统一规格。具体确定每间房宽度分9槽、11槽、13槽三种，长度分5米和7米两种，每人定8平方米，1人的按2人分配，2人的按3人分配，3人以上的按人分配。由于采取了强制性措施，迁移安置工作进展较快。至1963年底完成安置任务90%以上。但工作粗糙，一方面割让土地由领导一划而定，没有文字记录，许多固有的矛盾被掩盖；另一方面建房采用"放卫星"办法，只求进度，不计质量，结果带来许多"后遗症"。

（二）1968—1978年，补建和维修时期

这期间，一方面按上级规定每人8—12平方米的任务给予补建，一方面对危房进行全面维修加固，至1978年底止，建房面积增至113861平方米，比1963年底增加近1倍，人均占有居住面积达8.4平方米。维修危房2.68万平方米，所有移民均得到安置。但这一时期，移民机构几度改组，工作时断时续，许多遗留问题未获解决，移民村生活普遍低于当地老村水平。在所有移民中，属安置较好的有1816人，占总人数13.5%；属初步安置的有9400人，占总数70%；属未安置好的有2206人，占总人数16.5%；861

人属动荡不安。

（三）1979—1987年，解决遗留，全面提高时期

这一时期在中央一系列方针政策指引下，海丰县一方面投入资金854.2万元，比前两个时期投入总数295万元增加近2倍，解决了所需要的大部分经费问题。一方面对房屋修建由指令性改为指导性，由公办改为民办公助，充分发挥移民的积极性。对生活问题采取"造血"为主，"补血"为辅。十年间办了10件大事：（1）完成补建房屋4812平方米，保证每人居住面积基本达到10平方米；（2）拆建和维修旧房69405平方米，进一步提高住房质量；（3）修建校舍23所，解决900名儿童就学问题；（4）给684位华侨港澳台同胞和165位国内散户补建房屋8490平方米，落实了党的有关政策；（5）维修排灌渠道42千米，建筑物91宗，增加灌溉面积95公顷，改善灌溉面积583公顷；（6）修建机耕路8条17千米，机耕桥80宗，造农船3艘，解决48个村交通困难问题；（7）新建晒谷场17123平方米，厕所103间，开荒造田29公顷，种果69公顷；（8）架设输电线路45条43千米，配套变压器32台640千伏安，解决49个村用电照明，同时新挖水井62口，新建自来水工程10宗，管道3500米，村内排水沟3.69万米，进一步改善生活环境；（9）从1979年开始，每年减少公余粮任务1300担，从1985年起减少公余粮任务增至4889担，同时拨给返销粮1200担，保证移民每人每月口粮35斤以上；（10）解决25宗移民土地、山林地纠纷，维护移民合法权益。

四、农业生产丰收增效

新中国成立后的海丰农业发展，基本上经历了5个阶段，即1952—1957年的互助合作运动时期；1958—1963年的人民公社化

海丰地处沿海，鲘门、小漠、田墘、遮浪等多个乡社都是沙地。为开辟农田，扩大耕地面积，广大干部群众发扬"与天斗，与地斗"的精神，搬沙造田，开垦沙地

陶河是海丰县"农业学大寨中"的先进单位。农民群众觉悟高、干劲大。插秧时节，天不作美，久不下雨，群众克服困难，集中力量，抗旱抢插

时期；1964—1967年的农业生产调整回升时期；1968—1978年的农业生产再次陷入低潮时期；1979年之后的农业生产体制变革时期。土地的使用权也经历了从分散—集中—再分散—再集中的发展过程。

1958年秋，全县以大乡为基础，以鹅埠、赤山为先行点，一举成立30个农村人民公社。实行"政社合一""一大二公"，对当时大搞水利建设、平整土地，曾起到一定的积极作用。但在初期刮起"一平二调"的"共产风"，余粮队无偿调拨给缺粮队，平均主义泛滥，按劳分配等价交换的原则得不到贯彻，取消原来较符合生产力实际的农业合作社核算单位，取消社员自留地和家庭工副业生产，不让社员单家独户做饭，大办公共食堂，实行吃饭不要钱，不少地方吃了过头粮，后来不得不以"瓜菜代"充饥，这些都挫伤了农民的生产积极性。经过贯彻中共中央《关于农村人民公社当前政策问题的紧急指示信》，把核算单位从公社改为大队核算。1962年贯彻中共中央

《关于改变农村人民公社基本核算单位问题的指示》，再改为以生产队为基本核算单位，坚持"队为基础，三级所有"的体制，把生产自主权与分配统一起来。此后，通过贯彻"农业六十条"并结合整风整社，认真加强各项

夏收季节，群众将收割好的谷物搬到晒谷场上，稻谷堆积成山，一派丰收景象

管理制度，使1962—1978年都稳定实行这种体制。

　　人民公社化时期，县内采用过许多经营管理办法，对各种计划制订出"一年早知道"，把各项生产作业任务定勤定工分到社员，口粮额预分到户，使社员对劳动和生活心中有数。对财务实行民主管理，每月用口头或张榜公布，列出收支钱物、单据和分工等内容，做到"八上"或"十上"。对劳动组织，按劳力强弱、技术高低搭配，编成临时作业组，或把劳力、耕地、牲畜、农具、厕所等编成常年固定的作业组。1963年在可塘公社罗东大队试行"五定一奖罚"责任制，即定劳力、定地段、定任务、定分工、定期检查验收，奖勤罚懒。生产队实行劳动编组，各地规模大的队常年包工到组，轻活或专业性工种包工到人。1966年"四清"运动后期，省、县、社三级主管部门曾派员到梅陇公社联平大队搞试点，搞大寨式的政治评分，讲的是空头政治，与实际劳动相脱离，与群众利益背道而驰，执行很短时间就被否定停止。对收益分配方面，20世纪70年代有些生产队采用全家定勤带全家口粮的做法，满勤满粮、缺勤按比例照扣。分配较高的是1980年，人年均分配256.5公斤，一般的是1975年，人年均分配215—235公斤，较低的是1962年，人年均分配只有156公斤。现

1978年，城东镇大嶂村群众在购买化肥

金分配方面，1962年人均分配35元，1975年人均分配53.3元。赤山公社曾把劳力分为三个工资等级，一级每月6元，二级5元，三级4元。这种拉平分配的做法，挫伤群众积极性，几个月就被停止下来。

1966年下半年在全国范围内开展的"文化大革命"运动，剧烈地波及海丰各地农村。其间历经十年，各级领导班子几乎陷于瘫痪状态，有的被批判斗争，或靠边站。各地还批判"唯生产力论"，极力鼓吹"穷过渡""割资本主义尾巴"等的影响，使得一些农业领导干部不敢抓生产，不少知识分子、技术骨干被视为"牛鬼蛇神"，强制劳动并受到批判。农业系统的机构人员被冲垮，搞得网破人散线断。其时，在农业战线推行极"左"路线典型，分配上不是按劳取酬，而是采取政治评工记分，改生产队核算为大队或公社核算，片面执行"以粮为纲，全面发展"的方针，生产上搞一刀切，挤压经济作物的发展。把20世纪60年代初期调整农村经济政策措施当作修正主义来批判，严重侵犯生产队的自主权，挫伤了农民群众的生产积极性，农业生产力和生产关系不相适应，加上自然灾害，给农业生产造成极大的困难。粮食生产处于徘徊状态。

1979年后，海丰县认真贯彻执行中共十一届三中全会的路线、方针和政策，进行农村生产和经济体制改革，逐步试行各种形式的生产责任制，以后发展为普遍性的家庭联产承包责任制。1987年以城东乡为试点，建立社区合作经济组织，取代公社三级所有制，把政社分开，逐步向各乡镇铺开。生产队或自然村成立经济合作社，大队成立联合社，乡镇（即原公社）成立经济联合总社。通过制定社章、加强管理、壮大经济实力，成为农村新的经济实体。

1979—1981年，县内实行联产到组到劳力的责任制。就是把大田作物联产到组，采用"五定一奖罚"（定劳力、定责任田、定产量、定成本、定工分，奖勤罚懒）的做法，定产部分由生产队统一分配，超产部分由组处理，欠产由组全赔或酌情折减。海城公社联河大队下许生产队，把水稻联产到组，番薯联产到劳力，获得大幅度增产。县内其余一些队，把经济作物和零星作物联产到劳力，也获得良好效果。家庭联产承包责任制，亦叫包干到户责任制，中共十一届三中全会后开始试行，并逐步全面推开，这是所有权与经营权分离的一种体制。土地划分到户，农具、耕牛、厕所等折价归户使用，由户联产承包经营，权利、责任、利益紧密结合。克服过去由队集中经营，分配上平均主义"吃大锅饭"，造成社员出工不出力的弊端，能充分调动农民群众的积极性，符合现阶段农村生产力的水平。1983年，全县4222个生产队中，有4138个队施行这种体制，后来一些队，把水利、机耕集中到大队集办，或把播种育秧、防治病虫害、排灌管理集中到队统一进行，实行统分结合的双层经营体制，这种经营体制一直延续到1987年，使生产向适度规模经营发展。

1984年以来，调整了县委领导班子，并认真贯彻中共十一届三中全会的路线、方针和政策，拨乱反正，坚持四项基本原则，坚持改革开放，经济体制开始冲破僵化呆滞模式，在坚持全民所有制为主体的前提下，向适合县情、有活力的多种经济成分和多种经营方式的方向发展，社会和经济建设呈现欣欣向荣景象，经济实力大为增强。从1949年到1987年，社会总产值由6078.07

万元（当年价为4957万元，下同）增加到64417万元（108439万元），增长9.6倍，年均递增6.4%，1987年人均社会总产值728元（1225.87元），年均递增4.1%；工农业总产值由5355.07万元增加到46619.7万元，增长7.7倍，年均递增5.9%；国民收入由3457万元增加到33383万元，增长8.7倍，年均递增6.2%。

第六章

春风沐浴　老区嬗变

　　中共十一届三中全会的召开，实现了中国历史上具有深远意义的伟大转折。沐浴着改革开放的浩荡春风，海丰与全国各地一样，走向了改革开放和社会主义现代化建设的新时期。全县人民在县委、县政府的领导下，按照党的十一届三中全会制定的路线、方针和政策，进一步解放思想、拨乱反正，沿着中国特色的社会主义道路，朝着新时期的目标大步前进。海丰进入社会主义现代化建设和改革开放的新时期。

第一节 习仲勋平反彭湃冤案

作为中国南大门的广东省，是"文化大革命"期间林彪、"四人帮"严重干扰破坏的重灾区，其中最令人发指的冤案就是在海丰制造的反彭湃的反革命事件，致死160多人，伤3000多人。全县社会秩序遭到严重破坏，深受其害而痛定思痛的广大人民群众强烈希望有一个良好的生产、生活环境和安定团结的社会秩序，人心思治、人心思定是当时人们的迫切要求和愿望。因此，有步骤地处理冤假错案和历史遗留问题，是一项十分紧迫而又重大的政治任务。

习仲勋到广东工作后，深感自己责任重大，在广东的两年多时间里，他以大无畏的气魄和高度的历史责任感，力主解决广东的问题。他主政广东作出的一项重大举措，就是大力平反冤假错案。

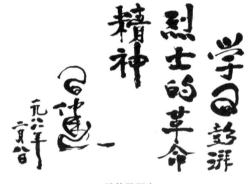

习仲勋题字

1978年4月，他到广东上任伊始，就大声疾呼："必须坚决落实党的干部政策、知识分子政策、统一战线政策、侨务政策、民族政策、对敌斗争政策，以及经济建设中的各项政策。"

彭湃是一名为中国革命作出重要贡献、深受人民爱戴的革命家，在"文化大革命"中却被诬陷为"叛徒"，彭湃烈士的亲属和维护革命烈士英名的干部群众也遭到残酷的镇压。时任海丰县海城镇"四清"分团团长、党委书记的孙某和他的支持者，在海陆丰大造舆论，说"彭湃是'左'倾机会主义者""彭湃地主立场未改、品质未改、参加革命动机不纯"。他们甚至用当年国民党诬蔑海陆丰农民运动的反革命宣传材料，攻击彭湃是"叛徒"。彭湃的亲属、好友遭到迫害，儿子失踪，侄儿遭斩首，甚至母亲也遇到劫难。

生于1928年的彭洪，是彭湃的第三个儿子。20世纪50年代，彭洪先后担任海丰县委组织部部长、县委副书记、县长等职。20世纪60年代，彭洪担任华南农学院党委委员。1966年6月，彭洪遭到批斗。之后，彭洪被免去党内外一切职务，到农场放牛。1966年国庆前后，彭洪再次被抓走，被送到广州沙河的广州警备区司令部关押。

彭洪入狱后，家人两次给他送去了《毛泽东选集》和生活用品，他在狱中给家人复过两次信之后，便再没音信。1968年8月中下旬，彭洪的爱人陈平得知，彭洪被转移到海丰批斗。十几天后，传来了彭洪"畏罪自杀""自绝于党和人民"的消息。噩耗传来，彭家人悲愤万分。在彭洪去世后，陈平带着两个孩子被下放到粤北山区的一个干校，在那里待了五年，直到1973年才获准返回广州。陈平及彭家亲属始终不相信彭洪是自杀的，要求调查彭洪的死因，但每次都石沉大海。

受彭湃案牵连的人很多，就连彭湃已过90岁高龄的母亲周凤也未能幸免。1966年11月的一个深夜，老人突然被秘密带走，关押到海丰县公安局的牢房里。四个月后，被折磨得奄奄一息的老人被送回家。林彪、"四人帮"在广东的爪牙停发了国家发给她的生活补贴，取消她的粮食供给和户口，还勒令当地医生不许为她诊病。

1967年4月，与彭洪一起被关押的黄秀文在押送途中患病，他利用看病的机会逃离广东，一路乞讨到了北京。黄秀文向聂荣臻汇报了反彭湃事件和彭湃母亲周凤受迫害得不到医治的情况。聂荣臻大为震惊，表示要解决好此事。不久，"中央文革小组"和国务院根据中央指示，联合致函广州军区，要求尽快把周凤接到广州治病。但是，海丰县极左势力很快进京，前往阻挠。直到1967年11月中旬，广东省革委会负责人才按照中央的指示，通过省民政厅，在海丰驻军和群众的帮助下，将周凤从海丰接到广州治病。

1967年8月26日，反彭湃的几个头目操纵群众组织，向各公社发出电报，诬称维护彭湃烈士英名的干部群众破坏学"毛著"积极分子代表大会，围攻、殴打参加会议的代表。随后，几个公社立即组织了5000多人的武装队伍，携带机枪、冲锋枪、步枪等进入海城镇，沿途任意开枪。遭"围剿"的群众纷纷上山躲藏。彭湃的几名亲属在这次暴行中相继遇害。1967年"8·26"事件后，周恩来下令收缴枪支，停止杀人，不准围捕上山群众。然而，凶手竟然上街游行示威，张贴"猛揪国务院后台老板"等反动标语。他们大搞株连，对死难者家属进行惨无人道的迫害。

1973年，黄秀文再次逃到北京，在聂荣臻办公室周秘书的帮助下，到中南海见到了周恩来，周恩来仍然记得黄秀文。1927年10月南昌起义失败之后，当时周恩来、叶挺、聂荣臻等人在担任南塘区委书记的黄秀文和他父亲黄依成等当地同志帮助下，渡海赴香港。周恩来身患疟疾，连日高烧，处于半昏迷状态，一直住在黄秀文家，是黄依成、黄秀文父子每天背着周恩来去找郎中看病。周恩来的病治好后，黄秀文等人用小渔船将周恩来、叶挺、聂荣臻等人摇渡护送到香港。当黄秀文向周恩来汇报了海陆丰发生的令人发指的反彭湃血腥事件以及彭湃遗属惨遭不幸和自己遭到批斗的详情时，周恩来极为震惊，亲批了字条交给叶剑英。

1978年6月18日，习仲勋和省委有关负责人专项听取关于海陆丰问题以及南路（即湛江、茂名等地）地下党问题的汇报。习仲勋结合所掌握的大量证据和事实，认为为彭湃及亲友平反的时机到了，下决心要为在反彭湃冤案中死难的和受迫害的干部群众平反昭雪。

1978年初夏的一天，习仲勋在省委珠岛宾馆第一次见到陈平。习仲勋手里拿着陈平数月前写给中央和省委的申诉信，信的前面就是周恩来亲批的字条。习仲勋将周恩来批条的来历告诉她，握着陈平的手关切地说：“彭洪同志的案子，中央很重视，省委一定会抓紧落实好，对案件进行调查。”

1978年7月、8月间，习仲勋开始了他为期一个月的东三区（梅县、汕头、惠阳）之行。在汕头地区，他考察了海丰县，听取了“文化大革命”期间在海丰县发生的大反彭湃问题的汇报。8月13日上午，习仲勋主持召开省委常委会议并作重要讲话，他在讲话中强调对海丰县严重违法乱纪的人要严肃处理。10月30日，习仲勋主持召开的省委常委会议决定，“要加快清查和落实政策工作的步伐，对错案、假案、冤案，要大张旗鼓地平反昭雪”。

根据习仲勋的指示，1978年夏天，联合调查组进驻海丰。调查组历经半年多的调查，查明了反彭湃烈士事件的真相。1978年11月，调查组通过走访，找到一名曾参与掩埋彭洪尸体的农民，并根据他提供的线索，找到了一具遗骸。根据陈平描述的彭洪特征，调查人员判定，这正是彭洪的遗骸。1978年11月10日，海丰县委为彭洪举行了追悼大会，其他受株连的干部、群众也得到平反，参与迫害的人受到了严惩。

1979年1月25日，广东省委对海陆丰反彭湃烈士事件作了定性，认为这是林彪、"四人帮"篡党夺权阴谋的一个组成部分，矛头指向周恩来、叶剑英等老一辈无产阶级革命家，是一次反革命事件。

通过彻底清查，彭湃被诬为"叛徒"的冤案得到彻底平反昭雪，被颠倒了的历史重新恢复过来。海丰全县有3200多人也被平反。据1979年2月12日《人民日报》报道，被开除出队或被迫退职的干部、教师、职工有1300多人获重新安排工作。在反彭湃烈士事件中，犯有严重罪行的原汕头地委副书记孙某，由国家专政机关逮捕；残酷杀害彭湃烈士侄儿彭科的洪某和其他几个民愤极大的杀人凶手，交由专政机关依法严惩。

伴随着拨乱反正工作的进行，海丰经济社会发展的新时代开始了。

第二节

改革开放 春风浩荡

粉碎"四人帮",摧毁"四人帮"的帮派体系,清除了社会动乱的根源,更加提高了人们的思想政治觉悟,使人们更加感觉到安定团结的重要,全县社会秩序开始出现由乱到治的转机。具有光荣革命传统的海丰人民,发扬战争年代的革命奋斗精神,在中国共产党领导下,"敢教日月换新天",以新时代主人翁的战斗姿态、艰苦奋斗的创业精神改造河山。在较短的时间内,一个历经沧桑和劫难、备受帝国主义、封建主义和官僚资本主义掠夺和剥削的南疆古邑,发生了翻天覆地的巨大变化。尤其是党的十一届三中全会,确定把全党工作的重点转移到社会主义现代化建设以来,海丰人民在拨乱反正的基础上,乘改革开放的东风,坚持以经济建设为中心,努力发挥地缘区位优势,稳步发展农业,大力发展工业和第三产业,加速社会的全面进步,建设老区,振兴海丰。在改革开放以来,海丰大地政治稳定、百业兴旺、经济发展、市场繁荣,呈现一派欣欣向荣、蒸蒸日上的盛世景象。

1978年12月8日,中共十一届三中全会召开,决定将全党工作重点转移到社会主义现代化建设上来。1979年7月,广东、福建两省实行特殊政策、灵活措施。8月,海丰县部分农村开始推行"五定一奖"的生产责任制。1980年,部分生产队自发包产到户、包干到户。同时,个体户、专业户也开始在城乡涌现,市场渐呈活跃。海丰开始引进外资办"三来一补"（来料加工、来料装配、来料加工，补偿贸易）企业，县籍侨胞和港澳同胞，在改革开放形势的影响下，也纷纷回乡旅游、探亲。1978年、1979年两年，海丰接待华侨18221人，过往侨胞达11万人。1979年、1980年两年，汇回侨汇达3200万美元，在汕头地区居第2位。

改革开放初期，当全国各地乘着加快发展的春风，走上奔康致富的大道，海丰却掀起一股走私贩私的歪风邪气，严重影响全县社会秩序，使生产活动、流通领域大受干扰。1978—1983年六年间，海丰经济停滞不振。1979年的主要农作物种植、造林种果、渔业生产、工业生产和外贸出口等经济指标都大幅度滑坡。1980年8月，深圳、珠海、汕头、厦门特区设立，省内沿海各县经济纷纷起飞，而海丰的走私活动却愈演愈烈。这种畸形经济态势，使海丰错失改革开放起步的良机。

随着在1984年春调整了县各级领导班子，许多有经验的老干部重新走上岗位，进一步纠正新中国成立以来历次政治运动遗留的错案，落实各项政策。1984年，对外制定优惠政策，吸引外资，对内培育民营企业，贯彻多种经济成分和经营方式，多措并举发展国民经济，号召国营、集体、个体一齐上，"五个轮子"（国营、集体、外资、联合体和个体）一齐转；在农村完善家庭联产承包责任制和调整农业结构，发展乡镇企业。当年个体工商业户发展迅速，达9600多户，比1983年增长56.7%。1984年底，为贯彻中央号召国民经济到20世纪末翻一番的要求，加快海丰经济发展，制订了《海丰社会经济1985—2000年发展规划（草案）》，聘请中央、省内外专家、领导60多人，进行审议论证。这一年，经济开始起步，国民收入及工农业总产值比1983年分别增加23.5%和23.9%。1985年起，对主要经济指标，除少量国家指令性外，大部分改为指导性，以增加市场调节，并放宽大部分商品物价管理，逐步提高农副产品收购价格，以调动农村经济活力和促进经济发展，农民收入逐步提高。同时，按照贸、工、农顺序和内外市场导向调整经济结构。在农村提出在稳定粮产基础上搞开发性、商品性生产，使甘蔗、水果、优质大米、对虾养殖等大面积激增。农村由原来自给性、产品性生产向商品性生产变化。

这一时期，注重加强与改善长期制约经济启动的基础设施。1985年，一批11万伏、3.5万伏的输变电站建成，使海丰并入省网而改善电力供应；1987年4月汕尾沙舌人工复造工程开工，于1988年10月完工；汕尾客运码头投产并对外通航；1987年公平水库及一批中、小水库进行加固改造；同时，全县的通信、食水、公路桥梁及小漠、马宫、鲘门等渔港都有改善提高。

第三产业迅速兴起，由1983年占国民经济构成的32.49%，上升到1986年的34.43%，并带动城镇建设的发展。1987年社会总产值比1980年翻一番多（增142.74%）。1984—1987年工农业总产值每年以23.1%幅度递增，为新中国成立以来海丰经济发展的最快时期。

第
三
节

改革发展　活力迸发

1978年12月，中共十一届三中全会确定把全党工作重点转移到社会主义经济建设上来，实行改革开放的方针政策。海丰致力改革高度集中的计划经济体制，逐步向社会主义市场经济转变，开辟多渠道筹集资金进行经济建设的新途径，打破封闭型的经济格局，逐步向多层次、多形式的开放型和外向型经济转化，加快经济发展。行路难、吃水难、上学难、就医难和住房难的"五难"问题得以有效解决，革命老区群众生活水平显著提升，城乡面貌发生了显著变化。

一、实行家庭联产承包责任制

1979年后，海丰认真贯彻执行中共十一届三中全会的路线、方针和政策，进行农村生产和经济体制改革，逐步试行各种形式的生产责任制，以后发展为普遍性的家庭联产承包责任制。1987年以城东乡为试点，建立社区合作经济组织，取代公社三级所有制，把政社分开，逐步向各乡镇铺开。生产队或自然村成立经济合作社，大队成立联合社，乡镇（即原公社）成立经济联合总社。通过制订社章、加强管理、壮大经济实力，成为农村新的经济实体。

1979—1981年，县内实行联产到组到劳力的责任制。就是把大田作物联产到组，采用"五定一奖罚"的做法，定产部分由生产队统一分配，超产部分由组处理，欠产部分由组全赔或酌情折减。海城公社联河大队下许生产队，把水稻联产到组，番薯联产到劳力，获得大幅度增产。县内其余一些队，把经济作物和零星作物联产到劳力，也获得良好效果。家庭联产承包责任制，亦叫包干到户责任制，中共十一届三中全会后开始试行，并逐步全面推开，这是所有权与经营权分离的一种体制。土地划分到户，农具、耕牛、厕所等折价归户使用，由户联产承包经营，权利、责任、利益紧密结合。克服过去由队集中经营，分配上平均主义"吃大锅饭"，造成社员出工不出力的弊端，能充分调动农民群众的积极性，符合现阶段农村生产力的水平。1983年，全县4222个生产队中，有4138个队施行这种体制，后来一些队，把水利、机耕集中到大队集办，或把播种育秧、防治病虫害、排灌管理集中到大队统一进行，实行统分结合的双层经营体制，这种经营体制一直延续到1987年，使生产向适度规模经营发展。

二、县域经济实现跨越发展

1988年1月，汕尾建市，原海丰县析出汕尾、田墘、遮浪、东涌、捷胜、红草、马宫7个镇组建汕尾市城区后，海丰县成为以农业为主的山区大县，总面积1771平方千米，总人口591249人。汕尾建市后的海丰，历届县委、县政府坚持以经济建设为中心，坚定不移地走改革开放的道路，实施稳定农业、发展工业、拓展第三产业的战略，经济社会发展取得巨大成就。1987年与2004年比，地区生产总值从4.49亿元增加到73.21亿元，人均地区生产总值从788.3元增加到9640元，工农业总产值从4.91亿元增加到131亿元，三大产业比例从55.68：17.12：27.20调整为28.8：34.4：36.8，地方财政一般预算收入从0.12亿元增加到1.48亿元，外经贸出口总额从476.92万美元增加到17510万美元，实际利用外资从188.9万美元增加到6107万美元，全社会消费品零售总额从2.66亿元增加到47.4亿元，经济发展实现一步一个脚印，一年一个新突破。

1988—1991年，海丰县受"七五"以前经济过热的影响，通胀压力较大，1988年物价涨幅近30%。海丰县积极实施国家新一轮经济调整政策，按照治理经济环境、整顿经济秩序和一系列价格调控政策的要求，严格控制新开工项目和投资规模，采取保计划内建设、压计划外建设，保生产性建设、压非生产性建设，保重点建设、压非重点建设的"三保三压"方针，经济社会发展在治理整顿中稳步前进，经济环境有所好转，通胀压力也有一定的减轻。

"八五"时期，在邓小平南方谈话和中共十四大精神的指引下，全县各级党政和人民更加坚定信心，从社会主义初级阶段和海丰的实际出发，改革开放和经济发展的步伐明显加快，经济社会发展步入历史的快车道。但这一时期通胀压力还很大，五年平均物价涨幅为12.1%，经济的快速发展始终伴随着高通胀。

"九五"时期，海丰县按照"抢抓机遇、深化改革、扩大开放、促进发展、保持稳定"的方针，坚持发展速度和效益相统一、微观搞活和宏观调控相统一、总量增长和结构优化相统一的原则，进一步加快发展县域经济步伐。1998年下半年，贯彻执行国家扩大内需，拉动经济增长，着力化解亚洲金融危机的影响，经济发展从紧缩银根转变为执行国家积极的财政政策和宽松的货币政策，创造条件加大对基础设施、基础产业的投入，固定资产投资明显加快，消费增加。"九五"时期经济社会发展继续保持健康、快速发展，物价运行平稳。

进入21世纪，海丰县按照尽快赶上全省发展平均水平的要求，坚持以加快发展为主题，以结构调整、优化为主线，以科技创新、体制机制创新为动力，全面实施工业立县、科教兴县、外向带动、可持续发展战略。进一步深化改革、扩大开放，加快工业化、城市化、信息化进程。注重处理好改革、发展与稳定的关系，努力实现两个根本性转变，促进经济增长速度和效益的提高。

三、道路交通设施日臻完善

在老区经济建设发展的实践中，全县党员干部和广大群众深刻认识到"要想富，先修路"和"路通财通"的硬道理，下决心整治"路难行"的落后状况，建设四通八达的水陆交通运输网络。特别是改革开放以后，随着老区经济社会的快速发展，交通运输需求强劲增长，海丰县不断加大交通基础设施的建设力度，推动交通运输总体保持良好发展态势，为全县经济社会发展提供了坚实的交通基础设施保障。

完成穿城路改造。1990年，省政府决定对广汕公路全线进行拓宽改造，实现硬底化，达到公路一级标准。广汕公路穿过海丰县城规划区内，即从青年水库新开河至黄江大桥长10千米的穿城路段，按规划进行拆迁、拓宽、改造。从新开河至车站段为新建路段，全长4.8千米，拆除原城北旅社，把广富路改为市内道路，使穿城路段直通龙津河边。龙津桥至老车站0.5千米，进行裁弯取直，拆除原城东中心小学部分教室及马村部分民房，使广汕路直通黄江大桥。1992年，穿城路改造完成，达到一级公路标准。1999年4月，穿城路段改线工程由广东省公路局勘察设计院勘测设计。改线路段东起黄江大桥西侧，西至县城公路收费亭，沿县城规划区南三环路走向，全长9.32千米，按平原微丘一级公路标准设计，路基宽度25.5米，四车道宽15米，中间绿化带宽3米，路肩两侧宽7.5米。全线大桥1座长184米，小桥9座总长146米，涵洞

48座，平面交叉路口8处，并扩建收费亭。工程预标总造价8400万元。2000年5月，穿城路段改线工程动工。2002年10月1日，新路段正式通车，原穿城路段改为市内道路，即红城大道。

完成海丽路、海河路、海渡路拓宽及硬底化。1991年，从县城二环南路至海丽大桥全长4.8千米的海丽路段，路面规划宽度50米，实建宽度20米。主车道砼路面宽15米（四车道），两侧由县水利局修建宽7米的西排洪沟。海丽大桥由惠州市公路勘测设计院设计，县机械筑路公司承建，全桥跨长162.4米，宽15米。1992年，海丽路段和海丽桥改造建成通车。1999年，从县城二环南路经鹿境村至陶河镇全长3.8千米的海河公路由附城镇政府负责建设。2000年，海渡公路建成通车。该公路从海丽大道路口至联安镇渡头桥长度6.4千米，水泥路面宽7米（规划宽度16米），由附城镇负责实施拆迁及建设。2003年，县人民政府决定对海丽大道（S242线）进行拓宽改造，拓宽改造地段北起县城二环南路圆盘，南至丽江大桥，全长3.95千米。2005年4月，该工程正式启动，按一级公路计标时速60千米设计，路基宽度36米，沿线箱涵5座，新征土地8.8公顷，于2006年4月竣工。

完成县城二环路规划建设。1988年县城主要道路31条，总长度34030米，用地面积55.79公顷，人均用地5.92平方米。1991—2004年，共修建拓宽道路71464米，面积222.6公顷；其中新建道路22293米，面积98.8公顷。至2004年，县城主要道路增加到86条，总长度80.96千米，用地面积扩大到361.21公顷，占建成区面积的17.6%，人均用地增加到14.8平方米，道路硬底化率95%，达到中等城市的标准。其间，县城市政道路建设的重点项目是二环路和沿河路。1994年，二环路由县规划设计室对全线进行勘察设计；南、北两桥为铁道部专业设计院广州设计处设计。设计方案经县人民政府审批同意，县五套班子的主要成员和有关部门对线路走向进行现场认定拍板。1996年，二环路开工建设。县成立以县委书记及正、副县长为领导的二环路建设指挥部，县城3个镇成立建设指挥所。3个镇分段进行征地、拆迁、建设。参加建设施工队伍20多个，其中县机械筑路公司承建南、北两桥。二环路全线拆迁房屋约400多间，建筑面积达1.8公顷。重点拆迁地段是县政府大院前红城大道口至广富路口、海丽大道两侧、城东五龙寺南侧至赤山路边、海紫路口至北桥茗园等地段。对拆迁户都按有关规定进行了安置和赔偿。二环路总长9.85千米，环绕县城3个镇，总宽度64米。其中，6条主车道宽度22米，中间绿化带宽2米，非机车道两侧各6.5米，主车道、非机车道间两条绿化带宽各1.5米，两侧人行道宽各12米，人行道侧右边为两条排水沟，全线5条绿化带。1997年2月5日，二环南路通车；1998年10月全线通车。此后逐步进行水沟、非机车道、人行道、路灯、绿化等配套建设。二环路建设工程总耗资约2亿元。

完成龙津河两岸沿河路建设。1996年，沿河路建设与龙津河第二期治理工程同步进行。沿河两岸分别修建宽14米和24米的道路，共拆迁民房8970平方米，拆迁安置费583.05万元。道路98.9公顷，工程造价916.39万元。1997年，沿河路建成通车。

完成车站站场改造及建设。海丰汽车站位于红城大道与海银路、人民西路交界处，占地3.24公顷，始建于20世纪50年代。由于年久失修，票房、大厅已成危房，站场杂乱无章，棚寮门店占道经营。1997年县政府对其进行大力整治，拆除违章建筑近2公顷，建设办公楼、候车棚，并规范管理，使车站面貌有较大改观。2002年6月，南湖客运站动工建设。该站场占地面积8970平方米，客运大楼占地面积1167平方米，建筑面积2400平方米。2003年1月，南湖客运站建成并投入使用；同年12月，被省交通厅定为二级汽车客运站。此外，在县城西侧建设县汽车客运总站，站场按一级汽车站规划设计，占地面积约1.5公顷。

至2017年，全县公路网总里程1934.7千米，县、乡、村道可通车里程1425.7千米，沈海高速（深汕高速）、厦深铁路和潮惠高速横贯全境，现代综合交通运输体系进一步完善。

四、自来水流入老区百姓家

水是生命的源泉、城市的血液。奔流不息的龙津河，日夜演奏着清澈而温婉的变奏曲，生动记录着县城的建设与嬗变，见证着海丰供水事业的发展与壮大。

党的十一届三中全会召开以后，海丰县城的发展如雨后春笋，焕发出勃勃生机。为切实解决老区农村群众饮水难问题，满足县城日益增长的用水需求，一群辛勤的供水工程建设者不畏艰辛、无私奉献，用青春和汗水共同建设县城自来水公司，开启了海丰县城供水事业的序幕。

海丰背山面海，河流纵横。黄江、丽江、大液、赤石四大江河交叉，东部濒临碣石湾，西部面向红海湾，长沙湾、高螺湾、九龙湾相互交错，水资源丰富，造就了物产丰饶的鱼米之乡。

中华人民共和国成立前，海丰人民一直沿用传统的用水习惯，主要依靠凿井取水和沿河取水。当时县城居民1万余户，4万多人口主要依靠水井、地下水取水饮用，生产、生活用水的卫生条件得不到保障。龙津河和流入县城的水利沟渠成为县城居民取水的主要源头。溪生、咸潮等污染时常影响着百姓的生活，制约着县域经济社会的发展。

20世纪70年代，为加快县城基础设施建设，解决农业生产和县城居民饮水问题，县委、县政府通过调研论证，开始筹建海城镇供水站。1970年底，县政府成立"海丰县海城镇自来水站筹建小组"，由县城建办公室负责筹建供水工程。1971年初，海城镇供水站建设工程在县城高埔头破土动工，全县干部群众踊跃参加供水工程的义务劳动，拉开了全县供水事业发展的序幕。供水站建设总面积约4000平方米，深挖一个容积300立方米的水井作为储水池，并建设一个高26米、容积200立方米的供水塔，水源取自龙津河，取水方式采用水泥管引水到供水站，每50米管段设一个沉沙井。为处理好水质，在水站内建设3个进水井，水源通过沉淀后流入清水井，消毒后将自来水汲至高位水塔送到各家各户。1972年初，海丰县首个供水站诞生了。

由于供水能力仍远远不能满足居民用水需求。1974年12月，对供水站进行扩建，水源取于拦河坝上游，日供水能力达200立方米。用水户逐年增加，从1974年的36户发展到1976年92户。为发展用户和方便群众用水，水站开创了供水新办法，一方面免收报装费，积极动员居民报装入户；另一方面在居民区设立售水点，向群众售水，每担水为2分元。售水点有寨仔埔、城内、红卫、益民、米街、下围、海珠、枋铺、径口、西门、鲤趋埔、新桥等区域，使部分未报装入户的群众都能饮上卫生干净的自来水。居民挑担、排队、买水的场景，成为当时县城一道靓丽的风景线。

20世纪80年代，在改革开放的大潮中，县域经济蓬勃发展，方便又卫生的自来水愈来愈受群众的欢迎，报装用户逐年倍增，供水管网覆盖至整个县城，自来水直接输送到各家各户。为进一步保障县城供水，1977年底，供水站在水厂内北面建设2个沉淀池，总容积400立方米；在东面建设1个过滤池，容积80立方米。供水设施逐步完善，配套设置了进水井、沉淀池、过滤池、清水池，泵房配备60马力（1马力≈0.735千瓦）柴油机一部和4寸水泵一台，每天保持正常运转，将处理合格后的自来水输送到县城用户。

随着县城发展加快，自来水的供应日趋紧张。为扩大供水源，1978年，县政府批准在龙津河上游拦河坝征地5848平方米，筹建引水工程，建设1000立方米容积的蓄水池，并用全封闭管道引水到供水站水厂。同时，加大对供水站设备配套建设，对原有两个沉淀池进行改造，实施扩建增高，增加水池容量。机房增设4寸和6寸水泵各一台，解决供水压力不足的问题。1980年开始，供水站加大供水管网建设，对原有供水管道进行改造，对县城新区域进行管道延伸，进一步提高输配水能力。

1981年，供水站加快管网建设，铺设1条口径250毫米管道，由供水站至东门头，总长550米；铺设5条口径150毫米管道，分别沿广汕公路至新桥头、朝阳门至旧桥头、东门头至水产门市、东门头至彭湃医院和粮食局、东门头至粮站，总长2300米；铺设4条口径100毫米管道，分别从粮食局至水产局、米街路口至老车站、水产门市至海城粮所、大街百货公司至水产门市，总长1350米，提高了输配水能力，年供水量达到36万立方米，满足了群众的用水需求。

1982年底，县城自来水用户3077户。供水站向城北大队征用土地538平方米，开展水厂扩建工程。同时对机房原有设备进行技术改造，添置了2台8寸压力泵，由抽水上供水塔送水改为压力泵加压送水，将原来日供水量1000立方米提高至5000立方米，新增7条口径500毫米，总长6700米的供水管道，进一步扩大供水范围。

十一届三中全会以后，改革开放的春风吹遍南粤大地。海丰县城呈现出万象更新的发展局面，供水事业迎来千载难逢的发展机遇。1983年1月，海城镇供水站升格为海丰县自来水公司，为股级建制，隶属县建设委员会管理，公司干部职工51人。1983年，自来水公司不断加强管理，拓展业务，经济效益逐步提高，其中水费收入15万元，比1980年水费年收入6.7万元增加8.3万元，实现了翻一番的目标。同年底，办公楼首层建成投入使用，建筑面积317平万米，大大改善了办公环境，供水技术管理逐渐走向现代化、科学化，供水业务工作不断发展，机构管理进一步完善。

1984年，县政府成立海丰县自来水工程扩建办公室。同年春，青年水厂第一期工程——引水工程择址县城青年水库旁（原党校旧址）建设，由广州市自来水公司工程处负责测量和铺设管道。

1985年1月，青年水厂引水工程建成投产，日产量达1万立方米。加上公司老水厂日产量5000立方米，县城日供水量达到1.5万立方米。为进一步提高自来水生产能力，1985年8月，青年水厂第二期工程——净水工程开始筹建，征地4万平方米，利用第一期引水工程简易一级泵房进行改造扩建，并增配10寸水泵3台，二级泵房增配10寸水泵2台、8寸水泵1台，铺设一条400毫米口径铸铁管接入沉淀池，全长5800米，以此适应当时县城经济建设和社会发展。

1987年1月，青年水厂扩建工程顺利竣工，投入使用。水厂生产配备齐全，实行三班轮值制度，实现制水生产规范化、制度化。

1988年，正值汕尾建市，改革开放的热潮遍及神州大地，大开放促大发展，全县各地百业俱兴，呈现出兴旺发达的景象。房地产蓬勃发展，商品楼盘拔地而起，县城面积不断拓展，居民人口逐年增加，同时供水矛盾也日益突出，水质标准和管理服务要求进一步提高，县城供水事业处在一个机遇与挑战、困难与希望并存的时期。县自来水公司深化企业机制改革，坚持"内强素质，外树形象"，发扬开拓进取和敢于创新的精神，建立完善各项管理体制，不断改进工作作风和服务理念，加大供水基础设施投入，加快对县城缺水区域管网的改造，提升供水服务水平，社会效益和经济效益明显提高。

1994年，在县城龙津河上游的鱼鳞叠山建设拦河坝水厂，征地3.5万平方米，日产设计供水能力6万立方米，首期工程日供水能力4万立方米，水源取于红花地水库。

1995年6月3日，拦河坝水厂竣工，试产成功，缓解了县城供水紧张的问题。同年7月，拦河坝水厂检验室建成投入使用。检验室严格对水源水、出厂水、管网水进行水质分析，并配合指导净水工作，确保供水水质安全达标。

1996年，为进一步加快县城管网基础设施建设，铺设口径150毫米至300毫米管道，总长1159米。县自来水公司全力配合烈士陵园、彭湃故居、北门、南湖夏巷小区、海渡路、老海城镇前、二环路段、附城南桥等区域道路改建扩建工程，改造了150毫米至300毫米管道，总长1400多米。供水管网进一步扩展，在县城北二环路工业区安装500毫米口径主管道2000多米，200毫米口径主管400米；在科技园安装200毫米口径主管道500米，使两个水厂供水主管道连通循环，同时在名流路段安装100毫米口径主管道1500米；在龙津河边、海紫公路、新北门等路段铺设主管道，进一步提高了县城的供水能力，为县城工业区的开发和建设提供良好的投资环境。

2000年是"九五"计划的最后一年。作为全市国有企业改革考核重点单位之一，县自来水公司力克困难、锐意进取，深化企业改革，大搞技术革新，狠抓节能增效，使企业焕发出勃勃生机。从青年水厂铺设一条口径300毫米、长300米的供水管道，增加供水量，改善农村用水难的状况。实施全日24小时加压供水，进一步满足县城用水需求。

2001年，在二环路和莲花路口交界处、国道324线铺设口径400毫米至1000毫米、长200多米的供水主管道，连接两个水厂供水主管线，使西片地区水压增大，供水服务能力进一步提升。为更好解决农村用水问题，将附城镇所辖108个自然村并入公司管网。2002年5月，在拦河坝水厂至金园工业区铺设一条口径150毫米、长1000米的供水管，保障外商办厂用水。

2003年，在拦河坝水厂原有日制水能力4万立方米的基础上，增建一条日制水2万立方米的供水生产线，完善了水厂设计日制水6万立方米的供水能力。同时铺设了县城地区新输配水主干管，改造县城缺水区域供水管网，使县城日供水能力由5.5万立方米提高至7.5万立方米。同年5月底，县城地区新铺设口径400至500毫米、长4.2千米的供水管道。对豪丰广场、城西小学、农林北路等12个缺水区域的供水管网实行改造，把原有的供水管道更换为口径大、耐腐蚀的主干管道，以此提高县城输配水能力。

2005年，为进一步完善输水保障体系，加快供水基础设施硬件建设，在林伟华中学路铺设口径150毫米、长800多米的管道，在县城34米大道铺设口径500毫米、长1000米的管道，在金园工业区铺设口径150毫米、长400多米的管道，海丽大道供水管网得到完善，扩大了供水范围。同时加大对缺水区域及农村管网的改造，解决了新园居委、上埔村、山沟村、圆山村等1000多户群众用水难的问题。

2006年，县自来水公司加强对供水主管道、主阀门的巡检及各水厂、泵站供水机电设备的检修和维护保养，进一步完善水质检测设备和设施，建立无菌室，提高检测能力，增加检测项目。改造投矾车间，实现药物自动投加，提高水质净化能力。对加氯系统进行维修保养，合理投放净水药剂，严格实行自来水消毒，提高合格率，确保自来水水质达到国家标准。

2009年9月，在县委、县政府的高度重视下，县自来水公司投入资金将拦河坝水厂至红花地水库全长6.4千米引水渠道改为全封闭的供水管道，确保了水源卫生，使县城供水得到安全保障。同年12月，实施青年水厂日供水能力3万立方米的生产线扩建工程，大大保障了县城正常供水。

2011年12月，青年水厂扩建首期工程建成试产，青年水厂日供水能力由1.5万立方米增加到4.5万立方米，县城日供水能力由7.5万立方米增加到10.5万立方米，满足"十二五"期间县城地区人民群众生产生活用水需要，有效地促进县域经济可持续发展。

2012年12月底，青年水厂首期日产3万立方米建设工程竣工，铺设输配水管道3.6千米，提高县城输配水能力。2013年3月，实施对青年水厂日产水1.5万立方米老生产线技术改造，于6月竣工重新启用。

2017年，县供水总公司综合设计日供水能力12万立方米，实际日供水量约10万立方米，供水面积270多平方千米，用水户10万多户，用水人口40多万人，供水普及率99%，水质达到新"国标"检测项目106项的要求，合格率100%，满足人民群众生活用水和工业生产用水需求。

海丰供水人奋战在供水第一线，大力发扬脚踏实地、奋发有为的作风，团结协作，攻坚克难，为全县经济社会发展提供坚强的供水保障，为老区供水事业奉献着汗水和力量。

五、供电设施日臻完善

从1922年起，海丰先后有光海电灯公司、同益电灯公司、迪生电灯公司在汕尾办电厂发电照明。由于多方面的原因，各公司维持的时间都很短，用户也不多。

中华人民共和国成立后，特别是1953年进行社会主义总路线教育以后，各级党政领导为了争取早日实现有"电灯电话，楼上楼下"的社会主义，掀起了办电热潮。起初发展小型火电厂，20世纪50年代末开始建设水电站，但进展缓慢，进入20

供电网络日臻完善

世纪80年代才有较快发展。在这期间建成的比较大型的电站有朝面山电站和公平归河电站，还建成陆丰—海丰和平山—稔山2宗10千伏级输电线路，使海丰联上了省电网，同时建成一批电站，使全县电力发展进入新的历史时期。至1989年底，全县有69万人用上县网电源，用电人口占全县总人口的78.4%。全县年用电量突破600万千瓦时，与1978年相比，用电量增加15倍。但由于原来基础较差，年人平均用电量仅70千瓦时，大大低于全省200千瓦时和全国500千瓦时的水平。

改革开放以来，全县新建了圆墩山角坑电站、赤石水底山电站、公平水库渠道低水头电站、黄羌朝阳电站、公平火力发电站，装机容量增加8885千瓦；建设了南山、吉水门、公平3个11万伏变电站，赤坑、陶河2个3.5万伏变电站。这些发电站和变电站的建成，对联结省电网、扩大用电量等起到了巨大的作用。1994年全县用电量达到1.4亿千瓦时，是1988年5100万千瓦时的2.7倍。电力事业的长足发展，不仅推进了工农业的发展，而且为城乡居民的日常生活带来了极大的方便。

2004年，全县售电量40501.92万千瓦时，其中，大工业用电量8517.55万千瓦时，占全县售电量21.03%；非普工业用电量

12110.07万千瓦时，占全县售电量29.9%；农业用电量595.38万千瓦时，占全县售电量1.47%；城乡居民用电15965.86万千瓦时，占全县售电量39.42%；商业用电3313.06万千瓦时，占全县售电量8.18%。

2017年，全县完成供电量17.85亿千瓦时，比增9.37%；完成售电量16.94亿千瓦时，比增10.51%。综合线损率5.1%，同比下降0.98%。用户年平均停电时间26.11小时。农村居民电压合格率99.88%，比考核满分值提升2.38%。

六、电话通信迅速普及

从新中国成立前全县电话机屈指可数，到改革开放后移动通信网络深度覆盖，见证的是一段老区信息通信发展腾飞的历史。

新中国成立前，海丰县城仅有6条电话通信线路，总长度18千米。1952年，市话采用伊力生磁石式交换机2部共60门，实占45门，市话线路长度66.38千米。至1962年，市话拥有电话总容量300门，实占253门，市区杆路总长度11.8千米。1978年，市话主要设备是"中天"磁石式交换机，总容量400门，实占386门。市区线路有架空明线线条长度16对公里，电缆长度6.6皮长公里，电缆芯线长275.8对公里。

1987年，市话有HJ921纵横制自动电话交换机，总容量2000门，实占容量1460门。用户电话机1471部，其中，计费用户1422户。市话普及率每人占有电话0.225部，比新中国成立初期增加了10倍。全县农村电话架空明线线条长度1363对公里，电缆长度83.1皮长公里，载波电路95条，载波电路终端机36部，全县农村电话直达县电路有122条。

1988年开始，全县长途电路进行改制，更换磁石交换机，海丰至香港、澳门等长途电路共有5路。市内电话改制，开通市话纵横制自动电话交换机，容量5000多门。自动电话交换机设备扩容到6000门。

1989年，安装全自动长途交换机对端设备，长途电话由半自动拨号改为自动拨号。1992年1月19日，割接开通县S-1240程控电话交换机设备1万门，同时开通长途电路390线，使海丰由纵横制交换迈入数字化交换的行列，成为"长农市"合一的C4（程控交换）局。汕尾市建设本地电话网，原有的长途电话电路、设备全部并入本地电话网或拆除。当年，海城、梅陇、公平、鲘门、可塘的自动电话号码由5位升为6位。与汕尾、陆丰的市话共同组成本地网。启用长途区"07647"，用户可直接拨挂150多个国家和地区的电话。

1993年，电路增至763路。7月底，全县实现电话交换程控化、传输数字化，全面建设和先后开通15个乡镇的程控电话和光纤、微波电路。农话中继电路达780路。海丰成为全省第二个实现"两化"的山区县。

1994年，全县交换机总容量4.31万门，全县长途电路达1027路。1995年1月，开通程控长途4020线。6月，全县电话由6位升为7位，在原6位前加"6"。长途区号由"07647"更改为"0660"。全县程控电话交换机容量达7.14万门，电路总数达5619路端。

1997年，城东独立交换局S-1240程控电话交换设备1万门，启用电话号码"640"头和出局主干电缆14400线。1998年，首个在县局营业厅应用"微机一台清"而后普及到全县电信系统。2000年，开始建设光纤接入网点，实现光纤到户。2004年，农村电话电缆1980皮长公里，光缆579.6皮长公里。固定电话用户增至168776户，为1988年的37.13倍。

模拟移动电话开始进入普通居民家庭。1992年9月，县城地区首建蜂窝模拟移动电话基站，开创海丰移动电话（俗称"大哥大"）的历史。1996年，新建5个基站。1997年，为解决信道不足、覆盖面小、"大哥大"信息差的问题，海城基站信道再次扩容10个。同年7月起，先后在城东、附城等地新建基站6个，信道各40个。1998年，全县共有模拟移动电话基站18个，信道120个。

数字移动电话开始普及。1996年，海丰开通GSM数字移动电话通信，全县建有7个基站。1997年6月，县城基站信道扩容至68个。1998年，在城东、附城新建8个数字移动电话基站。至当年底，全县共有数字移动电话基站12个，信道120个。至此，数字移动电话信号覆盖全县所有乡镇及境内公路沿线。同年5月，根据上级要求，剥离移动通信业务。2000年，作为移动电话的补充，海丰电信局开通小灵通业务。当年发展客户891户。至2002年，小灵通用户达到21504户。

2017年，全县累计开通4G站点1150个，占比全市35%，覆盖全县所有乡镇及主要道路，4G客户40.5万户。

七、教育事业蓬勃发展

改革开放为海丰老区带来了思想的持续解放、社会的全面发展，也为教育事业的发展带来了新契机。海丰县全面贯彻党的教育方针，以率先实现教育现代化、让城乡居民学有优教为目标，全面深化教育领域综合改革，坚持建改并重、促进公平、提高质量、增强活力，教育事业蓬勃发展，为老区的振兴发展提供人才基础和智力保障。

基础教育实现新跨越。1988年起，海丰县切实加大对教育经费的投入，不断改善办学条件。1988年教育经费投入为1350万元，2004年达23796万元，增长16.63倍。此期间，海丰县基础教育迎来发展的高峰期。1988年全县有中小学校241所，其中，完全中学6所，初中19所，小学216所。中小学学生共88244人，中小学教师3184人。2004年，全县有中小学校253所，其中，中学38所，小学215所。全县中小学学生达到164336人，教师6634人。高中学校发展最快，学生数从1988年的2015人发展到2004年的10714人，增长4.32倍。教师从1988年的121人发展到2004年的541人，增长3.47倍。全县先后有9所学校被评为省、市一级学校，有90多位教师荣获"南粤优秀教师"等称号。

教育设施得到持续完善。1989年，全县共有中小学273所，课室2682间，面积15万平方米，校舍总建筑面积23.7万平方米，其中教师宿舍4.28万平方米，解决了大部分教师的住房问题。1990年8月开始，各乡镇积极集资，新建校舍，维修校舍危房。县财政局、教育局将原"一无两有"（无危房、有课室、有桌椅）专款及县财政局专款及时拨给基建单位。1998年，重点解决初中入学困难和城镇小学"大班制"问题，新建可塘镇第二小学、公平镇中心学校、海城镇云岭小学三所学校，新建校舍建筑面积13680平方米，扩建海城镇第五小学、附城镇南湖小学、赤石中心学校等22所小学，新增校舍建筑面积17450平方米；新建附城第二中学、新增建筑面积5760平方米；扩建红城中学、可塘二中、赤坑中学、城东二中等8所初中，新增校舍建筑面积1600平方米。1994年，经省、市"普及九年义务教育"评估验收组评估验收，海丰县的"普及九年义务教育"工作基本达到国家和省有关标准要求。

进入21世纪，全县教育事业取得了长足进步，义务教育阶段教学质量稳步提升，教育现代化和信息化建设全面推进。

八、医疗卫生水平显著提升

1988年，海丰县有各级医疗卫生机构27家。其中，县直医疗卫生机构8家，乡镇卫生院17家，其他医疗机构2家。个体诊所43家，乡村卫生站（室）192家。医疗卫生机构工作人员1372人（不含个体诊所、卫生站室，下同），卫生技术人员1156人，每万人口有15.2个卫生技术人员，其中主治（主管）医师以上64人；病床490张，每万人口有6.45张；工作用房52541平方米；固定资产总值700万元。至2004年底，全县有各级医疗卫生机构30家，其中，县直医疗卫生机构8家，乡镇卫生院17家，其他医疗卫生机构5家。个体诊所98家，乡村卫生站（室）460家。医疗卫生机构工作人员1958人，卫生技术人员1436人，每万人口有18.9个卫生技术人员，其中主治（主管）医师以上235人；病床1242张，每万人口有16.3张；工作用房135484平方米；固定资产总值1.43亿元。建立健全比较完善的三级医疗卫生网络，形成以公立医疗卫生机构为主体，民营、个体医疗卫生机构为补充的办医新格局。

1990年开始实施农村初级卫生保健规划。1999年10月经省评审团评审验收，提前一年实现"2000年人人享有卫生保健"规划目标。建立新型农村合作医疗制度工作顺利推进。2002年在7个乡镇（场）开始试点，2003年在全县逐步铺开，2004年有16878人参加新型农村合作医疗。

疾病防控与预防保健成效显著。2004年，共报告乙、丙两类传染病15种1047例，总发病率为138.64/10万。特别是曾一度威胁海丰的霍乱病，2000年后连续5年没有发生病例，狂犬病自1992年至2003年没有发生病例，脊髓灰质炎自1994年以后没有发生病例。艾滋病、病毒性肝炎、乙型脑炎、麻疹、疟疾等重点传染病防治取得成效，得到有效控制。1999年基本消灭麻风病、丝虫病。2000年达到消除碘缺乏病阶段目标。

1988年后，预防接种与计划免疫均达到国家考评方案规定的要求，"五苗"基础免疫接种达到95%以上，强化免疫接种达97%以上。1998年10月起全面实行住院分娩，住院分娩率从1990年以前的40%提高到2004年的99.3%，孕产妇和儿童两个系统管理率从1990年以前的40%和20%提高到2004年的96.6%和95.2%，孕产妇死亡率从1990年的39/10万下降至2004年的10.38/10万，婴儿死亡率从1990年的35.2‰下降至2004年的13.7‰。2001年，达到爱婴县工作目标。

创建卫生镇及农村改水改厕成绩喜人。至2004年，附城镇、海城镇和城东镇相继被评为省卫生先进镇；全县改水累计受益人口71万多人，占94%，自来水受益人口52万多人，占69%；全县有卫生公厕5924座，卫生户厕8.4万户，卫生户厕普及率53.1%，粪便无害化处理率62.5%。全社会形成讲卫生、讲文明的良好风尚。

至2017年，全县共有医疗卫生机构604家，其中：县级公立医院3家、专业公共卫生机构5家，乡镇卫生院17家，民营医院10家，个体诊所、村卫生站569家。全县公立卫生机构在编人员共1796人。全县每千人口执业医师（助理）1.85人，每千人口公共卫生机构人员0.7人，每千人口注册护士1.66人，每万人口全科医师1.71人；全县医疗机构床位数3408张，每千人口床位数4.1张。全县总诊疗人次251万人，其中门诊人次244万人、急诊人次16万人、家庭卫生服务人次1677人。

九、农业经济蓬勃发展

农业是国民经济的基础，必须坚持把加强农业放在首位，全面振兴农村经济。1988年前后，海丰县连续开展粮食创高产活

海丰联安有机水稻示范基地

动，大力推广良种良法，因地制宜，调整农业生产结构，扶持发展经济项目，加强农田基本建设和农技社会化服务。至1994年9月，经省政府验收，宣布摘掉贫困县的帽子。当年全县农业总产值12.8亿元，农民人均年纯收入2207元。海丰被纳入全省15个商品粮基地建设县之一。随后，县内建成1.6万公顷优质稻、6667公顷复种蔬菜、1667公顷糖蔗、4000公顷优质水果四大种植业生产基地。

1995年农产品出口创汇1800万美元，农业经济效益大幅提高。20世纪90年代中后期，农产品出现结构性过剩，海丰县立足资源优势，在稳定粮食生产的前提下，引导农民群众大力调整农业产业结构，在山区利用甘蔗迹地和缓坡地发展果树生产，在平原地区发展蔬菜生产，农民的观念由传统单一的纯粮种植向以市场为导向的商品生产转变，种养方式由小打小闹向科学种养、集约化经营、规模化生产转变。

2002年以后，中央在农业农村工作中制定"多予、少取、放活"的新方针，深入开展税费改革，并对粮食生产实施补贴，促进农民减负增收，有效推动农业农村经济的持续稳定发展。

至2004年，全县粮食作物实现连续11年丰收，当年粮食作物面积34133公顷，亩产368公斤，总产18.84万吨，其中水稻面积27187公顷，亩产374公斤，总产15.25万吨，对比汕尾建市初期的1988年，面积减少7733公顷，总产却增加0.83万吨。蔬菜面积15187公顷，总产32.21万吨；水果累计种植面积1.1万公顷，总产8.5万吨。全县农业总产值347132万元，比1988年48313万元增长6.19倍，其中种植业产值132147万元，比1988年的20983万元增长5.30倍。农村人均年纯收入4013元，增长3.83倍。全县农业产业化进程加快，农业农村经济发展进入了快车道，初步形成以市场配置农业生产的机制。

至2017年，全县累计拥有各类农业龙头企业68家，农民专业合作社714家，家庭农场480个；获得广东省农业类名牌总数12个、名特优新农产品5个，其中，皇斋虎噉金针菜、海丰油粘米荣获"国家地理标志保护产品"称号。

十、农田水利设施提速建设

改革开放以后，全县累计投入水利建设资金1.2亿元，等于1952年投入总数的51%。完成了公平水库、青年水库两宗骨干工程和赤沙水库、黄山洞水库、东关联安围、公平灌区、龙津河等工程的保险加固、达标建设和整治。另外，扩建和新建中型水库4座，在原有全县总库容量6.7亿立方米的基础上进加蓄水量700万立方米；配套完善18个城镇和农村供水工程及梅陇、附城、城东等7个主要粮产区的水利灌溉设施；建成三面永久性防渗渠道240多千米；改造中、低产田12万亩。这些农田设施的建设，不仅为农业的连年丰收和农村经济的发展打下了坚实的基础，而且对保证城乡居民的生命财产安全起到了举足轻重的作用。全县水利工作取得显著成效，1989年荣获市一等奖和省三等奖，1992年获省

海亮集团明康汇生态农业海丰双墩基地

二等奖，1993—1994年连续获省一等奖，谱写了海丰农田基础设施建设的新篇章。

十一、居民生活水平大幅提高

改革开放以来，海丰县国民经济蓬勃发展，城乡居民家庭就业面广，经济来源拓宽，收入大大增加，生活水平如芝麻开花节节高。1994年城镇居民人均生活费收入3075元，农民人均纯收入为2207元，分别比1978年增长12.9倍和12.4倍。扣除物价上涨因素，实际收入分别增长2.8倍和2.6倍。

海丰县国民经济快速发展，城乡居民收入来源向多元化趋势转变。城镇居民由改革前单一的工资向基本工资与奖金、津贴和其他收入并举的方向转变；农民家庭收入来源也不断扩大，由单纯靠种养业收入向多种产业多渠道拓展。农民家庭收入靠种养业在整个经济收入中的比重，由1978年的70.1%到1994年的只占58.3%。1978年以来，非种养业收入逐年上升，1994年农民非种养业收入在经济收入的比重，由1978年29.9%上升到41.7%。农民家庭收入渠道向多产业的多元化转变，这不仅为农村脱贫致富开辟了广阔的道路，而且冲击了旧的小农经济的观念，开阔了视野，为农村进一步调整产业结构，发展农业商品经济，走城乡一体化道路打下了思想基础。

由于国民经济的迅速发展，城乡居民收入大幅度增加，国家和城乡居民投入住房建设的资金猛增。1978—1994年投入住宅建设资金达到12.5亿元，等于1949—1979年的74倍。建筑面积471.9万平方米，相当于1949—1979年10.4倍。1994年城乡居民人均住房面积由1978年13.95平方米上升到16.47平方米。海丰县广大农村每年都有一批居民喜迁新居，告别了祖祖辈辈为之栖身的草寮、泥土房。城乡居民不仅住房面积逐年增加，而且住房质量也明显改善。由钢筋水泥或砖木结构的楼房取代了过去"三合土"木瓦结构的平房。

城乡居民收入的大幅度增加，人们的消费结构也发生了很大变化，由过去只顾吃穿的温饱型向吃穿用乐等各项生活消费发展。城乡居民餐桌上不是昔日的粗粮加咸鱼青菜，而是白米饭加鱼肉和菜肴，有的家庭还从量的满足向质的追求、主食和副食合理搭配的营养型的方向发展。据统计，海丰县城乡居民用于吃穿开支的比重，从1978年的66%降到1993年40.7%。

第
四
节

工业发展　风生水起

一、工业生产迈开大步

1988年汕尾建市后，海丰县积极利用地缘区位优势，实施"工业兴县""工业兴镇"的经济发展战略，举县上下大办工业，形成了一个以服装、金银珠宝首饰加工、资源加工利用、传统工艺、电子、塑料、制鞋、食品、饮料和出口创汇企业等为主的多种行业，工业生产登上了新台阶。全县加工工业产值逾10亿元，逐步向规模化、系列化发展。1994年，全县工业总产值25.9亿元，比1987年增长13.8倍，工业产值占工农业总产值的79.1%，首次超过农业产值。

改革开放以来，海丰县经济建设取得了长足发展。特别是20世纪90年代以来，海丰县把工业经济和专业镇建设作为实施"工业立县""工业兴县"和"富民强县"的战略措施来抓，相应出台了一系列扶持工业发展的政策措施，着力营造良好的投资环境，吸引了大批海内外客商前来投资置业。

海丰县通过重点扶持、发展区域经济和特色产业，在生产力结构的整合过程中，初步形成了以公平服装、城东毛纺织、鹅埠制鞋、可塘珠宝、梅陇首饰、海城食品等一批专业镇和传统特色产业经济。

（一）服装产业

服装产业（制衣业）是海丰县的龙头工业，主要集中于公平、海城、附城、梅陇等镇。改革开放之后，一些具有传统裁缝技术的群众"洗脚上田"，靠"一刀一剪"开始经营家庭服装作坊，成为海丰县服装产业的原始模式。后来，乘借海丰县大办工业的东风和县城投资环境的逐步完善，一些民间资金陆续投资举办服装企业，原在公平镇发展的一些技术能人和个体工商户亦逐步迁移至县城创业，立足本地丰富的劳动力资源优势，以代工生产的形式参与国内外服装产业分工，逐步形成了以"订单生产，来料加工"为主的服装产业发展模式，孕育出一定规模的密集型服装产业群，并发展起一批实力较强、潜力较大的服装企业。

1990年，公平镇有服装厂350家，个体加工320户，从业人员近2万人，年生产服装1400万件，产值近亿元。1994年，公平镇着力于服装城的建设，首期投资4920万元，建成厂房6万平方米，是年服装总产值2亿多元，服装加工产值1800万元。至2004年，公平镇有服装加工企业356家，个体加工435户，拥有锁边机、高速平车、裤脚机、凤眼机、链底机、裤头机、风压机、电脑绣花机、印花机、牌子电脑过胶机等机械9000余台（套），从剪裁、缝制到包装生产一条龙。产品有高腰裤、肥佬裤、时装裙、西服、孖襟、夹克、休闲服等30个品种，700多个注册商标。有古仕旗、粤时威、女博士、文时特、百斯盾、卡轩娜、金鸟来等饮誉国内外的品牌7个，其中，文时特制衣实业有限公司、百斯盾服饰有限公司被农业部评为"全国乡镇企业创名牌重点企业"，金鸟来服饰有限公司的服饰产品被评为"广东省名牌产品"和"广东省著名商标"。2004年，公平镇服装总

公平服装

产值27781.03万元。

公平镇服装城的崛起，带动全县服装行业的蓬勃发展。服装制衣企业遍布全县各地，其中比较大型的有名流服装有限公司、百佳服装有限公司、时流服装厂、大流服装有限公司、黄氏服装有限公司等，生产能力和规模不断扩大，产品档次不断提高，畅销国内大部分城市，打入国外市场。1994年，全县服装厂达1500多家，拥有固定资产超10亿元，其中百万元以上的近百家，从业人员4万多人，拥有电脑绣花机、仿手缝电脑珠边机等各种设施1.8万多台（套），全县服装加工年产值20多亿元。公平镇有服装加工厂800多家，从业人员2.5万人，拥有各种设备9200台（套），年产服装3500万件。粤时威、桌球王等50多个产品，获国家商标局批准注册，产品畅销全国及东欧等地。附城镇名流服装，1992年荣获国家商业部授予的"全国最畅销商品"称号，产品畅销全国各地和东南亚各国。

（二）制鞋产业

1988年开始，海丰县积极开展补偿贸易、合资经营等业务，宽松的环境、现代化的设备、高科技的工艺使海丰鞋革工业迅猛发展，产品畅销海内外。

1988年，城东同升鞋厂的女装运动鞋被列为第24届奥运会用鞋；沪海鞋厂生产的包子鞋、功夫鞋畅销澳大利亚、东南亚等地及香港地区。1989年，与澳大利亚客商合作补偿贸易兴建的海丰县经发皮革厂，7月份投产，主要产品功夫鞋全部由澳大利亚客商包销，当年创汇3.9万美元。

1993年，被列为县特色行业的鹅埠紫云山鞋城投建。

2001年，海丰县广信鞋业有限公司获得省外经贸厅核准的进出口经营权，成为汕尾市第一家民营进出口企业，加工出口各式鞋类，2002年出口额108万美元，2003年出口额198万美元，2004

年出口额与2003年持平，连续三年出口额超百万美元。

鹅埠富田鞋厂、海丰捷胜鞋厂、梅陇明星鞋厂的各式鞋类都进入国际市场。2004年全县鞋革工业实现产值92788万元，占全县工业总产值的9%。

（三）纺织业

纺织加工业是海丰县乃至汕尾市的支柱企业，主要集中在城东、附城、梅陇、联安等镇，以生产毛衫、手套为主。

1992—1994年，香港敏兴有限公司投资1000万港元，在海丰城东金岸工业区兴办敏兴毛织（海丰）有限公司。1997年，该公司拥有锅炉、缝盘机、洗衣机、干衣机等从美国等国家和中国台湾等地区引进的先进制衣设备2246台（套），拥有员工2500人，年产值超1亿元。随着海丰投资环境的不断改善，该公司不断加大投资，至2004年，累计投入资金1.89亿港元，相继在城东、梅陇、联安兴办了敏海针织厂、极展针织厂、联霞针织有限公司3家企业。合计从业人员5856人，年产值34603万元，出口产品交货值34895万元，创税利17840万元。

敏兴毛织（海丰）有限公司的迅速发展，对外资企业进入海丰产生极大的吸引力。1998—2004年，各种经济类型的纺织行业逐步向全县各地铺开，其中规模较大的有城东纬兴毛织（海丰）有限公司、联岭针织有限公司、海丰县东美手套厂、公平台商织布厂、豪利针织厂、伟联织造厂、铭来针织厂、裕兴针织厂、嘉兴针织有限公司、永泰针织有限公

敏兴集团自动化纺织车间一角

司、励嘉针织有限公司等。

（四）金银珠宝首饰加工产业

可塘珠宝、梅陇金银首饰加工业是海丰的两大传统特色产业。改革开放之初，可塘、梅陇不少青年劳动力在深圳从事珠宝首饰加工行业，且有部分人在深圳办起了加工厂。随着改革开放不断深入，这些刚刚步入珠宝首饰加工行业的创业者，在海丰招商引资优惠政策的吸引下，纷纷回到家乡办厂创业。

1996年，可塘率先办起小型珠宝加工厂。当时，可塘的珠宝产品虽然只是由小作坊加工，但技术精湛，选料上乘，加上国内外市场对水晶等珠宝产品的需求量较大，产品一直供不应求。可塘珠宝很快声名远播，宝石加工厂逐渐扩张扩大。经过多年的发展，加工模式由手工机械辅助型向电脑自动操作型发展，涌现了一批特色企业，如石头王、超群、金盛、高艺、联兴、淡水珍珠、顺和成等一批骨干企业，尤其是可塘珠宝交易市场的建成使用，形成了可塘镇珠宝行业"产供销一条龙"的发展局面，提高珠宝加工的专业化、产业化水平。

广东可塘珠宝交易市场

梅陇镇东怡珠宝首饰交易广场

2004年，全县各类首饰加工厂达187家，从业人员400多人，其中梅陇镇1993年加工金银首饰达10多吨，一年加工收入1亿元。可塘、陶河等镇的珠宝首饰加工业也具有一定的规模。2013年，全县珠宝、金银首饰加工企业4800多家，从业人员近10万人，珠宝首饰行业货品销售额（加工料值）280多亿元；可塘珠宝年加工总量5万多吨，其中水晶产品占世界加工总量的70%以上；梅陇黄金年加工总量240吨，多年来一直在国内、国际珠宝、黄金首饰市场中占据着重要地位。据业内人士估计，中国每10件金银首饰，就有3件出自梅陇。可塘、梅陇成为在国际金银珠宝行业广受瞩目的重要生产贸易基地。

二、开发园区筑巢引凤

改革开放以来，海丰县坚定不移实施"工业强县、产业兴县"战略，坚持把工业园区作为推动全县工业经济跨越发展的重

要平台和重大载体，把园区建设作为工业发展的主战场，掀起了园区建设热潮。

1992年12月16日，广东海丰经济开发区经广东省人民政府批准设立。原名为海丰县老区经济开发试验区，园区总规划面积为10平方千米，成为通过国家发改委审核批准保留的省级开发区。

1996年，开发建设可塘圆山岭工业开发区，面积140公顷。雅天妮首饰厂、中宝珠宝城、高艺宝石厂、耀溪宝石厂、奇艺宝

海丰生态科技城进园项目建成投产

石厂、永达宝石厂、金盛宝石厂、鸿利达珠宝厂、恒锋宝石厂、明辉珍珠厂等20余家珠宝企业加工企业建成投产，形成上规模的珠宝工业城。

1997年开始，上马建设海丰县科技工业园，实施"三通一平"等基础设施配套建设。该园区位于县城西部，总面积52公顷，作为引进工业项目划拨建设用地，分期建设。至2017年底，园区市政配套设施日臻完善，陆续引进一批科技型企业进进园建设投产，逐渐形成全县科技创新示范基地。

1999年，开发建设金园工业区，该园区位于县城北部，总用地面积110公顷。至2017年底，全面完成场地平整和市政基础设施建设，引进89家企业进园建设、运营，形成全县新型工业发展载体。

2001年，开发建设梅陇镇天星湖工业区，该园区位于梅陇镇东侧，面积约40公顷。

2002年，海丰县同步规划编制及上马建设的工业园区有县城东部的金岸工业园、公平镇城区西南部的公平镇民营工业新区、鹅埠镇区东北侧的鹅埠紫云工业园。

2004年，全县规划工业园区37个，总面积2178.3公顷；其中投入建设的工业园区33个，建成面积503.5公顷，园区内企业共490家。

2014年，规划建设海丰生态科技城，位于县城东北部，以海丰经济开发区（省级）为依托，整合原金园工业区等土地资源，总规划面积15平方千米。生态科技城按照园区的发展规划以及"产城融合"的建设理念，总体划分为"综合服务产业、传统优势产业和大学科技产业"三个功能区，重点发展"精密与技术装备制造、电子信息、服装、珠宝首饰"四大产业，打造"综合服

海丰县科技工业园

海丰生态科技城规划鸟瞰图

务、传统优势、科技智造、现代物流、都市农业"五个产业园。2015年5月,经省政府批准,海丰经济开发区规划范围内3.26平方千米的海丰县产业转移工业园纳入省产业转移工业园区管理,同年海丰生态科技城被列入省新型城镇化"2511"专项试点"产城融合"项目。

这些工业园区的开发建设,被赋予了重要的历史使命,成为全县工业发展的"火车头"、招商引资的主要平台和加快推动经济发展的有效载体,在全县经济建设上发挥了重要的推动作用。

第七章

崛起之路　风正帆悬

改革开放以来，特别是党的十八大以来，海丰这块曾经谱写壮丽革命诗篇、在中国现代史留下光辉一页的革命圣地，随着经济和社会各项事业的快速发展，城乡建设日新月异，基础设施日臻完善，市场贸易繁荣兴旺，旅游发展方兴未艾，城乡处处安定和谐、新风蔚然。

第一节 振兴发展 焕发新颜

在改革开放的伟大征程上，全县各级党政和广大干群在党的领导下，凭着时不我待的责任意识、舍我其谁的担当精神，始终坚持扬正气、走正道、办实业，大兴基础建设，大办工业企业，在发展征途上披荆斩棘、一路向前。改革开放以来的快速发展，海丰老区基础设施建设步伐加快，群众生活得到较大改善，取得了发展的显著成就，开创了发展的良好局面，海丰革命老区经济社会各项事业一直位居全市排头兵地位。

党中央、国务院历来高度重视革命老区开发建设工作。习近平总书记在谈到革命老区时多次满怀深情地说："在革命战争年代，勤劳朴实的老区人民养育了我们党和人民军队，竭尽所能提供人力、物力、财力，为壮大革命力量、夺取革命胜利付出了巨大牺牲，作出了极大贡献。革命先辈们的丰功伟绩，任何时候都不能忘记。现在我们的生活一天比一天好，但我们不能忘记历史，不能忘记为新中国诞生而浴血奋战的英雄，不能忘记为革命作出重大贡献的老区人民。"

2012年，党的十八大召开以来，党中央把革命老区工作摆在了更加突出的重要位置。2016年，中央出台《关于加大脱贫攻坚力度支持革命老区开发建设的指导意见》，为进一步做好革命老区开发建设工作提供了行动指南。

改革开放先行一步的广东，致力于破解全省区域发展不平衡的难题，高度重视革命老区的振兴发展。2013年7月，省委、省政府出台《关于进一步促进粤东西北地区振兴发展的决定》。全省上下深入贯彻实施粤东西北地区振兴发展战略，狠抓交通基础设施建设、产业园区扩能增效、中心城区扩容提质"三大抓手"，扎实推进全面对口帮扶，粤东西北地区后发优势凸显，经济社会发展取得新成绩，日益成为广东经济发展的重要增长极。

海丰在汕尾市委、市政府的正确领导下，积极抢抓广东省促进粤东西北地区振兴发展战略、全面融入深莞惠经济圈的有利机遇，推动交通基础设施建设、产业园区共建、城市扩容提质取得新成效，主动对接深圳市龙岗区全面帮扶，加快"向西融入珠三角"，推动振兴发展。

一、县域综合实力稳步提升

面对新一轮深化改革、振兴发展的大潮，海丰人民始终保持开拓创新的精神动力，坚持解放思想，敢于革故鼎新，全面破除故步自封、保守陈旧等思想观念的桎梏，坚决清除一些影响建设、制约发展等体制机制的障碍。尤其是紧密结合海丰县情实际，坚定信心、凝聚共识，统筹谋划、协调推进，把改革创新作为推动经济发展和社会进步的根本动力，以积极的态度和稳妥的思路推动全面深化改革，以改革创新的不懈探索和全面落实促进海丰的大开发、大建设、大发展，推动全县综合实力稳步提升。

海丰人民鼓足干劲、力争上游，奋力推动全县经济建设和社会各项事业蒸蒸日上，一直位居汕尾排头兵地位和粤东地区领先位置。2010年度，海丰县域经济综合发展力跻身全省除珠三角外67个县（市、区）十五强；2011年度，海丰位列全省县域经济综合发展力第十；2012年度，海丰经济综合发展力跻身全省67个县（市、区）的十强；2013年度，海丰县域经济综合发展力居全省

县城红城大道夜景

第十位，2014年居全省第十三位。

（一）"十一五"时期提速发展

"十一五"时期是海丰发展进程中不平凡的五年。全县人民在县委、县政府的领导下，共同努力，抢抓机遇，积极应对各种挑战，大力推进创新发展，实现了"十一五"规划确定的主要指标，开创了经济社会发展的新局面。

2005—2010年，是全县综合实力明显提升的五年。五年间，全县地区生产总值翻了一番多，年均增长13.8%；人均GDP占有量19583元，居全市第一；财政一般预算收入增长3.6倍，年均增长29.5%；工农业增加值壮大0.8倍，年均增长11.9%；工业增加值增至55亿元，年均增长18.6%；第三产业增加值增至62.9亿元，年均增长15.2%；外贸出口总额由"十五"时期末的2.03亿美元增加到3.52亿美元，增长了0.73倍；社会消费品零售总额净增88.9亿元，增长1.6倍；金融机构存款期末余额突破100亿元。全县经济总量明显增大，县域经济综合发展力跻身全省除珠三角外67个县（市、区）十五强。

2005—2010年，是全县城乡面貌明显改观的五年。五年间，全县固定资产投资累计净增262.7亿元；县城中心区面积从"十五"时期末的19.97平方千米扩展为26.23平方千米，城镇化水平由35%提高到48%。交通网络优化升级，新（改）建公路1105.6千米，全县公路通车里程达1636千米，完成农村硬底化公路920.5千米，公路密度由"十五"时期末每百平方千米的68.6千米提高到83.7千米。电力、通信设施进一步完善，全县用电量五年增长81%，通信业务扩量近1倍，城乡电话开户数增至12.01万户，互联网已普及千家万户。水库、堤围、水闸等一大批农业、水利基础设施得到加强，全县防灾减灾能力显著提高。

2005—2010年，是全县人民生活明显改善的五年。五年间，全县城乡居民储蓄存款余额增长了78.46%；城镇在岗职工平均工资和农民人均纯收入分别增长85%和46.3%；累计投入民生工程资金6.37亿元，发放各类惠农资金2.41亿元；城镇低保标准和农

城镇市政设施加快建设

村低保标准分别由人月162元和136元提高到人月235元和185元，农村五保供养标准由人月80元提高到200元；城镇和农村参加医疗保险共201.21万人次，完成农村劳动力培训23551人，解决就业50210人；累计投资1.12亿元，完成农村饮水安全工程17宗，解决了18.31万人安全饮水问题；教育、卫生、文化等公共服务事业长足发展，群众生活质量日益提升。

（二）"十二五"时期全面进步

"十二五"时期是全县积极应对严峻复杂形势和各种挑战、困难，经济社会持续发展，继续保持全市排头兵位置的五年；是各项建设不断加大投入、全面推进，为"十三五"跨越发展、振兴发展聚势蓄力的五年；是社会事业协调进步，发展环境改善优化，民生福祉不断提升的五年。海丰县深入贯彻落实中央和省、市的各项决策部署，紧紧围绕县委"立足三个坚持、勇于四个争当、致力五个发展"的总体思路，解放思想、改革创新，团结拼搏、锐意进取，推动全县经济社会持续健康发展，基本完成"十二五"规划主要目标任务，在全面建成小康社会进程中迈出坚实步伐。

2011—2016年，始终坚持把发展作为第一要务，县域经济实力显著增强。五年来，全县地区生产总值从2010年的153.1亿元增加到2015年的264.2亿元，年均增长12.9%；人均GDP从1.9万元增加到3.2万元，年均增长12.5%；城镇和农村居民人均可支配收入分别达到2.3万元、1.2万元，年均增长12.8%和13.7%；一般公共预算收入7.9亿元，有效调整财政结构，税费比为75.7∶24.3；农业总产值61亿元，年均增长4.9%；外贸出口总额5.2亿美元，年均增长8.1%；社会固定资产投资271.8亿元，年均增长20.8%；社会消费品零售总额197.5亿元，年均增长6.5%；金融机构存款期末余额突破188亿元。县域经济综合发展力2011—2013年连续居全省第十位、2014年居全省第十三位。

2011—2016年，始终坚持把实体经济作为主要抓手，发展质量和效益持续提升。五年来，"工业强县、农业稳县、商贸旺县"战略全面实施，经济结构不断优化，三次产业比重由2010年的15∶42.9∶42.1调整为13.6∶46∶40.4。突出抓好农业生产基地、基础设施和产业化建设，海亮、海纳、三禾、协兴等龙头企业的引进、建设加快农业现代化步伐。突出主导产业支撑和新兴产业引领，珠宝、金银首饰、服装、毛织等传统产业加快转型集聚，华润海丰电厂1、2号机组和大百汇等能源、科技项目建成投产，直线电机等先进制造业项目引进、建设，规上工业产值年均增长31.5%。突出传统服务业与新兴服务业并重，特色旅游发展初具规模，2015年全县旅游收入达15.81亿元，年均增长13.6%；一批商贸专业市场相继建成，电子商务加速融入经济社会各领域；第三产业增加值年均增长8.4%。

2011—2016年，始终坚持把"三大抓手"作为重大引擎，振兴发展格局全面凸现。五年来，大力实施省、市振兴发展战略，牢牢扭住"三大抓手"，扎实推进产业园区扩能增效、中心城区扩容提质和交通基础设施建设，打造振兴发展"三大引擎"。产业园区扩能增效方面，全力推动生态科技城和公平、可塘、梅陇等园区的开发、建设，特别是围绕"产城融合"理念，规划、开发、建设总面积15平方千米的生态科技城，签约引进了20多个高端科技工业项目，一座工业与地产、商贸、服务业互为支撑、融合的智慧型、现代化新城正在县城东北部逐步崛起。中心城区扩容提质方面，围绕"宜居宜业宜游现代中等城市"建设目标，规划、开发以市民中心、碧桂园等重大市政、商住项目为核心的县城南部新城和北部新区，其中，规划面积近40万平方米、集休闲、娱乐、商业等功能于一体的县城市民中心启动基础

设施建设；正升华府、第一城、海悦名城等高层楼盘相继建成；县城建成区面积达到30平方千米，常住人口达35万人，城镇化率62.68%，中心城区承载、辐射能力持续增强。交通基础设施建设方面，县级累计投入资金7.5亿元，新改建国、省道43千米，县、乡公路48千米，通村公路322千米，桥梁12座，完成了县城北三环公路、沿海公路大湖路段等重点交通项目建设；厦深铁路海丰段建成通车，潮惠高速公路海丰段完成征地6380亩并推进全线无障碍施工，交通网络进一步优化升级。同时，积极推动鲘门、赤石、小漠、鹅埠西部四镇建设，接受深汕特别合作区的辐射带动，主动参与"深莞惠+汕尾、河源"（3+2）经济圈的规划建

海丰北部新区加快扩容提质，初县现代城市雏形

设，努力当好"融入珠三角"排头兵。

2011—2016年，始终坚持把深化改革作为不竭动力，创新发展活力有效释放。五年来，部分重要领域和关键环节改革取得新突破，行政审批、工商登记、土地收储、农业经营、气象管理、养老保险、汽运改制、供销综合等多项改革有效推进。尤其是稳妥实施农村综合改革，强化农村集体"三资"管理，全县16个镇完成交易平台硬件建设；积极推行"先照后证"改革，精简工商登记前置审批事项；创新投融资体制，拓展投融资渠道，致力打造服务开发、建设的"发展型财政"，为推进项目建设提供了强大的资金保障。

2011—2016年，始终坚持把生态安全作为发展底线，生态质量和社会环境不断改善。五年来，各项减排任务落实到位，节能降耗工作名列全市前茅；新一轮造林绿化有效实施，森林覆盖率达57.8%；中心镇污水处理厂加快建设，城乡"脏乱差"整治深入开展，水源污染得到有力治理；"广东省文明县城"创建活动有效推进，连续三届获得"省双拥模范城"称号；信访维稳工作和"平安海丰"建设扎实开展，社会治安视频监控系统（一期）建成启用，"三打两建""3+2"和禁毒缉枪等专项行动成效明显，消防、道路交通等安全生产、食品安全监管和应急管理水平不断提升。

2011—2016年，始终坚持把增进人民福祉作为根本目的，民生社会事业水平逐步提高。五年来，全县累计投入民生事业资金108亿元，民生支出占公共财政预算支出的比重达到75%。坚持每年办好十件涉及教育、医疗、文化、就业社保、住房保障和市政建设、环境整治等领域的民生实事，切实提升民生水平；在中山市和深圳市龙岗区大力帮扶下，共投入帮扶资金3亿多元，实施贫困村帮扶项目3000多个，实现133个贫困村、7942户贫困户脱

2016年中国龙舟公开赛

贫，圆满完成第一、二轮扶贫"双到"（规划到户、责任到人）任务；累计投入教育资金38.7亿元，基本完成教育"创强"和义务教育均衡化发展任务，建成多媒体教室2300间，实现中小学多媒体教育全覆盖；县级公立医院综合改革扎实推进，基层医疗保障能力不断增强，引进、建设了彭湃纪念医院城东分院、泰林医院等民营医院，海丰县先后被评为"全国计划生育优质服务先进单位"和"广东省人口与计生先进单位"；基本实现县、镇、村三级公共文化体育服务设施全覆盖，先后成功举办了马思聪诞辰100周年、钟敬文诞辰110周年纪念活动和中国龙舟公开赛等大型文化体育活动，西秦戏《留取丹心照汗青》、白字戏《龙宫奇缘》分别获得省精神文明建设"五个一工程"及省第十一、十二届艺术节奖项；全面完成上级下达社会保障任务，全县累计参加城乡居民社会养老保险45.01万人、城镇职工基本养老保险14.32万人。

二、振兴发展激发活力

习近平总书记在党的十八届三中全会上，突出强调要"以经济体制改革为重点，发挥经济体制改革牵引作用"，指明了全面深化改革的着力点和突破口。海丰县紧紧把握经济体制改革这一战略重点和主攻方向，坚持市场在资源配置中的决定性作用，在全县经济和社会各项事业的重点领域、关键环节加强探索、开拓创新。

第一，积极实践深汕对口全面帮扶举措，实现帮扶质量和效益最大化。促进粤东西北地区振兴发展，是省委、省政府贯彻落实中央全面深化改革重大战略的具体举措。海丰紧紧围绕省、市促进振兴发展的部署，全面抢抓深圳对口全面帮扶汕尾的机遇，积极主动对接深圳市龙岗区的对口帮扶。2013年以来，海丰结合经济发展实际和最迫切、最需要帮扶的领域，与深圳市龙岗区全面、系统对接和协商研究，共同找准、选好对口帮扶的着力点、突破口，在扶贫开发、产业发展、项目引进、生态环保、社会事业等方面对接帮扶上大胆探索、大力实践，力促对口全面帮扶在推动海丰振兴发展中发挥重大保障作用。

第二，积极拓展投融资渠道，破解建设资金"瓶颈"。针对海丰财政实力有限、重点项目建设资金紧缺的实际，积极创新财政管理模式，全面树立、实施"经营财政"理念。2013年以来，海丰县在财政预算内财力重点"保工资、保运转、保民生"的基础上，致力推动"吃饭型"财政与"建设型"财政的剥离，通过加强与投融资公司的合作，构筑项目建设投融资平台，为全县的开发、建设热潮提供强有力的资金保障。同时，大力突破产业园区建设的传统思维，积极探索园区载体建设新模式，始终坚持"产城融合"的理念，高起点规划、高标准建设生态科技城，打造地产、商贸、服务业与工业互为支撑、融合、促进，集综合服务、传统优势、科技智造、都市农业、现代物流等产业于一体的智慧型、现代化新城，使之成为海丰县经济转型升级的强大引擎，成为海丰实施"向西融入珠三角"、加快振兴发展的重要增长极。

第三，积极创新农村经营体制，加快农业产业化进程。海丰县全面深化农村综合改革，着力推进农村经营体制改革，加快推动家庭经营、集体经营、合作经营、企业经营等共同发展的农业经营方式创新，充分释放农村经济发展活力。2013年以来，海丰大力培育新型农业经营主体，构建新型农业经营体系，特别是加大土地流转力度，引导农业生产从传统零散向集约化、规模化、基地化转变，积极引进、培育海亮现代农业综合示范基地、海纳（联安）有机农业生产基地以及协兴无公害规模化蔬菜基地和立体生态养殖农场等现代农业基地建设，加快推动海丰县农业产业化、现代化进程，不断提高农民经济收入和生活水平。

三、振兴发展"三大抓手"全面推进

海丰县大力实施省、市振兴发展战略，牢牢扭住"三大抓手"，扎实推进产业园区扩能增效、交通基础设施建设和中心城区扩容提质，致力打造振兴发展"三大引擎"。

（一）推动产业园区建设，打造振兴发展引擎

海丰县立足传统特色产业的良好发展势头，全面推进生态科技城和可塘珠宝工业园、海丰梅陇首饰产业环保集聚园和公平工业园等"一城三区"的开发、建设，为海丰特色产业的集聚发展、转型升级以及推进新型工业、推动全县经济社会振兴发展提供重大载体和强大引擎。

2012年底，海丰县从加快全县产业园区建设、打造工业发展载体的大局出发，酝酿、谋划海丰生态科技城这一重大产业园区建设项目，聘请华南理工大学区域经济研究中心编制发展规划，确定在经济开发区原有区域的基础上，整合城东北部工业区，按照"科学规划、资源整合、产业集聚、用地集约、管理规范"的总体要求和"高端园区、生态园区、创新园区"三位一体的建设理念，坚持高起点、高标准、高效能打造省级产业转移工业园。

2015年5月，经省政府批准，海丰县以经济开发区为依托，发展建设海丰县产业转移工业园，纳入省产业转移工业园区管理。为加快产业园区的发展，海丰县整合园区资源优势，规划总面积15平方千米，把海丰经济开发区（产业转移工业园）、金园工业区等，作为生态科技城的发展项目进行精心打造。

生态科技城位于海丰县城东北部，整合县经济开发区和县金园工业区等园区资源，规划建设面积约15平方千米。具体范围为东至黄江河，北至潮莞高速互通立交，西至竹仔坑水库及周边

山体，南至北三环路，按照"理智建设、设计城市、倒推规划、不断创新、特色CBD（中央商务区）"等五个理念进行编制，确立了"一带两轴、一心三片"的空间结构。"一带"为沿黄江河滨水生态景观带，"两轴"为新城大道和省道两条新城扩展轴；"一心"为新城综合服务中心，"三片"为西部片区（省道242线以西金园工业园的传统优势产业集聚区）、北部片区（物流及高新技术产业集聚区）和中部片区（现代服务业集聚区）。同时，确立了"一城五园"的功能分区。"一城"即海丰生态科技城，"五园"分别为综合服务产业园、传统优势产业园、科技智造产业园、都市农业产业园和现代物流产业园。

（二）推动交通基础设施建设，夯实振兴发展基础

交通是地方经济发展的先行基础，加快交通基础设施建设是落实省委、省政府振兴粤东西北的重大决策部署。海丰县始终坚持规划先行，着力推进潮惠高速公路、莲花大道、县城南三环路改扩建工程、梅陇西环路以及省道335线海丰段、县城至汕尾火车站快速干线等交通基础设施重点项目的征地、建设，为全县经济社会振兴发展打下坚实基础。其中，潮惠高速公路海丰段建设工程主线长54千米，支线6.5千米，在海丰设置城东、莲花、赤石三个互通立交，于2016年底建成通车。莲花大道是县城通莲花山森林公园的重点市政旅游公路工程，全长约10千米，按双向四至六车道一级公路技术标准设计。

至2017年，全县241个建制村已于2008年底前全部实现了通村公路硬底化，全县1665个自然村也大部分实现了通村公路硬底化，全县公路通车里程达1934.7千米，公路密度109.2千米/百平方千米，初步形成了贯通东西、连接南北、融入珠三角、沟通沿海与内陆的公路网，形成了以铁路、高速公路和国省道相互衔接、县乡公路相互贯通、村道为分支的综合交通新体系，乡镇至县城

实现了"1小时生活圈"。

（三）加快中心城区扩容提质，推进城市化进程

围绕"1+3大海城"同城化格局，修编、完善可塘、梅陇、公平三个中心镇总体规划，着力完善市政基础设施配套建设，逐步增强城镇化功能。尤其是围绕县城建设"宜居宜业宜游现代中等城市"的目标，集中全力规划、开发县城北部新区和南部新城，不断完善城市配套设施，实施"经营城市"理念，启动创建省级文明县城、卫生县城，推动县城向智慧型、现代化城市发展。

一方面，着力开发、打造北部新区。坚持以生态科技城为核心，合理布局商住、教育、医疗、旅游、体育等公共服务设施，致力打造"产城融合"新区。占地面积约1.6平方千米的教育园区加快建设步伐，已建成县中等职业技术学校、德成中英文学校、陆安高级中学、华中师大海丰附属学校；海丰碧桂园等大型商住小区建设初具规模；莲花山省级新农村建设示范片已完成改造建设，致力打造海丰建设珠三角及粤东地区"后花园"的核心区、省级新农村示范基地。另一方面，加快规划、开发南部新城。40万平方米的市民中心正在开展市政道路及6万平方米的全民健身广场一期工程建设，将建设、打造成为一座集休闲、娱乐、商业等功能于一体的现代化城市综合体。

县城市政配套设施建设全面铺开，全长9.8千米的县城二环路改造升级工程完成，成为全县较高档次品位、提高县城城市化水平的市政示范道路；城乡医疗卫生基础设施逐步完善，完成彭湃医院新院区、县疾控中心、妇幼保健院新院建设和县中医院改扩建；县体育场、体育馆已完成配套完善工程，全面对外开放，成为广大群众健身锻炼的公益性场所；龙津河综合整治初显成效，"引水入津"工程正在抓紧施工，将启动生态环境整治和亲水平台建设，全面完成整治、改造之后将重现"龙津渔唱"美景。

（四）设立建设深汕特别合作区

深汕特别合作区位于汕尾市海丰县西部，地处珠三角地区的边缘，是粤东地区与珠三角地区连接的地理结点，是珠三角连接海西经济区的"桥头堡"，是汕尾市最靠近深圳市和珠江三角洲东岸地区的片区。

深汕特别合作区前身为深圳（汕尾）产业转移工业园。该工业园作为深汕特别合作区的起步区，是连接海西经济圈和珠三角经济圈的枢纽地带。2011年5月21日，广东省委、省政府为深汕特别合作区举行授牌仪式，合作区正式挂牌成立；2017年9月，省委、省政府通过深汕特别合作区体制机制调整方案，合作区调整为深圳全面主导，正式改为深圳市委市政府派出机构，由深圳按照10个区加上深汕特别合作区的"10+1"的模式，对合作区进行新的顶层设计、资源配置、规划建设的管理运营。从此，深汕特别合作区开发建设全面驶入快车道，将建设成为现代化的滨海新区、产业新城。

建设深汕特别合作区是深圳拓展发展空间、推进产业梯次转移、提高外溢型经济发展水平、实现可持续全面发展的必然选择，是汕尾利用自然资源禀赋、推动产业转型升级，培育粤东地区新的增长极、实现跨越式发展的重要举措，对深汕两市优势互补、谋求科学发展具有重要意义。

强势起步、振翅腾飞的深汕特别合作区，让人联想到了40年前的深圳特区开疆辟土的情景。"春天的故事"将在海丰这片红色的土地上得以续写。深汕特别合作区——深圳第十一区，天高海阔，生机无限，正成为焕发创新活力的一方投资热土。

扶贫攻坚 致富奔康

在海丰这一片红色土地上，老区人民继承和发扬"敢为人先、无私奉献"的革命精神，在上级党委、政府及有关部门的关怀、帮助下，在历届县委、县政府的带领下，奋发图强、拼搏进取，有力推动了老区经济社会发展，老区人民生活逐步改善，老区面貌发生了巨大变化。特别是近年来，海丰县紧紧围绕党的十九大各项决策部署，以习近平新时代中国特色社会主义思想为指引，紧紧抓住省委、省政府促进粤东西北地区振兴发展的重大机遇，全面推进产业园区扩能增效、中心城区扩容提质和交通基础设施建设，推动老区经济社会加快振兴发展。但是，由于受区位、自然、历史等多重因素影响，海丰仍然属于经济欠发达地区，经济基础十分薄弱，县域经济发展远低于全国平均水平，各项民生事业发展欠账大，人民群众生活水平整体较低，甚至部分群众仍处于贫困状态，如期全面建成小康社会的任务依然繁重艰巨。

一、扶贫开发号角嘹亮

习近平总书记多次强调，"要让老区人民过上更加幸福美好的生活"，并将其提高到政治责任的高度，郑重地指出，"加快老区发展，使老区人民共享改革发展成果，是我们永远不能忘记的历史责任，是我们党的庄严承诺"。

中国老区建设促进会在《学习习近平总书记关于革命老区建设发展的重要论述》上指出：这个承诺彰显着党的宗旨和社会主义的本质要求。党和政府多次提出"要加大对革命老区支持力度"，先后出台了一系列政策和举措。习总书记在河北阜平县老区考察时指出，"支持贫困老区加快发展，使发展成果更多更公平惠及人民。把帮助困难群众特别是革命老区、贫困地区的困难群众脱贫致富列入重要议事日程，既是我们党坚持全心全意为人民服务的重要体现，也是消除贫困、实现共同富裕的具体行动"。

党中央、国务院历来高度重视革命老区开发建设工作，省委、省政府和省老促会等部门一直倾情帮扶、鼎力支持海丰老区的发展和人民群众生活水平的提高。特别是省委、省政府主要领导多次批示、指示，要求积极向中央争取对海陆丰革命老区的政策扶持；省委、省政府及省老促会、党史办、扶贫办等部门充分依据海丰革命史实和发展实际，反复向国务院和国家发改委、中央党史办等部门反映、争取，并于2015年12月17日向国务院上报《广东省人民政府关于海陆丰革命老区贫困县纳入国家贫困革命老区扶持范围的请示》。

2016年2月5日，国家发展改革委员会批复了省人民政府《关于广东海陆丰革命老区贫困县纳入国家贫困革命老区扶持范围的请示》，明确海陆丰革命老区正式纳入国家贫困革命老区扶持范围，全面享受一系列扶持政策。该复函充分体现了党中央、国务院和省委、省政府对海陆丰革命老区建设发展的高度重视和大力支持，对老区人民群众过上更加美好幸福生活的殷切期盼和深切关怀，令海丰80多万人民备受鼓舞、倍感振奋，标志着海丰老区发展进入了国家战略扶持层面，为老区建设、发展注入了强大推动力。

2018年8月，广东省人民政府原则同意《海陆丰革命老区振兴发展规划》正式实施，明确了海陆丰革命老区振兴发展的八大任务，分别是加快基础设施建设、做大做强特色优势产业、加强区域发展平台建设、推进精准扶贫精准脱贫、提升基本公共服务水平、加强生态建设和环境保护、统筹城乡发展、推动区域合作与改革开放，海丰县进一步享受老区扶持政策。

二、对口帮扶成绩斐然

党的十八大以来，以习近平同志为核心的党中央把脱贫攻坚摆到治国理政的重要位置，动员全党全社会力量，打响了反贫困斗争的攻坚战。

2009年8月，按照省委、省政府的部署，中山市对口帮扶海丰25个贫困村；2013年以来，深圳市龙岗区全面对口帮扶海丰，59个帮扶单位、25个帮扶小组的干部职工带着对海丰老区人民的深厚情谊，离开繁华都市，长驻农村基层，进村入户开展对口帮扶工作，在扶贫"双到"和园区共建、市政建设、社会民生等领域，用心倾情、不遗余力，对海丰实施了全方位、强有力的支持和帮扶。龙岗区委、区政府各级领导多次到海丰考察、指导帮扶工作，两地党政领导多次互访，加强多领域、多层次的交流合作。

扶贫重在改变落后面貌、发展经济、提高贫困人口生活和生产水平，更重要的是提高贫困人口的文化素质和理想信念。

在2009—2012年第一轮扶贫开发"双到"工作中，海丰县有省定贫困村83个，贫困村占本县行政村的35.02%；贫困户4659户、贫困人口2.04万人，占农村人口的4.83%，其中：由中山市帮扶25个村，汕尾市直单位帮扶21个村，县直单位帮扶37个村。海丰县围绕"一年夯实基础，两年基本达标，三年巩固提升"的目标，切实加强领导，落实责任，强化措施，狠抓落实，扎实推进扶贫开发"双到"工作。全县共落实帮扶资金59761万元，其中帮扶到村50003万元，帮扶到户9758万元。贫困村初步改变了落后面貌，村集体经济收入明显增加，贫困群众生活水平明显提高，贫困户年人均纯收入增长超过所在村农民年人均纯收入增长水平，扶贫开发"双到"工作取得显著成效，全面完成各项目标任务。2009年海丰县扶贫开发"双到"工作被省评为优秀等次，2011年全省扶贫开发"双到"现场会在海丰县顺利召开，2012年初全省扶贫办主任培训班把海丰县的"双到"工作经验列入培训内容，并到海丰县实地参观了公平镇五联胜高楼整村推进示范村建设、黄羌镇虎噉产业化经营和梅陇镇红阳的基地建设。2011—2012年期间，广东电视台《社会纵横》栏目到海丰县拍摄了《幸福生活》和《情满山乡》扶贫"双到"成效专题片。2013年1月，全省扶贫"双到"工作三年总验收，海丰县获得优秀等次。

在2013—2015年第二轮扶贫"双到"工作中，海丰县有省定贫困村50个，贫困户3283户、贫困人口16176人。其中深圳市帮扶海丰县25个贫困村，汕尾市帮扶11个贫困村，海丰县帮扶14个贫困村。海丰县按照省和市的统一部署，把实施扶贫开发"双到"工作作为实现科学发展观的重要内容，高度重视、精心组织，坚持以科学发展观为统领，瞄准贫困户稳定脱贫和贫困村面貌改变两大目标，把握工作重点，精准扶贫，抓亮点促示范，取得了

深圳龙岗区委组织部扶贫汕尾市海丰城东镇梓里村，
为梓里村修建村委楼。图为修缮完成的村委服务大楼

显著成效。全县共投入帮扶资金3亿元，平均每个村投入资金600万元，其中深圳龙岗帮扶的25个贫困村投入1.9亿元，平均每村达760万元。实施村帮扶项目686个，帮扶后村集体收入平均达到6.2万元，比帮扶前村集体收入平均增加4.69万元；帮扶户项目25611个，帮扶后被帮扶户年人均收入达到8400元，比帮扶前增加6344元。通过开展帮扶，建设了一大批农业产业基地、农田水利基础设施、村前公园、村道硬底化、亮化工程、安全饮水工程，配套了部分村委办公设施及购建了一大批厂房物业，完成了贫困村低收入住房困难户住房改造以及两不具备搬迁工作任务和一系列的民生保障工程，贫困村的生产生活环境得到了根本改善。

在2015年全面启动精准扶贫精准脱贫攻坚工作中，深圳市龙岗区帮扶干部怀着对海丰老区群众的深切关爱之情，以更大的决心和热情，以更加创新、精准的举措，全力投入到对口帮扶海丰的工作之中，无论是对口扶贫，还是园区共建、产业帮扶等方面，都比第二轮扶贫有了更大的力度，更加令人振奋的措施。龙岗区派驻的57个帮扶单位、9名驻县工作组成员、61名驻村干部全部进驻，定点帮扶海丰县33个贫困村、3349户贫困户、11093名贫困人口，在海丰大地上抒写了新时代扶贫帮困的感人篇章。

三、创新机制长效扶贫

在2013年第二轮帮扶工作中，龙岗区在对口帮扶海丰中瞄准贫困户稳定脱贫和贫困村面貌改变两大目标，注重扶贫长效机制，重点建设"一园四基地"，大办"造血"工程，促使贫困村贫困户长期稳定脱贫。

龙岗对口帮扶工作组围绕发展贫困村集体经济、增加农民收入、大力发展富民产业的目标，创新帮扶机制，实施"一园四基地"的产业扶贫，重点解决村集体经济收入并带动农户就业的问题，确保贫困村经济收入稳定，达到树立一个品牌、带动一个产业、拉动一方经济、致富一方百姓。

"一园"指建设龙岗—海丰扶贫产业园。针对梅陇镇首饰加工行业迅速发展、用工需求量大的实际，帮扶工作组依托当地资源优势，投入资金2000多万元，在梅陇镇建设厂房1.5万平方米，采用"基地+公司+农户"形式，通过厂房出租和入股联合经营首饰加工，加强农村劳动力就业转移培训，安置解决贫困户就业。产业园年均收入达125万元以上，资产和收益为25个贫困村共同享有。

"四基地"，一是建设海丰梅陇围湖蔬菜基地。帮扶工作组按照发展特色区域经济带的思路，以农民专业合作社为依托，以海丰梅陇围湖村为中心，投资100万元，建设500亩的蔬菜中心区，辐射带动海丰西部梅陇、联安、赤石、鲘门等镇村种植蔬菜，采用"合作社（公司）+基地+农户"的方式经营，做到"产供销一条龙"，村集体收入达5万元以上。二是建设海丰平东镇九龙峒生姜深加工基地。平东镇九龙峒地理环境阴湿而温暖，适宜生姜种植，平东镇周边农民具有种植生姜的传统经验，生姜种植面积2500亩，已形成一定的规模。帮扶工作组以九龙村委作为厂房，购置设备，采用"合作社+加工厂+基地+农户"的模式，

龙岗—海丰扶贫产业园

发展生姜种植和深加工产业，年利润达20万元以上。三是建设公平笏雅木瓜种植基地。利用海丰北部山区山地多的特点，适宜种植木瓜，以笏雅村为中心区，采用"公司（合作社）+基地+农户"的方式经营，确保产销一条龙，辐射带

动公平、平东、城东等北部山区的发展。四是建设海丰赤坑茅湖辣椒基地。投入资金100万元，配套建设辣椒基地，辐射带动赤坑、大湖、陶河、可塘等地的辣椒种植，采用"公司（合作社）+基地+农户"的方式经营，促使基地农户增产增收。

美丽乡村 幸福村居

　　海丰县坚持以脱贫攻坚为抓手，扎实推进社会主义新农村建设。特别是2015年莲花山片区在全市省级新农村示范片区遴选中胜出，获得省政府1亿元的扶持资金，启动莲花山省级新农村示范片建设项目，把莲花山片区五个村打造成为集宜居、产业、旅游、度假、观光于一体的省级新农村示范片，并辐射带动周边54个自然村的新农村建设。通过省级新农村建设的一系列有效举措，莲花山片区五个村基础设施得到极大改善，村容村貌焕然一新，上演了一场美丽的"蝶变"。

　　海丰县莲花山省级新农村示范片建设工程位于海城镇莲花山片区，总面积180平方千米，建设范围包括10个村委，54个自然村，人口近3万人。核心区由顾莲峙、田畔、温厝、建祖和甘洲坑等5个连点连线成片的自然村组成，计划总投资6亿元，其中省级财政扶持资金1亿元，自筹资金5亿元。示范片以改善村居环境为重点，同步提升公共服务和社会事业发展水平，兼顾基本农田建设、环境保护、扶贫开发、旅游开发等方面的工作，按照"一河、一路、五园"的总体发展思路，将莲花山片区打造成为海丰建设珠三角及粤东地区"后花园"的核心区，建成"生态旅游型"省级新农村示范片。

　　"一河"：综合整治发源于莲花山的龙津河，重点进行河道疏浚、清污、驳岸整治、岸线美化。

"一路"：沿县道128线扩建全长10千米，途经主体村各个节点的莲花大道，路面采用沥青混凝土结构，全路段按60千米/小时双向四至六车道一级公路技术标准设计，兼具道路功能及绿道和统一管道、给排水，并沿线打造人工林、次生林、原生林三次景观。

改造后的莲花山省级新农村示范片

"五园"：立足五个重点主体村的资源及特色基础，以村庄基础设施先行，辅以村庄特色营造，分别定位顾莲峙村为"寻梅园"，

甘洲坑村

田畔村为"碧桃园"，温厝村为"茶香园"，建祖村为"青松园"，甘洲坑村为"红荔园"，打造"寻梅顾莲峙，碧桃满田畔，茶香溢白水，青松绕建祖，红荔累柑洲"的独特乡村休闲旅游景致，形成春季看桃花、品春茶，夏季摘荔枝、听松涛，秋季品秋茶、学茶艺，冬季赏梅花、泡温泉的生态旅游线路。

莲花山省级新农村示范片自建设以来，示范片一期各主体建设村完成了道路硬底化、自来水管网铺设、外立面统一改造、雨污分流、垃圾收集点、卫厕改造等工程，达到省级新农村示范片建设工程"两年基本实现目标"的要求。"幸福村居""美丽乡村"画卷在莲花山下逐步舒展开来，社会主义新农村呈现出崭新形象。

第四节 红色村庄　党建阵地

近年来，海丰县以夯实全面建成小康社会基础的政治高度和责任担当，把贫困村创建社会主义新农村示范村工作摆在全县经济社会发展的突出位置，根据省委、省政府和市委、市政府的工作部署，坚持抓早抓主动，动员全县党员干部和群众，以党建工作为引领，全面创建新农村示范村和红色村庄，大力推进基层党建阵地建设。

一、新山村："党建示范"引领新农村建设

海丰县附城镇新山村位于县城东南部鹿境山下，距县城约5千米，面积约3.6平方千米。现有农户586户、人口近3000人；村两委干部6名，全村党员59名。新山村是著名的"红色村"，大革命时期，在彭湃的发动、带领下，广大村民踊跃参加革命，在轰轰烈烈的农民运动中抛头颅、洒热血，涌现了吕培其一门七英烈、吕乃荣父子三烈士等广为传颂的壮烈事迹；抗日战争时期，新山人民前赴后继，自发参加东江纵队等抗日革命组织，以血肉之躯谱写了可歌可泣的救国救亡壮丽篇章，全村在民政部门登记入册的革命烈士有18名。

党的十九大以来，新山村党总支在省、市、县、镇各级党委的坚强领导下，在深圳市龙岗区卫计局的鼎力帮扶下，团结带领全村党员干部群众坚持以习近平新时代中国特色社会主义

思想为指导，全面贯彻党的十九大精神，深入学习贯彻习近平总书记视察广东重要讲话精神，认真落实省委书记李希、组织部部长邹铭亲临新山村调研时的指示精神，积极实施省委关于加强党的基层组织建设"三年行动计划"，以省定贫困村党组织示范建设引领省定贫困村社会主义新农村示范村建设，推动了基层党组织建设全面进步、全面过硬，促进了乡村振兴、脱贫攻坚、基层治理等农村经济社会全面协调发展。2017年底，村集体经济收入13.2万元，全村居民人均可支配收入达到11210元；新农村、"红色村"建设成效显著，村容村貌焕然一新，农村人居环境日臻优化。

（一）强化政治意识，把革命初心"唤起来"

新山村坚持把政治摆在首位，结合"两学一做"学习教育、"三会一课"、第一议题、镇级党校等载体，把习近平新时代中国特色社会主义思想、党的十九大精神、习近平总书记视察广东重要讲话精神以及中央、省、市有关基层党建和农村发展的各项方针政策，作为党员干部的必修课、红色课、互动课"三堂课"，切实增强党员队伍的政治意识、宗旨意识、责任意识，唤醒初心和使命。尤其是实行每周一支部学习会制度，雷打不动、坚持不懈，形成常态化学习机制。同时，紧密结合"红色村"建设，深入挖掘保护红色资源，宣扬红色历史，打造红色文化宣教基地，开展革命传统教育，激励引导广大党员干部群众不忘初心、牢记使命，弘扬"红色村""听党话，跟党走"的优良传统和先烈无私奉献、敢为人先的革命精神。通过支委会、党员大会、组织生活会、上党课等专题学习和革命传统教育等形式，推动新山村广大党员干部群众学深悟透习近平新时代中国特色社会主义思想、党的十九大精神和习近平总书记视察广东重要讲话精神，真正做到用习近平新时代中国特色社会主义思想武装头脑、指导实践、推动工作。

（二）强化队伍建设，把战斗堡垒"强起来"

新山村坚持以提升党总支组织力为抓手，大力实施"头雁"工程，强化村两委班子和党员队伍建设，开展党组织明方向、定决策，党组织书记明职责、定任务，党员明身份、定岗位的"三明三定"工作法，着力打造坚强战斗堡垒。

党组织明方向、定决策。村党总支充分发挥政治引领作用，强化政治功能，带领两委班子成员认真学习、领会、落实基层党建、脱贫攻坚、乡村振兴等各项政策，做到明确方向、科学决策，扎实推动村各项重点工作取得实效。如在贫困村创建社会主义新农村示范村建设上，村党总支严格执行《新山村村务议事实施决策制度》，聘请深圳规划设计机构，以"休闲农村观光+红色文化教育"为目标，凸显红色文化主题和特色，高起点、高标准编制了《海丰县附城镇新山村示范村建设规划》，并通过召

新山村新农村建设新貌

开户代表、村小组代表及乡贤代表征求意见会，广泛听取民意，统一建设思路，严格按照规划逐项逐步实施，做到一张蓝图干到底。

小学生在新山村聆听红色革命故事

党总支书记明职责、定任务。党总支书记在县、镇两级党委的组织下，多次参加中央、省、市、县各类培训和学习，力促政治站位、政治意识不断提高，对党的农村方针政策的把握不断深化，更加明白作为"红色村"带头人的光荣使命和政治方向，更加明确作为村党总支书记的重大责任和工作职责，更加充分发挥"头雁"作用，带领广大党员干部群众搞建设、促发展、奔小康。

党员干部明身份、定岗位。在全市率先开展党员"亮身份、作承诺、见行动"活动，每位在村党员都戴党徽、穿"红马褂"，在村的显要位置设立"党员示范岗"和"承诺树"，实行党员定责任岗位、定包干区域、定服务职责，真正让每一名党员都能明确"第一身份"，坚定不移落实"五个一"服务群众制度，切实发挥先锋模范作用，不断增强对群众的带动力影响力。

（三）强化工作规范，把组织制度"立起来"

按照省委加强党的基层组织建设"三年行动计划"中关于2018年的"规范化建设"主题，着力完善组织生活、党员管理、工作运行等制度，推进村党组织制度规范化建设。

组织生活常态化。编印"三会一课"记录本、党内组织生活制度明白卡，坚持每周召开一次支委会和党小组会，每季度召开一次支部党员大会，每季度上一次党课；制作党总支组织生活路线图时间表，制定组织生活纪实制度，党总支对党员按时缴纳党费、组织生活会、"党员主题活动日"等情况全程纪实。

党员管理精准化。制定党员规范化管理制度，把党员分为有职党员、失业党员、年老党员、贫困党员、流动党员五类，分别实行"定岗式""引导式""关怀式""帮扶式""跟踪式"管理办法，增强党员管理的针对性，因人施策搭建服务平台，增强党组织的凝聚力。特别是建立流动党员联系管理制度，全面强化全村16名外出党员的常态化沟通联系管理，及时了解他们的思想情况、工作情况和学习情况，解决在学习、生活中的困难和问题，要求定期回村参加组织生活；建立"外出党员学习微信群"，及时推送学习宣传资料、简报信息、微信订阅号，加强学习指导，并向外出党员邮寄党的十九大精神系列学习资料和《习近平谈治国理政》第二卷，真正做到全村党员管理全方位、学习全覆盖。

工作运行科学化。完善村民主决策、民主议事、民主管理和民主监督机制，建立健全"三重一大"（重大事项决策、重要干部任免、重大项目投资决策、大额资金使用）机制，严格落实"两个联席会议"［村（社区）班子联席会议和村（社区）党群联席会议］制度，提高村民自治民主化、科学化水平。完善《党务村务公开制度》《财务管理制度》等制度，设置党务、村务、财务公开栏，坚持"三务"每季度公布公开，重大项目即时公开公示，不折不扣接受群众监督。

（四）强化服务意识，把党心民心"连起来"

新山村围绕打通服务联系群众"最后一公里"，积极创新服务载体，把联系群众、服务群众落实到党组织和每名党员的日常工作和经常性行为之中，搭建好党组织和群众的"连心桥"，让群众始终感觉党组织在身边、党员服务在身边。依托党群服务中心优服务。按照组织部门的要求和部署，不断升级打造村党群服务中心，完善服务设施，简化办事流程，提高办事效率，为村民提供"一站式"服务，帮助群众解决生产生活困难。成立红色文化宣讲、便民利民、救灾抢险、联系外出党员四支党员服务分队，把全村59名党员有效动员、组织起来，从根本上解决服务联系群众的"最后一公里"问题。利用网络平台拓服务。启动"互联网+乡村"模式，借助"腾讯为村"平台，让广大村民及时了解新时代党在农村的方针政策、红色历史、村务、种养殖等信息服务，以及村重点工作和建设发展情况。立足中心工作强服务。尤其在推进脱贫攻坚过程中，坚持走党建促扶贫路子，鼓励党员认领贫困户，落实全村59名党员干部与108户贫困户结对子，建立起"一对一""一对多"帮扶关系，促进了精准扶贫、精准脱贫各项政策措施的全面落实。

（五）强化党建引领，把红色品牌"亮起来"

新山村努力践行习近平总书记关于"人民对美好生活的向往，就是我们的奋斗目标"的要求，坚持以红色历史、革命精神教育和激励广大党员干部群众不忘初心、砥砺奋进，全面推进"红色村"、新农村建设、脱贫攻坚等中心工作，为全县乃至全市农村建设和发展的打造样板，当好示范，树立标杆。

打造"红色村"样板。村党总支加大红色史料、革命遗址普查挖掘力度，全面加强对农会旧址、烈士故居等遗址的排查登记，对革命史料的发掘采集，通过相关线索找到烈士后人，让尘封的红色历史重映光辉。多方筹措资金推进革命遗址保护修缮开发工作，规划新建红色纪念馆、红色广场、红色文化长街，打造红色主题突出、内涵丰富的红色基因传承和爱国主义教育基地。2018年，投入资金500多万元，修缮了农会旧址、农军赤卫队部旧址和部分烈士故居；初步建成红色纪念馆、红色广场和红色文化街，并完成红色纪念馆和修缮后的农会馆、农军赤卫队部的布展及配套设施建设。经过一年来倾力投入、精心打造，新山村逐步成为全县的"红色村"、新农村建设的示范点、样板村，成为海陆丰革命老区讲好红色故事、弘扬革命精神的重要基地，并先后被市、县相关部门定为新时代文明实践站和关心下一代红色文化教育基地，吸引省内外党员干部前来接受红色教育。

建设新农村示范。累计投入新农村建设"三清三拆三整治"资金1500多万元，拆除破旧危房83间、3190平方米，拆除露天茅厕620平方米，清理乱堆物料、垃圾1770吨及沟渠、池塘淤泥2290立方米；实施了村庄雨污分离系统、民居外墙立面粉刷等整治项目；改造了整村自来水管网、供电、电信、电视线路等基础设施；完成了长期污泥淤积、脏乱不堪的村内大塘的整治，重新规划建成大塘景观公园。与此同时，依托新山村自然生态环境禀赋，实施进出新山村路面沥青铺设，沿途河道整治和栈道、亲水平台景观建设，以及周边山体绿化等工程建设。村民纷纷反映，修建后的村前广场，垃圾、杂草被清除，道路变宽敞了，广场添置了健身器材，村民每天都在这里散步、运动，生活非常方便舒适。同时，加大创文创卫工作力度，强化环境卫生管理，村成立一支10人专门保洁队伍，落实网格化责任，实行全天候保洁服务，确保不留卫生死角；制定《新山"门前三包"约定》，引导监督各家各户认真执行，做到杂物归类存放，门前干净整洁，逐步形成生活习惯、行动自觉。加大村民法治宣传教育力度，引导广大群众自觉守法、遇事找法、解决问题靠法。新山村没有发生治安案件和刑事案件，没有发生到县级以上集体越级上访的情况，连续多年被评为全县"平安社区""先进治保会"。

当好脱贫攻坚标杆。围绕产业扶贫、就业扶贫两大重点，通过深圳市龙岗区的帮扶引进，建设了600亩袁隆平水稻种植基地，每户贫困户每年平均增收约4400元；集中扶贫资金，入股海丰县海龙投资大厦和现代农业种植、水利产业、红色旅游开发等长效扶贫项目，村集体每年可增收10万元，贫困户每户每年可享受固定分红3000元以上；通过实施土地流转，将村800亩土地资源整合起来，集中向种养能人流转，每亩每年可获得1200元的租金收入，从而在根本上解决了村集体经济和贫困户收入的问题。2016年、2017年，全村共实现脱贫87户、272人，2018年按计划完成脱贫攻坚第三年22户、76人的脱贫任务。围绕实施乡村振兴战略，立足推进产业振兴、培育乡村经济新增长点，进一步发挥生态农业优势，打造特色农业产业，引进中关村青创佳培农业科技有限公司与村合作联社合作建设现代智慧农业产业示范园，建成投入生产后每年将为村集体增加收入约100万元，同步在村周边地区开展土地流转，计划逐步扩大生产规模至2000多亩，预计将为当地提供2000多个就业岗位，至少为农民每人每年增收1.6万元；充分利用红色资源、生态水资源和交通区位优势，聘请浙江卓创乡建文化旅游发展有限公司编制美丽乡村创建规划，通过采取规划、设计、施工、运营一体化的合作模式，按照国家AAA级景区建设标准，打造集红色教育、民俗文化、乡村度假、田园休闲、滨水活动等多元体验于一体的乡村旅游度假村，计划至2020年，引导、创建民宿经营户10户以上，农家乐20家以上，旅游集散中心1处，年旅游接待能力达到30万人次以上。

二、坡平村：突出党建"龙头"建设红色村庄

海丰县联安镇坡平村位于县城西南部，面积约2.8平方千米，由7个自然村组成，共733户，总人口3004人，村两委干部7人，党员43人。坡平村是省定贫困村，村民主要经济来源以农业种植

新山村群众生活场景

及外出务工为主，2015年村级集体收入4.5万元，人均可支配收入4634元，核定贫困户78户、贫困人口187人。坡平村也是全省首批"红色村"之一，红色革命底蕴深厚，被国家民政部评为革命烈士的有35名，其中亚前彭自然村有22名。

坡平村党支部始终坚持以习近平新时代中国特色社会主义思想为指引，全面贯彻党的十九大精神，深入学习贯彻习近平总书记视察广东重要讲话精神，在省、市、县、镇各级党委和组织部门的坚强领导、科学指导下，认真落实省委、市委、县委关于加强党的基层组织建设"三年行动计划"及实施方案，以省定贫困村党组织示范建设引领省定贫困村社会主义新农村示范村建设，村容村貌不断改善，基层治理水平有效提升，经济发展焕发蓬勃生机，党支部凝聚力、战斗力显著增强。

（一）坚持党建引领，铸魂固本强堡垒

村党支部坚持突出基层党组织政治功能，强化学习教育，实施"头雁"工程，加强规范建设，推动新时代党的基层组织建设落地落实。

加强学习教育、立根铸魂。村党支部坚持把学习贯彻习近平新时代中国特色社会主义思想、党的十九大精神和习近平总书记视察广东重要讲话精神作为班子会议的第一议题、"三会一课"的长期主题，推动广大党员干部带着深厚感情学、带着使命责任学、带着问题联系实际学，切实做到学深学透、真学真懂。党的十九大召开以来，坡平村党支部组织召开了支委学习会35场次、全体党员专题学习会8次。同时，村党支部把革命传统教育有机融入组织生活和学习教育之中，通过讲党课、过党日、观看红色电影、参观革命旧址、回顾村革命斗争史等方式引导党员干部不忘初心、牢记使命，立根铸魂、坚定信念，在推进乡村振兴战略、全面建成小康社会的进程中，肩负起新时代基层共产党员的新使命、新担当。

致力培育"头雁"、带好队伍。驻村第一书记、村党支部书记通过参加省、市、县组织的培训班，不断提升政治意识、思想觉悟、理论素质、政策水平和工作能力，增强抓好党务村务的执行力、落实力，示范带动村两委干部和全体党员更好地落实党的农村方针政策，服务、促进农村建设发展。强化后备队伍建设，对支部委员"压担子、强实训"，锻炼、培养支部书记后备人选；把种养能手、大学生、退伍军人作为重点培养对象，通过传、帮、带，吸收到党组织中来，2018年以来就已培养积极分子3名、吸收预备党员1名。

着力完善制度、规范管理。围绕加强党的基层组织建设"三年行动计划"中2018年"规范化建设"的主题，村党支部落实好"三个标准化"建设。推进组织建设标准化，按照上级建设标准，新建1栋村党群服务中心，完善了各项功能室和党员活动中

联安镇坡平村红色村庄建设新貌

心；优化村党组织设置，在7个自然村设置了党小组，把党的领导延伸到"最基层"。推进党员教育管理标准化，以镇级党校坡平村分教点为载体，建立"线上+线下"流动党员教育制度，采用线上平台学，线下"节日党校"学的方式，解决外出党员学习"虚化"问题。2018年，村党支部利用中秋、国庆外出党员回乡契机，举办"节日党课"3场，培训党员112人次。推进党支部参与决策标准化，严格落实"四议两公开""两个联席会议"等决策制度，确保党支部的领导核心地位，确保村党组织"四项权力"全面落实。

（二）坚持红色激励，凝心聚力建家园

由于长期缺乏对红色资源的重视、保护，坡平村的一些红色遗址杂草丛生、损毁坍塌，年轻一代对红色历史的认知也大多只依靠老一辈的口述和回忆。因此，村党支部立足厚重的红色历史和红色基因，挖掘红色资源，唤醒红色记忆，教育引导党员干部弘扬革命精神，凝聚起新时代干群齐心合力，共建幸福家园、美

丽家园的强大正能量。

以红色村建设为契机，唤醒红色记忆。大力挖掘红色资源，村党支部紧紧抓住全市开展红色史料和革命遗址普查工作的契机，在市、县、镇普查工作组的指导、支持下，发动全村干部群众开展红色史料和遗址普查，坚持不漏一处、不遗一址，深入挖掘革命史料和遗址。通过深查细挖，并经省、市党史部门审核确认，挖掘出了农会馆、亚前村党支部等革命遗址4处，革命烈士旧居24处；挖掘整理出彭湃赠白马、彭桂一门八英烈、血染后底溪等革命故事等历史资料。强化规划引领，结合"前田后水"的水乡特色，村党支部聘请广州一家知名的建筑设计公司深入调查、论证，并充分征求省、市党史专家的意见，召开群众代表、乡贤代表会议听取民意，以保护利用红色资源为主题主线，精心编制建设规划。扎实推进重点项目，村党支部重点推进火炬广场、白马广场、农会馆、革命英烈纪念馆、红色故事雕塑等16个红色项目，着力打造"铭刻红色记忆、留住青山绿水"的新农村。一年多来投入资金1000多万元，新建了革命英烈纪念馆、红色故事雕塑、火炬广场；高标准、高要求复建了农会馆，修缮了彭桂等12间烈士旧居；启动了村党群服务中心、红色文化长廊和白马广场等建设工程，全方位展现了坡平村的红色历史和革命先烈的英雄事迹。

以革命先烈为标杆，充分发挥党员先锋模范作用。深入组织党员干部学习坡平村革命先烈的典型事迹，从中汲取精神和力量，激发广大党员干部干事创业的热情，切实发挥先锋模范作用。特别是通过开展党员"亮身份、作承诺、见行动"活动，每位共产党员都佩戴党徽、门口悬挂"共产党员户"牌、身穿"我是共产党员"红马褂等方式，亮出党员身份做好服务群众的工作。实行党员定岗定责，在火炬广场、公共服务站、农会馆、纪念馆设立4个党员责任岗，为群众提供红色革命史义务讲解和责任岗范围环境卫生、基础设施管理维护等常态化服务；成立文化传承宣讲、便民利民、矛盾纠纷调解、抢险救灾、联系外出党员5支党员服务队，扎实开展"一站式"服务活动。在2018年"8·31"大暴雨和"9·16"强台风"山竹"过程中，党员干部在关键时刻站得出来、在危险时刻豁得出来，排查抢修设施隐患，及时安全转移群众，村民纷纷点赞。

以革命精神为引领，组织动员广大群众投身红色村、新农村建设。组织党员干部进村入户宣讲红色故事，印发宣扬坡平革命历史和革命先烈事迹，发放《致村民一封信》，凝聚起推动乡村振兴的强大合力。在建设新农村和"红色村"的过程中，全村党员群众踊跃参与，甚至牺牲自身利益全力配合支持建设。如老支书彭洪庚不但将自家的宅基地捐献，还对少数在"红色村"建设中存在思想偏差的群众，亲自逐户上门做思想工作；烈属彭及孝和彭及民捐献600多平方米宅基地，用于新建农会馆和革命纪念馆；村民小组长彭成伟捐献宅基地约250平方米，用于火炬广场的建设；10多户村民捐出2000多平方米宅基地，用于广场和绿化用地建设。特别在发动外出乡贤参与家乡建设上，村党支部联合驻村第一书记、扶贫工作队，会同村理事会成员，召开外出乡贤商讨会，村两委干部主动上门拜访乡贤，使许多外出乡贤深受感动，纷纷慷慨解囊，捐资达600多万元，支持家乡的"红色村"、新农村建设，从而形成了全村广泛动员、户户积极参与、人人争做贡献，各自然村、各家各户"比建设、比变化、比环境"的良好建设氛围。

（三）坚持红色弘扬，振兴乡村奔小康

村党支部坚持把"红色村"建设与实施乡村振兴战略紧密结合起来，以推进脱贫攻坚、打造新兴产业、整治农村人居环境为重点，以革命精神激发争先创优、真抓实干的作风，以革命传统激励推动建设发展、再创红色辉煌的斗志，全面推进乡村振兴各项工作。

致力推进脱贫攻坚。村党支部充分发挥"一线指挥部"作用，积极组织全村党员干部开展精准扶贫、精准脱贫结对帮扶，做到结对帮扶一帮到底，不脱贫、不脱钩。突出产业扶贫和就业扶贫两个重点，在产业扶贫上，充分利用深圳市龙岗区的对口帮扶和当地的独特资源优势，创建面积200多亩的袁隆平杂交水稻基地扶贫示范项目，发动有劳动能力的36户贫困户参与种植，平均每户每年增加年收入4400元；成立坡平农业专业合作社，采取"合作社+公司+基地+农户"的模式，创建了200多亩优质辣椒等特色蔬菜种植标准化生产基地，发动广大农户、贫困户参与种植，预计每亩年产值8000多元；开发了80亩南美对虾养殖基地，鼓励引导贫困户入股，每户每年可享受固定分红420元。在就业扶贫上，对有劳动能力但缺乏就业技能、就业门路的贫困人口，实施技能培训、劳务对接等精准帮扶，使30多名农村富余劳动力实现就业，增加经济收入。2017年全村贫困户人均可支配收入达到9500元以上，预计2018年将可达到1.2万元以上。

致力打造新兴产业。立足红色资源丰富的优势，村党支部引进了丰湃实业有限公司在坡平亚前彭村投资建设红色文化影视基地，拍摄了《追寻革命先烈足迹》系列红色短片，进一步挖掘红色文化、讲好红色故事，打造红色影视制作、影视场景租赁、餐饮住宿等相关配套产业链，打造坡平村红色影视产业品牌。结合联安作为"中国最佳绿色生态名镇"和东关联安围国际重要湿地保护区的生态环境优势，力促生态旅游与乡村旅游、红色旅游融合发展，推动坡平村打造成为集休闲体验、红色文化、农耕文化为一体的"红色村"、新农村。依托当地生态自然资源，与汕尾市润之泽农业生态循环产业基地有限公司合作，建设占地约1500亩，集科研、观光、采摘、科普于一体，以"企业+贫困户"为模式的现代农业产业园，建成后预计为村集体每年增加收入120万元，为贫困户每人每年增加收入1.1万元。

致力整治人居环境。坡平村是一个纯农经济村，外出务工人员多，开展"红色村"党建示范工程、新农村示范村建设之前，村内少数房屋破旧，环境"脏乱差"。2018年以来，村党支部紧紧抓住"红色村"、新农村建设的契机，着力改善农村人居环境，在全面完成"三清三拆三整治"工作的基础上，大力开展村容村貌整治、建设。目前，已完成全村房屋穿衣戴帽工程，以及7个村前池、2座桥梁和村道、涵闸等建设、维修，为农户铺设了6000平方米的晒谷场。尤其是外出乡贤在捐资支持家乡建设的同时，纷纷回乡修缮、新建房屋86间，推动了新农村的建设步伐。

第八章

投资洼地 开发热土

海丰抓住省委、省政府促进粤东西北地区振兴发展、汕尾向西融入珠三角和深圳龙岗全面对口帮扶的历史机遇，充分利用海陆丰革命老区被国家"十三五"规划纳入扶持范围的政策红利，推动海丰老区经济社会各项事业不断奋力追赶、向前发展。

当前的海丰，基础厚实、业态丰富，多年来发展形成的特色产业、商贸、旅游等蓄势待发。全县经济建设保持强劲的上升、发展势头，具备加快发展的扎实基础和必备条件，正处在新时代创新发展的关键阶段、黄金时期。

第一节 发展优势

一、区位交通优势

海丰县地处广东省东南部，水陆交通便捷，是粤东地区陆上交通要道。沈海高速（深汕高速）、厦深铁路和潮惠高速以及规划建设中的天汕高速横贯全境。县城距厦深铁路汕尾站26千米、鲘门站30千米，乘坐高铁从海丰至深圳仅需40分钟、至广州仅需100分钟，广州、上海、北京等大城市都有直达列车停靠汕尾站。交通"大网络"的加快构筑和提档升级，使海丰与珠三角地区及香港形成两小时生活圈。

二、自然资源优势

土地资源充足，未利用土地4.79万公顷，土地开发率不到9%，可开发土地面积超过8万公顷，未利用土地资源居粤东第一。自然资源丰富，初步探明区域内有色金属等矿产资源较为丰富；水资源理论蕴藏量21.98万千瓦，可开发装机容量为16.53万千瓦；海岸线长达455.2千米，辖内海域面积2.39万平方千米，有93个岛屿、11个港口和3个海湖，沿海10米等深线内可供养殖的浅海、滩涂6.96万公顷，海洋捕捞面积3.5万平方海里，是全国闻名的四大渔场之一。众多的湾区和深水岸线，为建设港口、发展临港工业和海上运输业提供了良好条件。

三、产业发展优势

海丰县是"中国彩色宝石之都"、"中国珠宝玉石首饰特色产业基地"、国际重要金银首饰生产基地。经过改革开放40年来的积聚和发展，海丰初步形成服装、毛织、金银首饰、宝石加工等支柱产业；公平、城东、梅陇、可塘等地逐渐发展形成专业镇。全县现有彩色宝石和金银首饰加工企业5000多家，从业人员10多万人。可塘镇珠宝产业和梅陇镇金银首饰加工产业在国内国际珠宝金银首饰业界及市场具有举足轻重的地位，珠宝、金银首饰产品销往20多个国家和地区，年销售总额280多亿元。其中，水晶宝石产品占世界加工总量70%以上；全国每10件金银首饰中就有3件产自梅陇，梅陇金银首饰产品约占香港市场两成以上。同时，海丰珠宝金银首饰产业拥有先进的技术、设备和优秀的人才队伍，正处于规模发展、创新发展、增速发展的时期。

四、园区载体优势

近年来，海丰全面推进生态科技城和海丰首饰产业环保集聚园、可塘珠宝产业区、公平服装产业园等"一城三园"载体建设，推动珠宝、金银首饰、服装、毛织等传统产业转型升级、集聚发展。海丰生态科技城总体规划面积15平方千米，按照"产城融合"的理念，规划建设综合服务产业、传统优势产业和大学科技产业三个功能区，建成后将使海丰县城由29平方千米扩大至44平方千米。至2019年，累计征地420多公顷，投入征地、建设资金17.5亿元，新建新扩园区道路23条25.6千米。120万平方米的一期综合服务区和76万平方米的二期工业用地"七通一平"市政基础设施持续完善；三期、四期工业用地和园区污水处理厂同步推进征地、建设；共引进项目41个，已有威翔航空、星际动漫等

15个项目投产，初具产业集群效应和"产城融合"雏形，园区载体功能日益凸显，先进制造业和战略性新兴产业项目纷纷进园入区，产业集聚配套能力大为提高，将成为粤东地区重要的新型工业化基地。其中，海丰—龙岗合作共建产业园是深圳市龙岗区全面对口帮扶海丰县的重要载体，在生态科技城范围内首期规划面积20万平方米，将由龙岗区负责以先进理念、经验，进行规划、招商、建设和管理，入园企业可同时享受龙岗和海丰的各项优惠政策。

五、扶持政策优势

2016年2月5日，国家发展改革委员会批复了省人民政府《关于广东海陆丰革命老区贫困县纳入国家贫困革命老区扶持范围的请示》，明确海陆丰革命老区正式纳入国家贫困革命老区扶持范围，全面享受一系列扶持政策，标志着海丰老区发展进入国家战略扶持层面；《海陆丰革命老区振兴发展规划》正式实施，明确了加快海陆丰革命老区发展八大任务和59项具体扶持政策，将为海丰老区在新时代的振兴发展注入强大动力。广东加快构建"一核一带一区"区域发展新格局，建设粤港澳大湾区、全力支持深圳建设中国特色社会主义先行示范区等战略全面实施。汕尾市委、市政府赋予海丰奋力当好汕尾建设沿海经济带靓丽明珠排头兵的新定位。

六、合作共建优势

在省委、省政府的关怀指导下，深圳市龙岗区全面对口帮扶海丰，摆脱过去的扶贫模式，进入资源共享、产业互补、合作共赢的新阶段。借鉴新加坡与苏州合作模式，催生了总开发面积达463平方千米的深汕特别合作区。深圳、汕尾两地以"创新发展，先行先试，创建全省区域合作创新示范区"为目标，密切、务实、积极合作，创新行政、财政、投入、管理机制，以"汕尾所有、深圳所用，汕尾管辖、深圳开发，汕尾发展、深圳拓展，汕尾空间、深圳形象"的全新模式，得到全省的高度赞许和社会的高度关注。特别是2018年省委、省政府正式通过深汕特别合作区体制机制调整方案，由以往的深圳、汕尾两市管理，调整为深圳全面主导，正式改为深圳市委市政府派出机构，成为深圳空间延伸的一个最主要的部分，对于缓解深圳用地紧张、产业疏导，以及发挥深圳新产业升级对海丰的带动和辐射作用，增加区域内的轨道交通等枢纽建设等，都具有非常重要的积极意义。海丰位于"融湾"前沿、处于特区"门口"，在分享全省发展大格局红利、承接珠三角和大湾区产业转移延伸、利用特区发展外溢效应等方面，将迎来前所未有的发展机遇。

七、历史人文优势

老区红色革命遗址资源丰富且弥足珍贵。海丰县是"农民运动大王"彭湃的故乡，是全国第一个苏维埃政权诞生地、全国13块红色革命根据地之一，周恩来、徐向前等老一辈无产阶级革命家在此留下了许多革命足迹。红宫红场是全国爱国主义教育基地，被誉为"东方小莫斯科"，红宫红场旧址、彭湃故居是全国红色旅游经典景区；彭湃故居、得趣书室、赤山约农会旧址被列入全国第八批重点文物保护单位。海丰致力打造"彭湃故里·东方红城"的城市名片，增强老区人民的凝聚力、自豪感和归属感。围绕打造"东方红城"和"广东省历史文化名城"两大主题，打造了长达3千米、全国独一无二的"红色文化街"，成为全国著名的红色经典景区，带来了海丰形象的巨大提升效应、红色信仰的强大固本效应、旅游经济的乘数倍增效应、海丰文化自信的叠加激发效应和创文创卫的示范引领效应，吸引全国各地游客纷至沓来；打造了附城新山、联安坡平等一批各具特色的红色文化村，成为全省红色村建设的典型范例，全县有332处革命旧址被列入全省革命旧址名录，海丰的城市知名度、美誉度得到显著提升。海丰是潮汕文化、闽南文化、客家文化的交汇地，孕育出浓厚的妈祖文化、佛教文化、乡村文化等，并拥有戏剧、手工艺、文学、美食等多个国家级、省级非物质文化遗产。

发展机遇

第二节

从国际环境看，世界经济复苏和新一轮科技革命兴起，有利于海丰进一步开拓国际市场、利用国际资源和高端要素，加快推进工业化、信息化和城镇化，促进经济有效增长和产业结构调整优化。世界经济增长风险与机遇共存，将步入稳定低速的复苏期，科技创新对各国经济复苏和繁荣的驱动作用日益突出。世界经济缓慢回升，有利于海丰逐步扩大进出口规模，提升国际化水平。新一轮科技革命和产业变革蓬勃兴起、孕育突破，以信息技术为代表的新技术与产业发展深度融合，有利于海丰在原有基础上推进新一代信息技术产业等新兴产业成长以及纺织服装、金银首饰等传统优势产业转型升级。

从国内环境看，尽管中国经济向中速增长阶段"换挡"，但崛起之路仍在前行，国家全面深化改革、大力推进创新驱动，精准实施定向调控、相机调控，将会促进新常态下中国经济社会稳健发展、经济实力持续增强和国际地位不断提高，也为海丰进一步推进基础设施建设、优化投资营商环境、承接产业转移、推进创新创业和开拓不断壮大的国内市场带来新机遇。"十三五"时期是中国确保实现全面建成小康社会宏伟目标的最后冲刺时期，也是中国全面深化改革在重要领域和关键环节取得决定性成果以及转变经济发展方式取得实质性进展的关键时期，这一时期中国面临"三期叠加"新形势和产业转型升级、科技创新、社会转型等一系列新任务，国家有针对性、有差别地支持有关产业、领域、区域发展的力度更大，涉及海丰的铁路、高速公路、港口、机场等重大基础设施建设有望加快推进。伴随着稳增长、调结构、促创新背景下中国经济实力的继续增强和小康社会建设水平不断提高而来的国内市场扩大和需求结构变化，为海丰整合资源推进产业跨越发展提供更加广阔的市场空间。

从全省及区域层面看，加快粤东西北振兴发展已上升为全省战略，广东省将促进珠三角与粤东西北地区开展多方面合作，一系列重大政策措施的出台和落实，为海丰在快速工业化、城镇化进程中实现振兴发展，提供了难得的历史机遇和政策机遇。未来广东对省内区域合作仍会高度重视，海丰有望利用深莞惠经济圈扩容和深汕特别合作区加快建设的契机，加快融入珠三角、对接深莞惠，实现跨越发展。

从自身发展条件看，海丰的区位、交通、资源、生态等潜在优势将进一步凸显，综合优势将更加突出。区位优势方面，海丰位于深莞惠、汕潮揭经济圈交汇处，与广佛肇经济圈也较近，是环珠三角地区与香港、深圳最近的县，至深圳197千米，水路至香港仅81海里，是包括粤东沿海在内的海峡西岸经济区进入珠三角的"桥头堡"；交通方面，深汕高速、国道324线、厦深高铁横穿海丰，潮莞高速、广汕铁路、龙川至汕尾铁路、天津至汕尾高速公路途径海丰，汕尾机场、鲘门通用机场及小漠国际物流港、国际客运港也布局在海丰，海陆空综合交通优势将日益突出；资源和生态优势方面，海丰拥有山海田园、江河湿地等多种自然资源，山清水秀、风光秀美，可成片开发的土地资源较深圳、东莞等地丰富，空气质量和水环境质量也较为优良。

发展前景

2018年8月，广东省人民政府原则同意《海陆丰革命老区振兴发展规划》正式实施。规划范围包括汕尾市城区、陆丰市、海丰县、陆河县，惠州市惠城区、惠阳区、惠东县，河源市紫金县，揭阳市普宁市、揭西县、惠来县，汕头市潮阳区、潮南区等13个县（市、区），总面积20122.45平方千米。2016年末常住人口1456万人，地区生产总值5448.12亿元，地方一般公共预算收入208.68亿元，地方一般公共预算支出658.87亿元。

一、重大意义

全力支持海陆丰革命老区振兴发展，有利于增强老区自我发展能力，尽快改变贫困落后面貌，对于推动全省革命老区加快发展具有示范意义；有利于缩小区域发展差距，带动粤东西北地区振兴发展，走出一条欠发达地区实现科学发展新路子，促进全省区域协调发展；有利于进一步弘扬老区精神，加快老区脱贫攻坚步伐，保障和改善民生，让老区人民同全省人民共享全面建成小康社会的成果。

二、指导思想

全面贯彻党的十八大和十八届三中、四中、五中、六中全会精神，深入贯彻落实习近平总书记系列重要讲话精神和治国理政新理念新思想新战略，深刻把握"四个坚持、三个支撑、两个走在前列"的要求，以改变老区发展面貌和提高老区人民生活水平为目标，进一步加大扶持力度，弘扬老区革命精神，着力加快基础设施建设，着力推动产业转型升级，着力加强生态文明建设，着力解决民生领域突出问题，不断增强老区自我发展能力，努力探索老区振兴发展、持续发展的新路子，推动老区全面建成小康社会，加快社会主义现代化进程，使老区人民过上更加幸福美好的生活。

三、战略定位

区域发展与扶贫开发协同推进示范区。将老区作为珠三角辐射带动粤东、粤北发展的战略平台，着力加快深汕特别合作区等重大区域发展平台建设，加强与珠三角产业共建和区域创新合作，将全区建设成为珠三角产业转移主选地和先进生产力延伸区，打造全国"飞地经济"创新发展示范区、区域发展与扶贫开发协同推进示范区。

红色文化传承区和生态旅游目的地。加强老区红色文化资源保护，建设爱国主义教育和革命传统教育基地。深入挖掘丰富的红色文化和旅游资源，发展特色文化产业，推进红色旅游与生态旅游、滨海旅游的深度融合，打造国家级精品红色旅游经典景区和线路，培育一批具有较高知名度的旅游节庆活动，建成全国知名的红色旅游和生态旅游目的地。

革命老区参与"一带一路"建设示范区。发挥全国唯一临海革命老区的特殊区位优势，积极参与"一带一路"尤其是海上丝绸之路建设，将汕尾市打造成为沿海经济带的战略支点。充分利用广大海外华侨资源和人文资源优势，加强与粤港澳大湾区、海峡西岸经济区的联动发展，加大引资引智引技力度，大力发展国际商贸物流，打造华侨华人创新创业的平台。

四、发展目标

到2020年，老区综合经济实力显著增强，人均地区生产总值增速高于全国平均水平，基础设施瓶颈问题得到有效解决，特色优势产业体系加快构建，生态环境质量明显改善。

老区居民人均可支配收入与经济发展实现同步增长，农民人均可支配收入增长幅度高于全国平均水平。基本公共服务主要领域指标达到全国平均水平，老区人民生活水平明显提高，稳定实现农村贫困人口不愁吃、不愁穿，义务教育、基本医疗和住房安全有保障，现行标准下农村贫困人口实现脱贫，全区的区域性贫困问题得到解决。

到2025年，老区综合经济实力大幅提升，人均地区生产总值和人均可支配收入超过全国平均水平，基础设施日益完善，现代产业体系基本确立，生态文明建设取得重大进展，基本公共服务实现均等化，活力老区、美丽老区、幸福老区全面建成。

五、空间布局

按照因地制宜、梯次发展、分区施策的原则，充分利用老区滨海和山区等特色资源，加快区域发展平台和重要交通干线建设，强化与珠三角城镇和产业的轴线拓展态势，加强与"汕潮揭"经济圈联动发展，推进区域优质资源在枢纽节点高效集聚，打造"一核两翼三轴"的发展新格局。

其中，核心发展区包括汕尾市汕尾城区、海丰县（含深汕特别合作区）、陆丰市和陆河县。重点要实施"向西融珠"发展战略，对接深圳东进，积极推动各县区与对口帮扶地区的区域新兴产业功能性合作。围绕新一代信息技术、新能源汽车、生物医药、新材料、装备制造等战略性新兴产业，积极引入一批高端项目，建设老区红色旅游服务中心，打造珠三角新兴产业转移主选地，深度融入"深莞惠+汕尾、河源"（3+2）经济圈，打造成为海陆丰革命老区核心发展区。

《海陆丰革命老区振兴发展规划》赋予海丰县明确的发展定位，即依托深汕特别合作区、海丰经济开发区、海丰生态科技城等重大产业平台，推动珠宝首饰、纺织服装、食品制造等传统产业转型升级，发展现代农业、生态农业，打造区域协调发展示范区、粤东传统产业转型升级示范区和新兴产业集聚区。

工作措施

一、加快基础设施建设

第一，完善综合交通运输体系。建设以普通公路为基础，以铁路、高速公路为骨干，内连外通、服务高效的现代综合交通运输体系，提升交通运输对老区经济社会发展的支撑作用。

第二，大力推进铁路建设。重点推进广汕铁路客运专线、龙川至汕尾铁路、汕尾至汕头铁路（兼顾城际）、深圳至汕尾铁路，完善经粤东西北至周边省（区）高速铁路通道建设，形成西联珠三角、东联海峡西岸、沟通长三角的高速铁路骨干网络。通过推进"环+放射线"的珠三角城际铁路网建设，加强纵贯南北、沟通东西两岸的城际铁路主骨架网络建设，加快老区的快速交通与珠三角地区的衔接，推动汕尾、河源紫金等地尽快融入珠三角。启动粤东城际铁路网规划，推动汕潮揭中心城区实现30分钟互达。规划建设深圳—深汕特别合作区—海丰县城—汕尾火车站的高速铁路，推动海丰与深汕特别合作区、汕尾市城区同城化发展。

第三，加快高速公路网络建设。加快建设区域高速公路网，实现与珠三角、粤东北地区通道高速畅通。重点推进汕昆高速、武深高速等国家高速公路建设，完善对外通道，加密高速路网。加强内部联通，有序实施高速瓶颈路段改扩建，强化珠三角地区对粤东西北的辐射。加快推进汕湛高速普宁段、汕湛高速汕头至揭西段、兴宁至汕尾高速公路汕尾段、深汕高速公路深圳至汕尾段扩建工程、珠东沿海快速通道和河惠汕高速公路建设。优化路网衔接，完善地方衔接道路规划建设，逐步消除城市出入口交通瓶颈，加快完善高速公路出入口与连接线建设，加强高速公路与沿线重要经济开发区、产业园区、城市新区、重要城镇连接。

第四，加强国省道升级改造。逐步消除交通瓶颈路段和穿越城镇的交通拥挤路段，完善连接交通枢纽、中心镇、旅游景区的公路建设，进一步提升国省道整体通行能力和服务水平。以"四好农村路"为目标，切实提高农村公路路面等级标准、通达能力和安全防护水平。优先开展贫困村窄路基路面公路拓宽改造工程，实现通20户以上自然村村道路面硬底化。

第五，加快公路路网结构改造。消除公路危桥险段，确保人民群众出行安全。优先发展公共交通。完善城乡公交站场建设，积极发展社区公交、支线小公交，构筑微循环公交系统。在轨道交通站、公交首末站等周边规划建设配套停车设施，实现城市公共交通与对外交通便捷衔接。加快未通客车行政村的窄路基路面公路拓宽改造和安全生命防护工程，确保2019年底完成具备通客车条件。完善步行和自行车等慢行交通系统。建设完善汽车综合枢纽客运站及配套设施，增加客运站新能源汽车充电桩，加强乡镇配建充电站。

第六，加快沿海景观公路建设。完善广东省沿海景观公路规划，重点推进汕尾等地沿海景观公路建设。将公路建设与当地自然景观、人文景观相结合，既满足公路的功能及交通需求，又兼顾旅游景观公路的特点，推动老区旅游业高速发展。

二、做大做强特色优势产业

第一，提升制造业发展水平。以先进装备制造业、高端电子信息制造业、生物医药及高性能医疗器械产业等为重点，着力提升老区制造业尤其是先进制造业的发展水平。

先进装备制造业。在汽车制造领域，重点依托广州、深圳、佛山汽车整车产业，主动承接整车生产基地的辐射和外溢，大力发展汽车零部件，做大做强汽车电子、汽车线束、汽车电池、发动机零部件等优势行业，建设全省汽车零部件产业基地。在智能装备制造领域，力争在数控加工中心、小型飞机、机器人、家电智能化设备、智能仪器仪表、3D打印等方面有新突破。在节能环保装备领域，重点发展电子垃圾资源综合利用装备、余热发电设备、城市生活垃圾处理成套环保设备。在卫星装备领域，依托广东省（惠州）北斗装备制造应用产业基地在研发制造、系统集成运营、应用服务的优势资源，着力打造集卫星芯片、终端、关键元器件制造为一体的卫星装备产业集聚区。

高端电子信息制造业。重点发展集成电路及关键元器件、信息通信设备以及新型显示等。在汕尾等地重点建设一批新型显示产业基地。

生物医药及高性能医疗器械产业。支持老区结合资源优势，发展特色中药产业。加快医药产业科技创新平台建设，提升医药产业研发和创新水平，重点发展生物制药、中医药、特色健康食品等，积极谋划打造高端医疗器械产业基地。

第二，推进传统产业转型升级。集中资源支持每个老区县（区）发展一个支柱产业，积极应用高新技术和先进适用技术改造优势传统产业，开发高附加值的新产品，加快推动移动互联网、云计算、大数据、物联网等与传统产业结合，提升纺织服装、食品饮料、珠宝首饰、建筑材料、家用电器、金属制品、医药制造等的数字化、网络化、智能化水平，增强传统产业的综合竞争力。

纺织服装。重点建设海丰等地高附加值纺织服装研发设计产业集群和高性能纺织机械生产基地，打造覆盖产品设计研发、生产加工、品牌营销及物流、服务为一体的时尚产业链。加快产品研发设计、流程控制、企业管理、市场营销等环节数字化、网络化、智能化和管理现代化，做大做强一批纺织服装专业镇。

珠宝首饰。以海丰可塘、梅陇等专业镇和潮南区黄金珠宝创新产业园为依托，加快建设集研发、设计、生产制造、展示交易和旅游观光为一体的金银珠宝首饰产业集聚区，打造中国金银珠宝首饰加工销售基地。

三、大力发展红色旅游

第一，打造红色文化旅游精品景区。以海陆丰红色革命文化为基底，依托海洋、山林生态优势，充分发挥潮汕文化、客家文化及古城古村落的文化底蕴，把红色旅游与客家潮汕民俗风情游、生态游、历史文化游、休闲度假游等有机结合起来，培育形成以红色旅游为主题的特色鲜明、内涵丰富、形式多样的旅游产品和线路，增强红色旅游的吸引力和感染力。利用红色旅游资源建成一批3A级以上景区、爱国主义教育基地、党史和革命传统教育示范基地，打造海陆丰红色革命文化核心区。积极争取将老区列入全国红色旅游精品线路和全国重点红色旅游区景点。

第二，加强对革命遗址的保护、开发和利用。坚持"先易后难，由点到面，分步实施"的原则，切实加强革命遗址的重点保护。对符合文物保护要求的，及时组织评审，公布为重点文物保护单位。对"历史价值高、影响力大、损毁严重"的重要革命遗址列出重点保护清单，有针对性地开展抢救性修复和保护工作。各级财政安排革命遗址保护专项经费，专款用于重要革命遗址修复、保护以及纪念场馆的日常维护、接待、陈列布展等常规开支。优先扶持具备条件的重要革命遗址景区创建国家级、省级红色旅游经典景区。加大宣传力度，提高海陆丰地区重要革命遗址的知名度。坚持把革命遗址融入当地自然人文景观推介，融入红色旅游发展精品线路。对符合评选标准的，及时申报爱国主义教育基地、国防教育基地、中共党史教育基地，着力打造一批爱国主义、国防、中共党史、革命传统教育示范基地。举办各种纪念活动，增强革命遗址的教育功能。

四、加强区域发展平台建设

第一，推进深汕特别合作区建设。践行"依托深圳、联动汕尾、立足深汕、实干兴城"发展理念，坚持"深圳总部+深汕基地"发展模式，以"纵向形成产业链、横向形成综合服务链"为发展思路，以产业项目建设为中心，努力建设一座有特色的美丽滨海产业新城。着力推进鹅埠产业集聚区、小漠临港产业基地建设和恒大国际童话城等重大项目建设，重点打造先进制造集聚区、新兴海港商贸区、滨海生态旅游区三大特色区域。完善学校和医院等公共服务设施建设。加快推进合作区体制机制优化调整，全力将合作区打造成为区域协调发展示范区、深圳产业拓展支撑区、承接珠三角产业转移协作区、粤东振兴发展先行区和现代产业新城。

第二，推动产业园区扩能增效。科学确定主导产业，开展产业共建，积极承接珠三角地区产业梯度转移，引进龙头企业项目，延伸产业链条，加快促进产业集聚。强化园区经济辐射功能，带动形成区域产业带和产业群，着力打造区域产业品牌。加大省级财政对老区产业园区内外基础设施建设支持力度，完善园区及其所依托城镇的基础设施和公共平台。省相关部门、协会、省属企业，以及珠三角对口帮扶市（县）加强对老区招商引资和项目建设的支持。开展产业招商和产业链招商，找准目标、主动对接，引进带动作用强的好项目、大项目。打造绿色低碳园区，科学设定项目入园门槛，严格环保准入，鼓励无污染或轻污染产业发展，加快完善园区环保设施。完善产业园区合作共建机制，坚持市场化运作，提高产业园区投资开发公司自身造血、滚动发展能力，实行公司化、规范化运营管理。

五、推进精准扶贫精准脱贫

第一，改善贫困村生产生活条件。对列入省定贫困村的老区村庄，建立起"政策、目标、组织、责任"等体系，保障相对贫困村中的老区村庄创建新农村示范村各项具体工作落实到位、目标任务全面完成。根据贫困村资源禀赋、人口分布、经济条件、人文历史等特点，完成村道巷道硬化、安全饮水、污水处理、垃圾处理等基础设施建设。推进贫困村交通基础设施建设，全面改善贫困村尤其是边远贫困村的交通条件和发展环境。加大重大水利工程、地质灾害治理、矿山环境治理工程力度。以贫困村创建社会主义新农村示范村为契机，充分挖掘农村现有资源，加快交通、能源、排水、通信等基础设施和公共服务向镇村延伸。加强相对贫困村医疗卫生服务体系建设，逐步提高城乡居民医疗保险保障能力和大病救助水平。支持贫困村开发利用本地生态资源和红色旅游资源等，发展休闲农业、乡村旅游观光等拓展农业新功能，打造田园综合体。积极推进贫困村发展光伏发电、中药材、特色水果种植等新兴产业发展项目，打造贫困村新经济增长点。将红色村庄建设列入新农村建设整体规划，与精准扶贫、基层党建工作一并考虑，统筹规划。

第二，促进贫困人口精准脱贫。把老区贫困村和贫困户作为新时期精准扶贫攻坚的工作重点，全面落实中央重点支持革命老区的扶贫政策。继续对老区内建档立卡贫困户、贫困村执行精准扶贫相关政策，实施产业扶贫、转移就业、教育扶贫、健康扶贫、低保兜底等精准扶贫措施，进一步加大扶持力度。广泛动员社会力量支持老区建设，推动扶贫政策、资源、资金、措施、力量向老区的贫困对象聚合。加快社会保障机制建设，足额落实并逐步提高老堡垒户、老游击队员、老苏区干部、老交通员、老党员的定期补助，提高优抚对象优待抚恤标准。针对老区相对贫困村外仍有超过2/3的分散贫困人口，分布零散，致贫原因复杂，贫困程度深等特点，着力推动政策宣传、产业帮扶、就业服务、社会保障、教育资助、医保救助、危房改造、金融扶持、资产收益等"九到户"。探索推进土地经营权确权入股，贫困户尤其是丧失劳动能力的贫困户可依法自愿流转土地经营权，以土地、林地及扶贫到户资金项目等资产作价入股，按股分享经营收益。落实医疗保险和医疗救助政策，将贫困人口全部纳入重特大疾病救助范围，并对重病户落实补助，落实贫困人口参加基本医疗保险。加强农村低保制度与扶贫开发政策有效衔接，将符合条件的建档立卡贫困人口纳入低保范围，做到应保尽保；将省扶贫标准以下的农村低保对象全部纳入扶贫范围，做到应扶尽扶。加大对相对贫困户家庭学生入读中高等职业院校、高中、大学的生活费补助，免除贫困户高中学生及大学生的学杂费，扩大省属重点高校面向贫困地区定向招生计划。组织开展相对贫困户劳动力技能培训，促进农村贫困家庭劳动力转移就业。以长期居住危房且危房为唯一住所的农村分散供养五保户和建档立卡贫困户为重点，全面实施危房改造。

六、优先发展教育事业

第一，加快改善老区办学条件。加强老区教育基础设施建设，缩小教育差距，补齐教育发展的短板，争取早日创建成为推进教育现代化先进市（县、区）。到2020年，实现高中阶段教育毛入学率超过90%。推进老区义务教育从基本均衡向优质均衡的蜕变，整体提升老区教育发展水平。加大财政投入的基础保障能力，从2018年起，对老区全部县（市、区）全额补助城乡义务教育公用经费，由省全额补助老区山区及边远地区教师岗位津贴。全面推进职业教育建设，完善投入机制，着力改善职业院校基本办学条件，探索中高职院校联合培养技术技能人才。支持汕尾建设一所高等技工学校和一所本科高校。充分发挥海陆丰革命老区红色资源，整合党校系统资源建设海陆丰干部学院，擦亮海陆丰红色品牌，进一步弘扬革命老区精神。

第二，加强农村教师队伍。进一步加大老区乡村学校紧缺学科教师补充力度。加强省级中小学教师发展中心与老区有关地市合作，培养培训乡村学校教师。支持老区各县区建设县教师发展中心，省级培训名额进一步向乡村学校倾斜，加大培训投入、扩大培训规模、提高培训质量，进一步提高乡村教师专业水平。深化教师管理制度改革，积极推进教师"县管校聘"管理制度，由县级教育行政部门统筹教师管理。

七、提升医疗卫生服务水平

第一，加强老区县乡村三级医疗卫生服务网络标准化建设。优化健康服务，实现老区群众常见病不出镇，老区扶贫对象人人享有基本医疗卫生与计划生育服务。

第二，加强医疗卫生服务能力建设。实施基层医疗卫生服务能力提升工程，对老区县级人民医院、中医院以及妇幼保健机构等建设项目给予大力倾斜。加大基层医疗设备配备，加大投入，进一步解决老区疾病防控等医疗卫生基础设施设备薄弱的问题，增强重大传染病以及慢性病、精神疾病等区域防控能力。支持汕尾市建设三甲医院。加大医疗人才的支持力度，逐步提高当地的医疗水平。实施提高医疗卫生机构人员待遇、改革完善人事薪酬制度、加强对口帮扶、鼓励人才流动、在全科医生培训项目和订单定向培养医学大学生项目中对老区给予倾斜支持等措施，解决老区医疗卫生人才短缺问题，强化老区卫生人才队伍。

第三，深入推进医药卫生体制改革。加强区域医疗卫生服务资源整合，全面推进县域一体化管理，加快分级诊疗制度建设，支持中医药相关产业发展。构建远程医疗服务网络体系，建立连接省部属三甲医院和老区人民医院的远程医疗平台，实施乡镇卫生院（村卫生站）远程医疗平台建设工程，开展远程会诊、影像诊断、病理诊断、重症监护、继续教育等工作。大力推进老区基本公共卫生服务项目实施，逐步提高基本公共卫生服务项目财政补助标准，扩大服务覆盖面，扩展服务内容，将建立居民健康档案，预防接种，儿童、孕产妇、老年人健康管理，糖尿病、高血压、肺结核患者健康管理，严重精神障碍患者管理等基本公共卫生服务项目落到实处。加强食品药品安全保障推进食品药品安全应急处置、投诉举报、食品药品安全监督管理三个中心的建设，提升食品药品公共服务水平。

八、构建公共文化服务体系

第一，增强老区文化产品和服务供给能力。保护、传承和发展红色文化，加快形成覆盖城乡、便捷高效、保基本、促公平的现代公共文化服务体系。

第二，推动公共文化设施建设。进一步完善老区公共文化设施网络，加大支持力度，尽快填补公共文化设施空白。到2020年，实现广播电视户户通，老区乡镇、行政村基本建成综合性文化服务中心。持续开展全省公共文化设施完善，倾斜扶持革命老区文化站器材采购、文化广场示范点建设等工作。建设一批文化馆、图书馆、博物馆、艺术中心等标志性县级文化设施，通过"三馆一站"免费开放、全国公共图书馆评估定级、乡镇综合文化站服务效能抽查等，进一步提升老区基层公共文化设施服务效能。

第三，丰富公共文化服务供给。围绕老区历史和现实等重大、特色题材，鼓励创作生产反映人民主体地位和现实生活、群众喜闻乐见的优秀出版物和影视作品，打造红色品牌文艺精品。积极推广全民阅读、音乐、舞蹈和歌唱等活动，充分发挥群众文化品牌项目的带动作用，为繁荣老区群众文艺创作、丰富老区群众文化生活提供创作和展示平台。深入挖掘老区民族民间文化艺术资源，推动传统文化保护、开发和利用。

第四，加强公共文化队伍建设。进一步提高干部队伍素质，提升公共文化服务能力和文化创作水平。继续落实农村文体协管员补助资金，加强农村文体协管员人员培训。进一步壮大老区文化志愿者队伍，加强文化志愿服务工作指导，推动老区文化志愿者队伍规范化、常态化、品牌化、专业化发展。

第五，加强老区历史文物保护。加大对老区不可移动文物的保护力度，完成各级文物保护单位"四有"工作（有保护范围、有保护标志、有记录档案、有保管机构），开展革命文物的认定与调查，落实对革命文物修缮和养护的经费保障。充分发挥革命旧址的爱国主义教育阵地作用，重点加强对海丰红宫红场旧址、彭湃故居等的保护与利用。加强老区濒危文物抢救保护与维修，依法落实文物保护措施，加强对文物周边环境和历史风貌的保护，鼓励社会力量参与历史文物保护。

第六，完善公共体育场地设施。按照配置均衡、规模适当、方便实用、安全合理的原则，科学规划和统筹建设公共体育场地设施，着力构建县（市、区）、乡镇（街道）、行政村（社区）三级群众身边的全民健身设施网络和城乡15分钟健身圈。推动体育场馆设施开放利用，加强对已建公共体育场地设施的使用和管理，鼓励社会力量参与现有场地设施的管理运营。促进公共体育场地设施拓展服务领域，延伸配套服务，提升服务水平。加强社会体育指导员服务体系建设。广泛开展全民健身志愿服务。

九、加强就业和社会保障

第一，深入推动老区与珠三角进行产业共建。拓展劳动力就地就近就业空间，全面增强老区群众增收致富能力；加快完善社会保障体系，提升老区人民社会保障水平。

第二，积极推进就业创业。鼓励扶持创建"扶贫车间""扶贫工作坊"，探索集中生产与家庭分散加工相结合的就业模式，促进劳动力就地就近就业。组织老区与珠三角地区建立结对帮扶关系，提高劳动力转移到珠三角地区就业的组织化程度，促进劳动力转移就业。对珠三角与老区产业共建企业充分吸纳老区劳动力的给予奖励或优惠。引导农民工返乡创业，支持建设创业孵化基地，强化初创企业经营人员创业培训，落实金融、财政支持政策，降低农民工创业门槛。

第三，提高就业创业服务效能。加强老区公共就业创业服务工作，加大对老区的政策、经费扶持力度，加快解决公共就业创业服务机构性质、人员编制和经费保障等难点问题。积极拓宽就业信息联网覆盖面，指导老区推进就业服务信息网络建设。

第四，就地就近提供各类公共就业服务。依托全省统一的职业介绍信息系统发布全省人力资源市场供求信息，为老区劳动者求职就业提供跨地区岗位查询服务。按照"大众创业、万众创新"的要求，建立健全创业服务体系，打造集政策咨询、创业培训、项目推介、创业指导等服务于一体的创业服务平台，完善创业服务功能，落实好创业补贴、小额担保贷款等创业扶持政策。加强老区充分就业社区建设，推动社区健全劳动力资源信息库、完善基础公共就业服务内容。大力发展家庭服务业，鼓励珠三角地区到老区开展家政服务定向帮扶。

第五，促进老区人民享有社会保障。将建档立卡贫困人口作为城乡居民养老保险扩面重点，实现贫困人口100%参保和人人享有养老保障。加大各级财政投入力度，健全城乡居保缴费激励机制，逐步提高制度保障水平。重点加强养老、社会福利、社会事务、减灾救灾、殡葬等薄弱环节设施建设，省级投资重点向老区倾斜。开展养老院服务质量提升专项行动，稳步提高城乡老年人优待水平和服务质量。大力提高最低生活保障、特困人员供养、医疗救助、灾害救助及临时救助等社会救助水平，切实保障困难群众的基本生活。

附　录

附录一 先烈英名垂青史

在海丰农民运动波澜壮阔的革命大潮中，无数仁人志士为了民族的解放、人民的幸福而赴汤蹈火、舍生取义、不畏牺牲，他们用鲜血和生命谱写了气壮山河、惊天动地的壮丽诗篇，他们的英名将永载史册、永垂不朽，他们的英雄事迹，将与山河同在、与日月长存！

彭湃

彭湃（1896—1929），原名彭汉育。中国无产阶级革命家，中国共产党早期农民运动主要领导人之一，海陆丰农民运动和革命根据地的创始人，毛泽东称之为"中国农民运动大王"。2009年9月10日，彭湃被评为"100位为新中国成立作出突出贡献的英雄模范人物"之一。

彭湃

1896年10月22日，彭湃出生于海丰县城郊桥东社的一个工商地主家庭。1901年，进海城七圣宫读私塾；1903年，进林祖祠小学读书；1909年，进海丰县第一高等小学读书。

1912年，彭湃与海丰鹿境乡蔡素屏结婚。1913年，彭湃考进海丰县立中学。就读期间，好谈论时事和参加社会活动，是一个富有朝气的青年。

1916年5月7日，彭湃与群进会的同学一起发动海丰青年学生举行反日爱国游行，以纪念"五七"国耻纪念日一周年。

1916年秋冬，群进会组织了一场反对袁世凯爪牙林干材的斗争。

1917年春，彭湃随陈其尤经香港到广州，在广府中学学习一个多月后，在6月间，离开广州前往日本东京留学，住在东京神田区神保町中华留日基督教青年会馆，学习日语。9月，考入专门为中国留学生进行预备教育的东京成城学校预科学习。1918年9月30日，考入著名的早稻田大学专门部三年制的政治经济科就读，系统学习了政治经济理论，课余经常与中国留日进步学生研讨社会学说。

1918年春夏间，日本与段祺瑞政府秘密谈判签订《中日陆军共同防敌军事协定》。双方签订密约，日本军队可以在中国境内所谓"军事行动区域"自由行动。消息一传开，中国留日学生无不义愤填膺。彭湃踊跃参加抗议行动，还邀同学黄霖生、陆精治到照相馆合影，面对镜头，三人正襟危坐，虎目怒视。彭湃在照片上题词："民七年中国军事亡国协定被迫签订之日，特合摄此'国丧纪念'照片，以示国仇之不忘。"

中国留日学生的爱国抗议活动遭到日本当局镇压，几十名学生救国团干事被捕。彭湃率大批留日学生赶到神田警署门外，强烈要求释放爱国学生。日本军警本就理亏，更被凛然正气所慑，终于无条件释放了被捕学生。事后，彭湃悲愤地说："日本之自由、民主，何不忍吾辈之正当呼声，而动拳脚于白日，置华人与动物无异？！"日本当局随即又剥夺了中国留学生集会结社的自由。无奈愤慨之下，3000多名留日学生决定集体罢学回国，以示抗议。

彭湃回国后，为反日救国东奔西忙。在上海，他与部分同学成立救国团总事务所，同时在广州、北京设立分所，又在《国民日报》上刊登《归国学生泣告同胞书》，号召各界共同反日救国。后又回到广州，参加救国团广州事务所工作，和留日的广东同学发出《留日广东学生同乡会宣言书》，痛斥中日密约是"直举吾国领土奉送之"的亡国条约，说明"大祸临头，大义在目，威力甘言，不值一顾，此吾人所以不旬日而归国者千余，奔走呼号，愿舍学，舍身而谋废约救亡也"。回到海丰后，彭湃积极发动青年学生，开展了"废约救亡"的宣传活动。

留日学生的爱国行动，得到人民群众的广泛支持，而当时的北京政府教育部，却强令归国学生"务于六月十日前到达日本，返回各校继续留学，其后仍不回校者，经调查核实，取消留学资格"。在反动政府的压力下，留日学生不得不忍辱负重，再行东渡。此后，彭湃更加积极地投身于反日爱国活动。

1921年5月初，彭湃回国后，在广州加入中国社会主义青年团；5月15—19日，在《双周评论》第一、二期发表《日本底"五一"》，并在海丰发起组织社会主义研究社，主办《新海丰》，传播马克思主义；7月30日，发起组织劳动者同情会；9月1日，在《新海丰》创刊号上发表《告同胞》；10月，出任海丰县劝学所所长，积极向学生宣传革命道理，发展体育运动，组织运动会，主张"普及教育，推广农村教育，为广大的工农群众服务"的教育方针。

1922年5月4日，彭湃组织海丰学生举行庆祝五一劳动节的集会和游行。5月14日，与李春涛等创办《赤心周刊》刊物。6月2日，在《赤心周刊》第4期发表《谁应当出来提倡社会主义》。6月下旬，彭湃深入农村，开始从事农民运动。他目睹土豪劣绅残酷剥削农民的惨状，决心拯救百万群众于苦难之中。7月29日晚上，彭湃与5位农民在得趣书室成立中国第一个农会——"六人农会"。他以一个彻底革命者的行动，当众烧毁自家田契，宣布田地归农民所有，使农会组织迅速发展。

1923年1月1日，彭湃创办中国第一个总农会——海丰县总农会，任总农会会长，为总农会设计了会旗、印章，起草了临时简章、章程。4月，到陆丰推动农民运动，协助成立了陆丰县农会筹备会。5月，海丰县总农会改组为惠州农民联合会，彭湃为会长。7月，惠州农民联合会改组为广东省农会，彭湃为执行委员长，起草了《广东农会章程》。11月，在汕头发起组织惠潮梅农会筹备处。农潮席卷陆丰、惠阳、紫金、五华等县，又发展到潮汕一带，打土豪分田地如暴风骤雨般推进，有力地打击了封建势力，提高了农民的地位和农会的威信。

1924年4月初，彭湃抵达广州。第一次国共合作期间，任国民党中央农民部秘书，随后任共青团广东区执行委员会委员、中共广东区执行委员会委员、国民党广东省党部执行委员兼农民部部长。7月3日，开办广州农民运动讲习所，彭湃为第一届农讲所主任。11月26日，彭湃以国民党中央农民部特派员身份到达广宁，开展长达3个月的广宁农民反对地主武装的斗争。

1925年2月19日，广宁农民反对地主的武装斗争胜利结束，彭湃赴东江参加东征。4月1日，海丰成立中共海陆丰特别支部，彭湃任支部书记。（据1927年4月统计，中共海陆丰地委下辖14个部委，党员4300多人，其中海丰县3000多人、有200个支部，陆丰县1000人，占广东9000多名党员近半数，占当时全国党员数近7%。中共海陆丰地方委员会成为全国同期党员最多的地方委员会，这些中共党员成为领导海陆丰武装起义、坚守革命根据地的核心力量。）5月1日，广东省第一次农民代表大会在广州召开，正式成立广东省农民协会。10月29日，根据中共广东区委的指示，中共海陆丰特别支部改组为海陆丰地委，彭湃任书记。

1926年1月1日，彭湃撰写的《海丰农民运动》在当天创刊的《中国农民》连载。5月1日，主持召开广东省第二次农民代表大会，被选为第二届执委常务委员。5月29日，出席国民党广东省党部执行委员会第二十九次会议。5月30日，出席广州各界纪念"五卅惨案"周年大会。6月2日，在第六届农讲所向学员讲授东江农民生活状况及开展农民运动的经验。

1927年，参与领导南昌起义，任中共前敌委员会委员；后随军南下，任东江工农自卫军总指挥、中共东江特委书记；11月，领导海陆丰人民进行第三次武装起义获得成功，领导创建了中国第一个苏维埃政权——海陆丰苏维埃政府，为海陆丰革命根据地的建立起到了重要作用，为中国革命的胜利建立了不可磨灭的功勋，为以后红色政权的建设在理论和实践上积累了经验，开辟了中国革命以农村为基地走向胜利的道路。

1928年上半年，彭湃领导的农民武装加上徐向前带领的广州起义部队红四师部分兵力，在海陆丰、普宁、惠来、潮州一带开展游击武装斗争，捍卫苏维埃政权。当年7月，在中共第六次全国代表大会上当选为中央政治局候补委员。同年11月，增补为中央政治局委员，奉命赴上海，任中央农民运动委员会书记、中央妇运委员，兼任江苏省委常委、军委书记及上海市委宣传部部长、农运委主任等职。

1929年8月24日，因叛徒白鑫出卖而被捕。30日在上海龙华与杨殷、颜昌颐、邢士贞4人同时英勇就义，年仅33岁。

杨其珊

杨其珊（1871—1933），陆丰县新田参城村（今属陆河县）人。彭湃的亲密战友和得力助手，海丰农运的主要领导人之一。

曾任海丰县总农会副会长、省农会执行委员、财政部部长。1925年加入中国共产党，参加海陆丰第三次武装起义，任苏维埃政府委员、东江特委委员、海陆紫县苏维埃政府主席团成员等职。1927年杨其珊和湖南的毛科文、广东的薛六一起作为全国农民党员的代表，成为中共第五届中央委员会委员中最早的农民出身的成员。1933年9月在陆丰碣石溪被叛徒杀害。

杨其珊

彭桂

彭桂（1903—1933），又名彭丹、彭轨，海丰县联安亚前村人。1926年加入中国共产党，曾任红六军第十七师第四十九团团长、红十一军副军长、红六军第二师师长兼第一团团长、东江军委常委等职。

1903年，彭桂生于海丰县第三区亚前村（今属联安）一个贫民家庭。1919年开始跟父亲到香港、广州等城市拖人力车，深谙人间疾苦。1924年在广州加入人力车工会，并任组长，开始加入反对压迫剥削的行列。1925年2月，第一次国共合作期间，广州国民革命运动风起云涌，彭湃委派黄埔军校学生李劳工在海丰籍人力车工人中招收东征军先遣队员，彭桂应声报名，开始踏上革命生涯。东征军进占海丰后，在桥东林祖祠成立了海丰农民自卫军大队，李劳工任大队长。其时，周恩来派吴振民、聂畸、宛旦平等黄埔军校毕业生任教官训练农军，彭桂任小队长。

彭桂

后来，彭桂参加了海陆丰三次武装起义和参与创建海陆丰苏维埃政权的工作，历任农军中队长、工农革命军第五团副团长、工农革命军独立师师长等职务。

1928年3月，广东国民党军队攻陷海陆丰主要城镇，中共东江特委迁往潮汕大南山，海陆丰红色政权转移山区农村继续战斗。1928年10月26日，中共广东省委根据实际情况，批准在东江特委之外成立海陆紫特委。2019年5月，扩大为海陆惠紫特委；10月，以原红二师第五团为基础，在海丰县朝面山成立红六军第十七师第四十九团，团长彭桂，政委黄强，他们坚持采取灵活机动的游击战术，带领武装力量开展反"围剿"斗争。同时，彭桂兼任海陆惠紫革命委员会委员。在他带领下，红军四十九团不断克敌制胜，所向披靡，部队从最初100多人发展到1000多人，成为东江地区战斗力最强的军事劲旅。

1930年4月，红军四十九团上大南山，到达中共东江特委辖区，配合四十七团进行潮普惠暴动。5月1日，东江特委在丰顺八乡山召开了东江工农兵代表大会，选举产生东江苏维埃政府，陈魁亚（海丰籍）为委员长。同时，成立红十一军，古大存任军长，颜汉章（海丰籍）任政委，彭桂任副军长，红军四十九团划归红十一军管辖。6月，海陆惠紫党代会召开，成立中共惠州十属特别委员会；接着举行工农兵代表大会，选举陈舜仪、杨其珊、彭桂、林覃吉等十人组成东江苏维埃惠州十属特别委员会。10月下旬，中共中央派邓发、李富春到大南山主持召开闽粤赣苏区党代会，传达中央六届三中全会精神，并根据形势将东江地区和闽西、赣南苏区合建闽粤赣苏区，组建中共闽粤赣特委，邓发任书记。同时重新整编部队，将东江红军编为红六军第二师（闽西红军编为第一师），原辖下的红军四十九团改编为第一团（团长林军杰），潮梅红军改编为第二团，彭桂任红六军第二师师长，黄强任政委。闽粤赣党代会后，彭桂赴香港中央军委南方办事处学习受训，黄强赴海南岛改编独立师。1931年初，两人回任后，林军杰牺牲，彭桂兼任第一团团长，黄强兼任第一团政委。

1931年5月，中央根据广东省委遭破坏后较弱的状况，将闽西、赣南划归中央局领导，在大南山重建广东省委属下的东江特委。11月7日，中华工农兵苏维埃第一次全国代表大会在江西瑞金举行，议决了政纲、宪法、土地法、劳动法、红军问题、经济政策等重要法令，宣告中华苏维埃共和国成立。当时，彭桂作为东江苏区代表赴中央苏区参加会议，与毛泽东等62人当选中央执行委员会委员。12月27日召开第一次会议，选举毛泽东为中央执行委员会主席，项英、张国焘为副主席，12月1日，中华苏维埃共和国中央执行委员会发布第一号布告，宣布即日起中华领土内存在一个代表广大被压迫被剥削的工农兵士劳苦群众的国家。

1933年初，国民党从惠州增兵进攻海陆惠紫苏区，采用联保和建炮楼围困等方式孤立革命根据地乡村，苏区范围逐步缩小，情势日益艰难。5月13日，彭桂在海丰大安峒新杏村侦察时，被叛徒杀害，一代名将陨落。

郑振芬

郑振芬（1904—1935），海城高田村人。12岁入民生布厂当童工，深切感受到并同情中国工人所遭遇的痛苦境况，工闲时读书写字并开始接受新思想。17岁时，父母把她许配给兰巷富户吴某为妻。她反对封建包办婚姻，以绝食对抗，最终迫使男方解除婚约。

1923年，彭湃等到民生布厂组织工会，郑振芬当选为工会执委。1924年与工友谢振鸿结婚。

1925年，带领工友参加五一劳动节示威游行，此后更积极

郑振芬

参与各种革命行动。是年秋加入中国共产党，领导工人罢工取得胜利。1926年春，到梅陇组织妇女协会，后当选为该区妇协主任和县妇协执委。

1927年，参与海陆丰三次武装起义。起义胜利后，当选为海丰苏维埃主席团成员，后任海（丰）陆（丰）惠（州）紫（金）四县特委妇女委员。1930年，当选为东江苏维埃政府执委。1932年，任东江特委常委兼组织部部长。这时国民党军队对"苏区"进行"围剿"烧杀，她因伤寒住进大南山医院，在敌军严密封锁下，粮食断绝，只得以野菜充饥。1934年1月，以东江地区代表身份，到瑞金出席中华苏维埃共和国第二次代表会议，与毛泽东、周恩来等一起当选为中央执行委员。回到大南山后，革命形势更加严峻，1935年5月，谢振鸿下山寻找粮食时被国民党军队追击，不幸牺牲。后国民党军队循道搜索，郑振芬也惨遭毒手，时年31岁。

董朗

董朗（1894—1932），原名董嘉智，号仲明。1894年4月24日出生于四川省简阳县平安乡农民家庭。1921年冬，董朗抱着寻求救国救民道路的理想，离家到上海。1924年3月，考入黄埔军校，并加入中国共产党。1927年，董朗参加南昌起义，后随起义部队南下广东。

1927年10月9日，起义部队到达东江特委驻地海丰朝面山，改编为工农革命军第二师（红二师）第四团，董朗任团长。彭湃回海丰后，领导第三次武装起义。董朗率部于11月1日、5日先后克复海、陆两县城，起义取得胜利。11月18日，海丰举行工农兵代表大会，董朗在会上发表演讲，同时接受代表意见，派出一个连协助农军攻下国民党军盘踞在海丰捷胜城的最后一个据点。

董朗

大会结束后，董朗率部再往陆丰，收复陆丰除上砂一隅以外的所有区、乡。12月末，第四团与海陆丰农军编成的第五团，正式成立师部，董朗任师长兼第四团团长。

1928年初，东江特委举行东江大暴动，董朗和颜昌颐率部进军紫金、五华，在两县各建一个区苏维埃政府。

1928年3月初，国民党重兵攻陷海陆丰县城。下旬，南北夹攻朝面山师部。董朗奉命率部上大南山，同红四师一度攻下惠来县城。随后返海陆丰，在两县毗邻山区配合农军反"围剿"。4月下旬，省委派张善铭、赵自选来指挥反攻海丰县城，董朗率部攻城北五坡岭敌营，未能攻下，撤回黄羌。

此后，根据省委指示，红二、四师在海陆丰和赤卫队共同作战，保卫根据地。同年冬，省委请示中央后，指示新成立的海陆紫特委，安排红二、四师余部转移外地。1929年5月，董朗离开海丰。

1932年10月，董朗在"肃反"扩大化中被错杀，时年38岁。新中国成立后被四川省人民政府追认为烈士。

叶镛

叶镛（1899—1928），1899年出生于四川乐至县。高小毕业后考入湖南陆军军官学校，后入黄埔军校。1927年加入中国共产党。

叶镛

1927年12月，叶镛参加广州起义。起义军撤离广州至花县时，改编为工农革命军第四师（后称红四师），任师长。红四师成立后南下海陆丰。

1928年1月5日，红四师到达海丰县城，在红场与红二师会师，受到东江农代会代表和群众的热烈欢迎。随后留一个团驻海丰，叶镛和彭湃率两个团进攻陆丰县城。其后，东进惠来、普宁，扩大海陆丰革命根据地，建立了一批新的县苏维埃政府。

同年3月，国民党军大举进攻海陆丰，红四师大部返回作战，在陆丰大安和海丰的可塘、青坑、汕尾、梅陇等地同赤卫队并肩战斗。汕尾陷落后，叶镛率部和东南赤卫队反攻，后因汕尾港敌舰开炮轰击工农军阵地而撤退。叶镛率大部队在赤坑大湖渡海过陆丰金厢再上惠来。

同年4月初，省委派常委张善铭和委员赵自选来海丰指挥反攻县城，于是红二、四师又奉命返回海丰。5月3日凌晨发起进攻，叶镛率红四师和梅陇、赤石赤卫队从西路攻进县城，在红场与敌军激战，毙伤敌40余人，释放被监禁同志100多人。因子弹缺乏，不能久战，红二师又未到，于是主动退出。反攻县城后，红二、四师退守山区反"围剿"。

1928年6月17日，国民党军倾巢围攻红四师驻地埔仔峒，叶镛率部退上白芒洋高山，忽疟疾复发，不能走动，被敌兵搜捕，坚贞不屈，英勇就义，年仅29岁。

张善铭

张善铭（1900—1928），广东大埔县人。1918年，就读于广东省立第一甲种工业学校（简称"甲工"）。此时，正值俄国十月革命后，马克思列宁主义开始在中国传播，他与阮啸仙等同学积极学习和宣传马克思列宁主义，投身反帝反军阀的斗争。1919年，五四运动爆发，他发动甲工同学响应。1921年8月，加入中国共产党，是中共广东支部早期党员之一。1924年，由中共中央派遣，前往苏联东方大学学习，回国后，

张善铭

历任广东区团委书记、国民革命军第四军政治部主任、海陆丰地委书记等职。1927年，四一二反革命政变后，任中共东江特委书记，与彭湃等策划了东江地委武装起义，建立海陆丰工农民主政权，并创立东江革命根据地。张善铭任中共广东省委委员兼东江特派员参加了广州起义。广东省委书记张太雷牺牲后，由张善铭代理省委书记，并当选为广东省委常委、军委主席。

1928年5月，担任东江特派员前往恢复海陆丰苏维埃政权时被捕，在汕尾被国民党杀害，年仅28岁。

李劳工

李劳工（1901—1925），原名李克家，1901年生于海丰捷胜一农户家庭。高小毕业后当小学教员。

1920年海丰蚕桑局招收学员，李劳工弃教就学，志在致用。掌握蚕桑知识后，他回到捷胜实践，向地主何念阳租荒地30亩作桑田，拼力垦殖。何念阳见地有利，提出升租。李劳工屡次与其争辩无效，一怒之下砍光桑树，向人发誓说："我不骑马不回乡。"于是前往海城，在蚕桑局工作。

1922年，彭湃在海丰致力开展农民运动，李劳工深受感动。

李劳工

与彭湃交谈后，他放弃蚕桑局工作而参加农运，改名劳工，以示劳动神圣。随后深入区乡组织农会，成为彭湃得力助手。

1923年，广东省农会成立，李劳工被选为执行委员，任农工部部长兼宣传部委员。同年农历七月发生"七五"农潮，县政警逮捕农会干部25人，宣布解散农会。李劳工等人转入地下秘密活动，后随彭湃到广州开拓局面。

1924年，李劳工在广州加入中国共产党，由党组织选送入黄埔军校第二期学习。

1925年2月，国民革命军东征，李劳工受周恩来指派，率先遣队进入惠海边境占据制高点。东征军在惠海农民武装配合下击溃敌军，进占海丰县城。党组织派李劳工负责训练海陆丰农民自卫军，任大队长。后被委派为黄埔军校后方主任和东征军驻海陆丰后方办事处主任，不久调任陆丰县党组织领导。

1925年6月，东征军回师广州，陈炯明部重占汕头。1925年9月进攻陆丰，李劳工接到紧急通知，即布置陆丰农军大队到海丰会合，自己暂留陆丰做善后工作。其时陈军刘志陆部已进入陆丰边境。李劳工离开陆丰时觅小路回海丰。当越过海陆丰交界的大德岭时，因天黑迷路，误投地霸陈丙丁爪牙陈貌的老巢城林埔，被陈丙丁武装扣押。

陈丙丁深知李劳工有军事才能，企图降服他为己所用。李劳工回答说："头可断，志不可夺！"1925年9月24日上午，李劳工被押赴田墘镇刑场，壮烈牺牲，年仅24岁。

丘东平

丘东平（1910—1941），小名谭月，号东平。1910年5月出生于海丰县梅陇镇马福兰村一个农商之家。1924年考进县立陆安师范，1927年积极投身海陆丰三次武装起义，后任东江特委书记彭湃的秘书。1928年后，先后辗转于香港、上海和日本等地，创作了一批反映海陆丰农民运动和"一·二八"淞沪抗战的短篇小说与战地报告。1938年参加新四军，随陈毅转战于

丘东平

江南敌后，任政治部敌工科科长兼陈毅的对外秘书。1941年春，任鲁迅艺术学院华中分院教导主任。1941年7月在苏北盐阜区反"扫荡"战斗中牺牲。著有《第七连》《茅山下》等，在创作上塑造了人民军队的艺术形象，影响深远。

他为中国人民的解放事业和文化事业作出了重大贡献。《沉郁的梅冷城》《长夏城之战》《第七连》《茅山下》《给予者》《火灾》等著作，反映了中国早期革命运动的斗争画面和民族解放战争风貌的篇章，是中国现代文学中宝贵的一部分。

林道文

林道文（1904—1931），1904年出生于海丰城郊名园村商人家庭。高小毕业后考进县立陆安师范。

林道文在师范读书时，与陈舜仪等组织新生社，出版《新生》半月刊，关注社会政治问题，抨击时政。

1925年初，林道文在广州农讲所毕业后回到海丰，任海丰县农民协会宣传员。同年10月，加入中国共产党。

林道文

1926年初，任海丰总工会筹备处党支部书记，不久调任公平区的部委书记。

1927年，林道文参与领导海陆丰武装起义，4月，第一次起义时，林道文任海丰救党军副大队长。9月初，林道文率讨逆军克复公平，下逼县城。海丰县城克复后，成立工农专政性质的县临时革命政府，林道文任政府主席团委员。海陆丰地委改为海陆丰县委后，林道文任县委军事委员。

同年10月6日，东江特委派林道文和郑志云、陈舜仪等分头迎接南昌起义军，9日，带领该部到达东江特委驻地朝面山。10月25日，林道文率工农革命军大队配合红二师一部大败入侵黄羌之敌。海陆丰第三次武装起义胜利后，林道文率工农革命军县团队和海丰东南各区农军围攻据守捷胜的国民党地方武装，在红二师配合下，于11月19日攻下这个反动军队盘踞的最后据点。之后林道文被省委调往惠阳，任县委常委。不久，林道文调任潮阳县委书记，后任潮梅特委书记。

1928年6月，林道文任新东江特委常委。1929年初，团特委书记陈回以团特委名义召开党、团特委委员联席会，成立临时特委，林道文被推任代书记。然后转移至揭阳、丰顺边境，领导了震动潮梅的丰顺"四七"暴动。当年夏，林道文调省委任职。

1930年8月，林道文任省委常委、宣传部部长，兼农委副书记。同月中共中央成立南方局，林道文为常委兼宣传部部长，仍兼省委职务。

1931年1月，林道文前往香港。1931年1月14日，南方局、省委和其他机关受破坏，林道文等被捕，不久被押回广州，同年夏在黄花岗遇害，时年27岁。

陈舜仪

陈舜仪（1903—1931），1903年出生于海丰县城下围陈的小商人家庭。自幼过继给守寡的三婶母，靠婶母做针线活和生父接济，勉强维持生活和上学。

陈舜仪

1921年在县立第一高小毕业后进入陆安师范学校读书，毕业后留校任职员。

1923年10月，陈舜仪同林道文、陈佐邦等学生组织新生社。1924年主编《新生》半月刊，文章多抨击时政。

1925年2月，东征军克复海丰后，新生社改称新学生社，陈舜仪任常务理事，同时任海丰总工会筹备处执行委员、宣传主任。同年10月加入中国共产党，历任小组长、支部书记、区委书记，继续从事工会工作。

1927年海陆丰三次武装起义期间，陈舜仪任农军中队长。第一次起义后任海丰县临时革命政府委员，第二次起义后任海丰县临时革命政府主席团委员。退守山区时曾前往陆丰迎接南昌起义军，并于10月9日带抵东江特委驻地海丰朝面山。同年11月，陈舜仪当选为海丰县委首任书记。

1927年11月8日，陈舜仪任海丰县第一次工农兵代表大会主席团委员，并以全票当选为海丰县苏维埃政府委员。

1928年1月下旬，海丰在准堤阁召开第二次党代会，省委派员指导，改选县委委员。新县委实行常委制，不设书记。陈舜仪当选县委委员，任县委秘书长。随后举行县第二次工农兵代表大会，改县苏维埃政府为县苏维埃人民委员会，陈舜仪仍任人民委员会主席团委员。

1928年3月1日，海丰县城被敌军攻陷后，东江特委迁惠来，陈舜仪主持县委日常工作。同年10月，海丰地区同东江特委失去联系，陈舜仪被推为书记。报告省委后，省委同意成立海陆紫特委，后扩大改称为海陆惠紫特委、惠属特委，陈舜仪一直任特委书记。

1930年5月，成立东江苏维埃政府，陈舜仪当选为执行委员。6月，成立东江苏维埃惠州十属特别委员会，陈舜仪当选为委员。8月，陈舜仪调任省委候补常委，任农委书记和组织部副部长。同月中央成立南方局后，陈舜仪初为委员，后任常委、组织部部长。当年9月，中共六届三中全会决定广东东江地区和闽西、赣南合建闽粤赣苏区，陈舜仪于10月中旬往闽西，同项英等筹建闽粤赣区苏维埃政府，完成任务后到香港。

1931年1月，在香港的中共中央南方局和省委机关因叛徒告密受破坏，陈舜仪与夫人周淑琴被捕。后被引渡到广州，遭受严刑拷打，不久夫妇先后壮烈牺牲，陈舜仪年仅28岁。

李国珍

李国珍（1902—1931），又名谷珍，海丰县城南湖人。1921年夏，参加彭湃"社会主义研究社"的活动，并在《新海丰》上发表《我的人生观》《可怜的女儿》《悼陈复》等作品。1924年参与出版陈舜仪主办的《新生》半月刊。1925年，参加迎接东征军和组织农民自卫军的工作，同年加入中国共产党。先后担任中共海丰地委宣传部部长、《陆安日刊》（后改为《海丰日报》）和《工农周刊》主编、新学生社海丰分社负责人、海丰农民运动讲习所教员和农民自卫军教练、中共海丰县委书记等职务。

在此期间他为党起草文件，为报刊写文章，到各种集会发表演说，亲自编排《醒国魂》《红娘诉苦》等粤曲。曾在《陆安日刊》上发表过许多署名专论和《一个车夫的自白》《分赃与分忙》《"五一"感言》等小说和杂文。为了党组织和革命队伍建设的需要，李国珍执行地委指示首先公开共产党员的身份，在11月7日俄国十月革命八周年的大会上，代表中国共产党组织发表演说，宣传党在当时的政治主张和实现共产主义

李国珍

的远大目标，表示欢迎先进分子加入无产阶级的先锋队——共产党。此后，在与组织部部长郑志云紧密配合下，使党员队伍有了较大的发展。仅海丰一县，从第二次东征到1926年冬，党员人数就达到700多人。

第二次东征后，彭湃主要在广州和汕头、梅县等地开展工作，海陆丰地委实际上由郑志云和李国珍主持。1926年李国珍主持举办党员干部训练班，并主讲社会发展史和共产主义等马克思主义基本理论。大革命失败后，李国珍参加南昌起义，在革命委员会保卫局担任警卫科科长，从南昌到潮汕的转战中，负责保卫领导机关的安全。

起义军到达潮汕地区后，9月23日攻入潮州城，李国珍被任命为潮安县公安局局长。与原在潮安做秘密工作的县委书记林务农取得联系，开展清查反革命的工作。后在枫溪车站指挥反击战斗中负伤，在群众掩护下辗转去日本治伤。

1928年，李国珍乘船经上海、厦门回国，并通过黄鼎臣和恽代英取得了联系。1929年初，中央派陶铸到福建工作时，同李国珍取得联系。从此，李国珍在福建省委的直接领导下投入到党的秘密工作和公开的教育活动中。

1930年初，福建省委派李国珍到漳州任石溪中学校长，设立秘密工作点。同年2月25日，李国珍在福建省第二次党代会上被选为中共福建省委委员，后转移至厦门郊区云梯中学以教员为掩护，担任福建省委宣传部部长。参与组织厦门劫狱暴动。

由于叛徒告密，1931年3月25日，李国珍和省委组织部部长兼秘书长杨实、厦门市委常委郑裕德等八位同志被捕。当时，李国珍化名李仁发，在严刑与利诱兼施的审讯中，与敌人进行斗争，英勇牺牲。

林铁史

林铁史

林铁史（1898—1928），又名林修家，海丰县城鲤趋埔人。1921年暑假，回海丰参加彭湃创办的"社会主义研究社"，开始接受马列主义。10月，赴日本早稻田大学留学，在校期间，加入中国社会主义青年团，被选为中国留日学生东京团支部书记。1924年回国。

1925年4月，加入中国共产党。不久，根据党组织安排，担任海丰县教育局局长。1926年，在海丰中学增设高中程度的"社会科学专修班"，开设马克思主义理论课，为海陆丰培养一批革命人才。1927年4—10月，参加海陆丰三次武装起义，当选为海丰临时革命政府委员。同年11月16日，担任陆丰县苏维埃政府执行委员兼秘书长，主持苏维埃政府的日常工作。

1928年2月，国民党集中军队进攻海陆丰根据地，担任中共陆丰县委西北特委负责人。4月12日，县委主要领导人牺牲。5月10日，他和西北特委领导人举行会议，成立中共陆丰临时县委，他担任县委常委、临时书记。6月28日，正式成立县委，他任县委常委兼军委主任，负责全县军事斗争。1928年7月6日，到碣石一带传达中共东江特委组织夏收暴动的工作指示时被捕。7月11日，被敌人杀害。

郑志云

郑志云（1901—1928），幼名谭革，1901年10月16日生于海丰县城郊河壁后苦力家庭。1918年考入海丰中学。1919年五四运动浪潮波及海丰，郑志云和陈魁亚、林甦等发动学生组织海丰学生联合会，收到彭湃从日本寄回的长信和"毋忘国耻"四字血书，激动之余郑志云将之张贴在学校揭示榜，以激发学生的爱国热

郑志云

情。同时组织学生下乡宣传，抵制日货，使"日本劣货、同胞勿买"的口号深入人心。

1921年7月，郑志云参加彭湃组织的"社会主义研究社"，积极学习马克思主义。同年9月在彭湃支持下，以海丰学生联合会的名义创办《新海丰》杂志。1922年5月，郑志云加入中国社会主义青年团，投入彭湃开创的海陆丰农民运动。1923年海丰县总农会遭反动派镇压，彭湃外出营救难友，后赴广州工作。郑志云和彭汉垣、陈修、杨其珊等在海丰以"十人团"的形式，秘密领导农会斗争。1924年秋，郑志云赴广州转为共产党员。

1925年2月建国粤军东征克复海丰后，郑志云参与中国共产党海丰支部的创建，支部后来扩大为海陆丰地委。1927年4月，上海、广东等地发生反革命政变后，郑志云参与领导海丰三次武装起义。彭湃率红四师向潮普惠进军时，郑志云任东江特委

书记。1928年3月，敌军来犯，郑志云领导海丰、陆丰两县保卫海陆丰，两县城失守后，领导反攻公平、汕尾等地不克。当年6月，东江特委和潮梅特委合并，郑志云任东江特委委员，和彭湃一同在大南山坚持反"围剿"战争。1928年9月被敌军围捕，9月27日在惠来县城壮烈牺牲。

林甦

林甦

林甦（1894—1933），1894年出生于海丰县城郊桥东社的一个工商业家庭。1921年，出任海丰第八小学校长。不久，他辞去校长职务，参加彭湃领导的农民运动，为农会最早的领导人之一。1923年，广东省农会成立，林甦当选为执行委员并任组织部部长、宣传部部长等重要职务。

1925年，东征胜利，在党的领导下，农会恢复组织，并且建立农民自卫军，林甦任农民自卫军政治指导员兼县农会组织部主任。

1928年，革命失败后，他代表县委会到五区湖田洞部署第三次反攻汕尾计划，并在山区参加策划暴动。不久，被调到大南山革命根据地工作，经常接触贫雇农，爱护贫雇农，因而被农民称为"雇农"。1930年，赴上海参加党中央召开的各省主要干部会议；1932年，回大南山苏区工作。

1933年秋，和中央东江特委书记徐国声拟赴江西瑞金参加全国苏维埃第二次代表会议时，奉命护送彭士禄（彭湃遗孤）去瑞金，路经丰顺县留隍金沙乡渡口，在船上被敌人所捕获，在梅县壮烈牺牲。

赵自选

赵自选（1901—1928），湖南浏阳人，出生于贫苦农民家庭。1919年考入长沙县立师范学校，积极参加响应北京五四运动的爱国运动，被选为校学生自治会负责人。

赵自选

1922年，赵自选加入中国社会主义青年团，1923年7月毕业后，回乡任小学教员，后因帮助农民状告劣绅被辞退，再次到长沙，同年12月被选为青年团湖南区委候补委员。

1924年春，赵自选加入中国共产党，做地下交通工作；同年夏被中共湖南区委推荐考入广州黄埔军校第一期。11月毕业后，奉命参与组建大元帅府直属铁甲车队，任军事教官，曾随队赴广宁县支援农民运动。1925年2月带队攻打地主民团占据的茶坪岗获胜。不久调任广州国民政府航空局飞机掩护队党代表。

省港大罢工爆发后，被派到省港罢工委员会工人纠察队，任第一大队教练，率队封锁香港出入船只，有力地保证了罢工斗争的进行。10月初随国民革命军第二次东征，担任东江地区海陆丰农民自卫军总指挥，率农民武装参加平定军阀陈炯明的叛乱。

1926年6月，被党组织选派到毛泽东主持的第六期广州农民运动讲习所，任军事训练总队长。他严格训练，以身作则，重视作风培养，曾带领学员到海陆丰农村进行调查，使这期学员军事素质有明显提高。学员结业后，他被派到海丰县任广东省农民训练所主任。

1926年底，赵自选被调回广州，任广东省农民协会农民自卫军部部长兼军事总教官，对培养广东及全国农民运动骨干、为发展和训练广东农民自卫军做出了贡献。

1927年，广州"四一五"反革命政变后，他留在广州附近农村，秘密组织农民武装；第一次大革命失败后，任中共中央南方局军事委员会委员，同年12月11日指挥郊区农民自卫军参加广州起义，成立广州苏维埃政府，任人民土地委员。

广州起义失败后，于1928年初转至北江英德地区，指导农民武装斗争。不久转去海陆丰地区，参与指挥割据东江的武装斗争和进行土地革命；4月13日，在香港出席广东省委扩大会议，被选为中共广东省委委员，任东江军事特派员。不久返回海陆丰地区，参与领导准备发动海丰农民暴动；5月3日，参与指挥工农革命军第四师，配合农民暴动攻占海丰县城；在敌军反扑时，他为掩护部队撤退，不幸中弹牺牲。

叶子新

叶子新

叶子新（1870—1931），乳名集兼，梅陇上墩尾村人，父亲是前清秀才。叶子新38岁时入海丰速成师范深造，次年毕业，享受宗族廪生待遇，每年领钦赡儒公尝谷40担。胸怀豁达，急公好义，同情疾苦，深受农民敬爱。

叶子新和彭湃是忘年之交。1922年，彭湃开展农民运动，特地到上墩尾找叶子新，商谈开展梅陇农运工作。二人决定先从穷困山区的农民入手，联络杨其珊、高子超、胡汉南等，串联组织。不久，银溪约农会成立。1923年，海丰县总农会成立后，叶子新以本村为突破口，先吸收叶集朗入会，串联几位农民成立农会小组，再向外姓发展会员，成立上墩尾乡农会。在成立大会上，做关于成立农会的意义、要求、目的的演讲，同时宣布将自己享受的赡儒租送给学校，资助贫苦子弟入学，受到会员赞赏，也给外乡农民带来很好的影响。

1923年，海丰连续遭受台风、洪涝灾害，彭湃领导农会进行救灾活动。叶子新在梅陇区组织会员，决定只向地主交三成租。农历七月初五日，梅陇归丰地主豪绅组织"粮业维持分会"与农会对抗。海丰县总农会做出决定，若会员田地被地主收回，每斗种田由农会补助大洋三元，或由农会择地给会员开荒。通过斗争，归丰地主怕损失太大，只得答应收三成租。

减租胜利，农民积极性提高，叶子新又领导农会兴修水利。1924年春，按照彭湃、郑志云以"十人团"的形式开展农会工作的指示，和彭元岳、黄悦成等秘密组织梅陇地区农民党（俗称"十人团"）。

1925年4月，东征胜利后，第三区农会成立，任执行委员长。同年5月9日，海丰县农民协会举行全县代表会议，当选为县农会执行委员。

1926年4月，与杨其珊等代表海丰县农民协会出席广东省第二次农民代表大会。同年8月，在海丰县第二次代表大会上作了传达报告，再次当选为县农会执行委员。

1927年，参加海陆丰武装起义，胜利后，任三区党委书记。

1928年3月，率"苏区"同区委退守山区。年近六旬的叶子新在崇山峻岭中奔波，身体日渐虚弱，有一次遇见老虎，跌伤。在敌军进攻时，由堂侄叶突背着他转移。在县区的安排下，由侄儿叶俊秘密护送他到香港医治，隐居在小岛澎屿，生活十分艰苦。后因国民党政府勾结港英当局，搜捕革命人员，在香港难以立足，被迫逃往马来西亚，生活稍为安定。1931年，马来西亚当局查缉地下党人，叶子新和侄儿重返香港，仍隐居澎屿。是年秋，身体好转，即催促叶俊回东江革命根据地。不久，叶子新旧病复发，贫病交加，不幸逝世，终年61岁。香港地下党人在料理他的后事时，在他身上发现一张字条，上面写着"鞠躬尽瘁、死而后已"八个字。新中国成立后，叶子新被评为烈士。

......

在共和国的天幕上，无数革命志士的名字灿若繁星。"敢为天下先"的精神，在革命斗争史上闪烁着耀眼光芒。

海丰革命烈士英名录（排名不分先后）

安行	蔡翠德	蔡检	蔡木可
安华脑	蔡发	蔡锦辉	蔡乃日
安华秋	蔡佛燕	蔡敬群	蔡闹
安浪油	蔡估	蔡镜	蔡娘吉
安李妹	蔡贵香	蔡俊	蔡娘攀
安妈钉	蔡桂贤	蔡肯定	蔡娘钦
安木魁	蔡国昌	蔡肯宜	蔡娘胜
熬三	蔡汉金	蔡练	蔡娘顺
布平生	蔡和枢（可塘）	蔡良岳	蔡普
蔡炳昌	蔡和枢（城区）	蔡烈	蔡钦
蔡炳助	蔡候	蔡陆	蔡琼瑶
蔡潮周	蔡火敬	蔡妈绘	蔡曲
蔡呈金	蔡纪按	蔡妈立	蔡仁端
蔡赤农	蔡纪德	蔡美盛	蔡仁宽
蔡崇	蔡家俊	蔡明周	蔡任青

蔡如兴	蔡毓旬	陈保禄	陈道耀
蔡森	蔡毓瑶	陈冰（陶河）	陈得
蔡少参	蔡远泉	陈冰（海城）	陈德（平东）
蔡声	蔡岳	陈炳（公平）	陈德（黄羌）
蔡寿明	蔡再顺	陈炳（梅陇）	陈德灵
蔡梳	蔡灶妹	陈炳森	陈德庆
蔡素屏	蔡泽清	陈炳炎	陈德确
蔡潭恩	蔡占养	陈伯虎	陈德禹
蔡潭良	蔡长和	陈伯继	陈帝金
蔡潭清	蔡兆棠	陈昌成	陈鼎华
蔡潭顺	蔡钟氏	陈朝币	陈鼎铭
蔡潭治	蔡珠祥	陈朝波	陈定变
蔡桃	蔡祝循	陈朝回	陈定坤
蔡桶生	曹佛娇	陈朝巧	陈段
蔡旺	曹华	陈潮	陈兑
蔡维州	曹金满	陈潮洲	陈恩
蔡位忠	曹木恩	陈成潘	陈恩林
蔡文应	曹木生	陈城钦	陈耳钓
蔡文庄	曹木旺	陈城旺	陈耳钓
蔡湘	曹三	陈城州	陈二九
蔡信	曹守廉	陈持坤	陈二妹
蔡秀屏	陈敖	陈楚	陈藩
蔡业招	陈把	陈楚云	陈芳
蔡忆子	陈帮光	陈春妹	陈奋棠
蔡奕章	陈宝贤（海城）	陈大照	陈冯孙
蔡友金	陈宝贤（城东）	陈淡	陈凤
蔡毓坊	陈保	陈道普	陈佛良

陈福	陈红九	陈九（公平）	陈茂
陈福带	陈红烈	陈九（赤石）	陈美立
陈福来	陈洪九	陈凯南	陈美施
陈高	陈鸿志	陈魁亚	陈美威
陈高辉	陈华銮	陈坤	陈名就
陈观德	陈华胜	陈来窗	陈明兰
陈冠忠	陈皇	陈来宽	陈木
陈光兰	陈辉	陈乐富	陈木安
陈光夏	陈惠南	陈联福	陈木娇
陈光珠	陈集雄	陈俩	陈木生
陈广赐	陈记月	陈林	陈木水
陈贵义	陈济时	陈林送	陈乃碧
陈贵珍	陈继增	陈林秀	陈乃华
陈桂和	陈继周	陈鲁洲	陈乃火
陈桂英（海城）	陈家临	陈陆	陈乃娇
陈桂英（梅陇）	陈坚云	陈妈才	陈乃欧
陈桂营	陈建	陈妈传	陈乃添
陈桂珍	陈江添	陈妈得	陈娘碑
陈国良	陈觉命	陈妈水	陈娘分
陈国庆	陈捷秋	陈妈送	陈娘火
陈海梅	陈金强（田墘）	陈妈想	陈娘金
陈韩	陈金强（东冲）	陈妈雪	陈娘镜
陈汉才	陈金清	陈妈营	陈娘仁
陈汉卿	陈锦波	陈妈员	陈娘氏
陈汉舜	陈锦潮	陈马传	陈娘岁
陈毫仪	陈谨	陈满（公平）	陈娘孙
陈鹤明	陈敬仲	陈满（东冲）	陈娘招

陈娘震	陈容进	陈水金（赤石）	陈潭利
陈潘	陈如	陈水金（联安）	陈潭柳
陈培财	陈如林	陈水兰	陈潭銮
陈贫珍	陈如娱	陈水丕	陈潭木
陈平郎	陈赛炎	陈水文	陈潭入
陈萍	陈赛英	陈水星	陈潭森
陈羌	陈三九	陈水秀	陈潭香
陈强	陈森	陈顺盼	陈潭燕
陈锯	陈尚	陈舜仪	陈潭元
陈勤	陈尚武	陈四郡	陈潭莊
陈庆	陈绍康	陈泗	陈土英
陈庆流	陈绍兴	陈松	陈团
陈庆扬	陈申	陈松喜	陈望
陈庆玉	陈胜	陈松许	陈威
陈琼（海城）	陈胜选	陈送	陈维精
陈琼（附城）	陈士农	陈潭宝	陈伟（海城）
陈秋	陈世九	陈潭彬	陈伟（梅陇）
陈权	陈世奎	陈潭炳	陈伟（马宫）
陈泉富	陈世岭	陈潭潮	陈伟南
陈犬	陈世涂	陈潭德	陈卫东
陈任（赤石）	陈世有	陈潭恩	陈文
陈任（黄林）	陈世早	陈潭桂（新桥）	陈文娇
陈日火	陈仕杰（海城）	陈潭桂（城西）	陈伍南
陈荣标	陈仕杰（城东）	陈潭娇（海城）	陈务
陈荣恩	陈寿易	陈潭娇（公平）	陈务根
陈荣龙	陈树林	陈潭九	陈锡流
陈容	陈水福	陈潭离	陈细宗

陈先（黄羌）	陈英贤	陈治伍	戴传
陈先（黄林）	陈永	陈智晃	戴大炳
陈贤干	陈泳	陈智见	戴帝招
陈贤幹	陈友贤	陈智金	戴佛林
陈贤若	陈佑帮	陈仲	戴观秀
陈显丕	陈宇任	陈州早	戴观远
陈香	陈育	陈朱氏	戴火照
陈晓	陈远群	陈主民	戴家琛
陈晓东	陈月琴（海城）	陈庄玉	戴杰
陈晓光	陈月琴（红草）	陈壮可	戴俊
陈孝则（联安）	陈月容	陈壮稳	戴坤
陈孝则（梅农）	陈岳	陈壮悦（联西）	戴李送
陈孝镇	陈云	陈壮悦（青年）	戴立丁
陈谢氏	陈云庆	陈子岐	戴连河
陈新	陈允才	成仁潘	戴连喜
陈兴	陈允厘	程碧	戴林
陈修	陈允英	程娘昌	戴粦
陈秀梯	陈长齐	程胜	戴满
陈秀枝	陈招弟	戴安	戴妹
陈迓	陈照（海城）	戴炳	戴明凤
陈业卢	陈照（联安）	戴炳妹	戴明凤
陈叶氏	陈贞	戴炳仁	戴木娇
陈一平	陈真	戴炳珠	戴木清
陈义学	陈振生	戴朝怡	戴娘福
陈意	陈振韬	戴呈先	戴娘桂
陈印	陈振骉	戴城	戴娘妹
陈英调	陈志仁	戴赤	戴娘佑

戴其	栋秀芳	方连顺	甘宏业
戴庆	杜观养	方妈潭	甘潭枝
戴泉	杜华新	方攀	甘文顺
戴仁昌	杜胜	方顺	甘秀锦
戴仕林	杜喜	方潭来	高崇喜
戴舜	范炳	方添福	高定
戴松庚	范凤昌	方围	高二妹
戴诵	范吉昌	方奕	高海荣
戴潭胜	范家老	方再圩	高海山
戴潭水	范妈差	冯炳强	高豪
戴潭英	范妈带	冯炳三	高华妹
戴添	范妈实	冯带	高集芳
戴添顺	范乃林	冯佛成	高金德
戴细妹	范娘坚	冯锦容	高金旺（城西）
戴先	范日标	冯容力	高金旺（梅陇）
戴显照	范氏（鲘门）	冯庭昌	高锦昌
戴香	范氏（黄林）	冯庭芳	高君深
戴永良	范添	冯庭胃	高君提
邓城海	范亚福	冯文	高隆
邓聪（田四）	范亚林	冯意	高陆
邓聪（田三）	范尧	冯周富	高木梁
邓水金	范增	冯梓其	高乃宜
邓潭容（海城）	方变	付客发	高三福
邓潭容（红草）	方堵	傅容发	高三妹
邓英隋	方服	甘帝送	高少杰
邓玉枝	方金水	甘国潘	高摔宜
董肇宜	方坎	甘汉洲	高水松

高舜华	古鉴芝	韩明	何玉芳
高四迣	古娘带	韩顺	洪本祝
高覃升	古覃喜	韩松泅	洪带妹
高覃致	古玉	何城炉	洪佛枝
高潭福	顾伦扑	何丹成	洪林火
高伟	关妈送	何方	洪林氏
高细九	郭保	何扶	洪墙
高宜	郭得贰	何福生	洪庆史
高永	郭佛	何干光	洪庆心
高永祥	郭佛平（公平）	何火数	洪容金
高玉	郭佛平（赤坑）	何火照	洪三合
高梓宜	郭革印	何加	洪三洽
高宗芳	郭花	何康民	洪尚
高宗界	郭华钦	何冷	洪潭拿
高宗开	郭继隆	何里吉	洪文构
高宗隆	郭景寿	何粦芳（红草）	洪向随
高宗梅	郭实义	何粦芳（海城）	洪鑫
高宗拿	郭顺	何念采	洪吟
高宗钱	郭潭来	何念光	洪育智
高宗盛	郭潭武	何契英	洪裕能
高宗树	郭伟	何乾光	洪政吉
高宗喜	郭野	何权	胡村放
古钗	郭爪（可塘）	何位苞	胡达
古富	郭爪（城区）	何醒农	胡多年
古鸿江（石南）	韩儿	何秀利	胡桂英（海城）
古鸿江（梅陇）	韩建	何尧	胡桂英（可塘）
古鸿山	韩捷	何耀	胡滚

胡后儒	黄财	黄冠见	黄建单
胡华炎	黄彩	黄冠真	黄嗟
胡加	黄彩彬	黄光汉	黄杰
胡金仲	黄差	黄贵孙	黄杰生
胡锦扬	黄德	黄滚	黄金和
胡俊儒	黄帝坤	黄国强	黄金洋
胡林放	黄帝水	黄果（梅陇）	黄锦城
胡露	黄丁来	黄果（鲘门）	黄锦俊
胡妈杠	黄丁洲	黄海	黄进
胡梅	黄鼎凤	黄汉芹	黄进来
胡乃福	黄娥	黄汉生	黄景炎
胡如切	黄二	黄合梅	黄镜东
胡氏（联安）	黄二妹	黄华如	黄卷
胡氏（南垭）	黄番九	黄华英	黄俊
胡信女	黄粉妹	黄火	黄俊义
户大妹	黄佛陈	黄火林	黄坎
黄爱梅	黄佛妹	黄火粦	黄克浪
黄保	黄佛深	黄火生	黄克诉
黄本海	黄佛藤	黄火顺	黄宽
黄毕炎	黄符	黄火煌	黄坤
黄秉光	黄福耀	黄火秀	黄来寿
黄炳	黄复	黄火逐	黄来喜
黄炳生（城东）	黄富	黄吉庆	黄来兴
黄炳生（公平）	黄葛民	黄家琛	黄兰
黄拨伍	黄构	黄家驹	黄咾
黄波	黄观娘（城东）	黄甲乙	黄乐
黄伯驹	黄观娘（公平）	黄监文	黄雷义（海城）

黄雷义（红草）	黄妈钗	黄南助	黄群渐
黄礼党	黄妈德	黄娘宝	黄群振
黄礼告	黄妈阶	黄娘东	黄群转
黄礼俞	黄妈就	黄娘恩	黄让金
黄礼庆	黄妈康	黄娘汉（城东）	黄仁堆
黄礼壬	黄妈粦	黄娘汉（公平）	黄仁猛
黄礼声	黄妈炉	黄娘集	黄任
黄礼祥	黄妈啟	黄娘金	黄荣
黄李娘	黄妈泉	黄娘镜	黄荣庭
黄立	黄妈如	黄娘稳	黄如炉
黄连	黄妈岁	黄娘佑（平东）	黄三
黄连潮	黄妈田	黄娘佑（黄羌）	黄三妹（西兴）
黄良成	黄妈调	黄娘赠	黄三妹（东风）
黄良楚	黄妈旭	黄娘枝	黄绍义（松洲）
黄良高	黄妈招	黄攀	黄绍义（辰州）
黄良购	黄麻双	黄判	黄绍义（海城）
黄林氏（鲘门）	黄茂斗	黄平	黄生旦
黄林氏（联安）	黄茂详	黄其	黄生煜
黄林松	黄美英	黄起恒	黄生何
黄林锡	黄明	黄扦储	黄生判
黄林兴	黄木桂	黄清云	黄声
黄粦	黄木胜（海城）	黄情	黄胜
黄龙古	黄木胜（公平）	黄庆浩	黄拾妹
黄伦	黄木佑	黄庆燕	黄拾壹
黄妈按	黄乃宝	黄琼	黄氏
黄妈抱	黄乃层	黄琼宜	黄世碧
黄妈被	黄乃回	黄球藤	黄世水

黄淑明	黄藤	黄鑫（友爱）	黄怎拖
黄熟	黄天发	黄鑫（埕头）	黄招妹
黄水宝	黄天思	黄兴干	黄照
黄水庚	黄添福	黄学存	黄正华
黄水镜	黄田心	黄学诗	黄正教
黄水清	黄桶华	黄亚恩（城东）	黄正赎
黄顺	黄土娘	黄亚恩（公平）	黄智
黄顺才	黄万中	黄亚桂	黄智春
黄顺华	黄王东	黄炎	黄智双
黄四妹	黄为国	黄瑶英	黄戆
黄泗德	黄文	黄耀宗	黄卓盛
黄覃木	黄文英	黄宜	黄子琴
黄覃喜	黄伍	黄义（海城）	黄梓
黄潭财	黄伍贵	黄义（梅陇）	黄宗
黄潭琛	黄惜	黄义凯	简水有
黄潭斗	黄锡禄	黄义珊	简志娘
黄潭顾	黄细妹	黄镒	江大妹
黄潭贵	黄仙差	黄英	江淡
黄潭进	黄显群	黄永伦	江佛照
黄潭经	黄显照	黄友	江福
黄潭来	黄详	黄有良	江国新（海城）
黄潭桑	黄晓廷	黄禹云	江国新（红草）
黄潭善	黄晓元	黄玉香	江来盛
黄潭水	黄协民	黄玉煜	江咾
黄潭英	黄新元（石山）	黄园	江娘发
黄潭宗	黄新元（松林）	黄悦成	江娘炎
黄桃	黄鑫（公平）	黄再	江清

江若美 ,	赖大妹	赖志乾	黎起梅
江色	赖发	赖子光（黄羌）	黎权
江少琴	赖贵邓	赖子光（公平）	黎深
江世廉	赖贵桥	蓝爱珍	黎水河
江潭德	赖黑	蓝翠屏	黎水谨
江添福	赖纪昌	蓝觉材	黎潭安
江淹	赖稼	蓝六妹	黎潭宝
江忠直（梅陇）	赖镰	蓝秀（海城）	黎潭会
江忠直（鲘门）	赖明江	蓝秀（赤石）	黎潭娇
江钟锦	赖木林	蓝训材	黎潭木
蒋妈得	赖娘娇	黎碧枝	黎潭旭
蒋容娣	赖娘其	黎壁	黎潭英
解德梅	赖契生	黎标	黎田宝
金水宝	赖三妹	黎凤祥	黎歪
柯充合	赖四虾	黎干（黄羌）	黎秀玉
柯德钦	赖潭廉	黎干（红海湾）	黎雪亮
柯河清（海城）	赖潭荣	黎根	黎永祥
柯河清（附城）	赖潭生	黎贵健	黎友容
柯坎	赖潭顺	黎贵兰	黎玉
柯克洲	赖土清	黎贵烈	黎远英
柯木福	赖文标	黎桂山	黎周华
柯亭	赖文杨	黎桂时	李变
柯同长	赖侠	黎华俊	李炳枢
柯瑶英	赖秀兰	黎昏祥	李波
柯泽民	赖月婵	黎景云	李昌
邝妈语	赖灶淡	黎利	李初彻
赖城连	赖长兴	黎乃妹	李大深

李淡	李林奥	李荣城	李潭兴
李德	李林宝	李如华	李潭枝
李德火	李林焕	李少迁	李潭钟
李丰良	李林兴	李少英	李潭珠
李冯宝	李六汝	李生	李天香
李佛昌	李妈朝	李胜	李天杏
李浮	李妈孙	李氏（赤石）	李添意
李福	李妈意	李氏（联安）	李条
李庚	李满	李氏（可塘）	李通
李光	李慢	李世流	李投
李光明	李孟	李守盾	李土松
李贵顺	李民	李守职	李万和
李桂兴	李明彩	李宋	李伟卿
李国珍	李莫氏（梅陇）	李覃壮	李文杏
李惠端	李莫氏（梅陇）	李潭	李吴氏
李火昌	李乃加	李潭层	李熙
李火来	李乃色	李潭发	李孝凯
李吉清	李娘镜	李潭福	李新
李尖	李娘南	李潭吉	李讦
李健	李娘任	李潭金	李叶英
李锦平	李培新	李潭乐	李亿
李进财	李契桂	李潭茂	李营九
李坤	李钦	李潭妹	李应（海城）
李阔	李庆阶	李潭平	李应（梅陇）
李来丑	李庆满	李潭顺	李有
李劳工	李仁城	李潭喜（附城）	李玉杏
李连吉	李稔	李潭喜（城东）	李元吉

李缘	梁看	廖木革	林初喜
李月表	梁良岳	廖伕在	林川
李长来	梁妈卡	林冇	林达兴
李振南	梁妈鲁	林矮	林代炳
李镇	梁妈想	林帮汀	林带娣
李智春	梁妈以	林包	林旦
李智福	梁绵伯	林倍	林道文
李智金	梁乃桑	林比	林得明
李智连	梁琼昌	林碧连	林德成
李智胜	梁球昌	林宾	林德奇
李钟泗	梁昇昌	林彬（梅陇）	林德隐
李钟炎	梁水光	林彬（联安）	林斗发
梁秉刚	梁水深	林并	林端扬
梁伯仁（东冲）	梁覃叹	林伯华	林吨
梁伯仁（惠阳）	梁王	林财（梅陇）	林娥
梁伯如	梁尾	林财（赤坑）	林恩
梁城昌	梁消昌	林彩能	林二妹
梁川其	梁炎卿（湖田）	林钗	林发
梁德	梁炎卿（东冲）	林朝	林番
梁凤	梁永禧	林朝莲	林芳史
梁佛送	梁泽（东联）	林朝容	林沸泗
梁庚	梁泽（城区）	林朝洗	林风享
梁国英	梁志超	林朝宗	林冯氏
梁汉卿	廖洪文	林潮洲	林佛粦
梁活	廖华庆	林成珠	林佛泗
梁兼	廖火顺	林城进	林福建
梁锦文	廖进喜	林城炎	林干华

林光户	林敬（红草）	林妈积	林乃佑
林光荣	林居莲	林妈匠	林南
林国合	林君杰	林妈梅	林娘顾
林国来	林俊杰	林妈荣（赤花）	林娘溜
林国填	林凯	林妈荣（茅湖）	林娘生
林国英（海城）	林可宣	林妈送	林娘盛
林国英（梅陇）	林克志	林妈训	林娘镇
林海秋	林孔粦	林妈怡	林怒
林汉（梅陇）	林坤荣	林妈祐	林丕
林汉（捷胜）	林坤照	林妈枝（附城）	林骈
林汉声	林来	林妈枝（梅陇）	林七
林洪	林兰	林妈宗	林倩
林洪喜	林咾	林卯	林切
林鸿茂	林漓	林茂高	林钦
林鸿杨	林礼通	林妹九	林勤
林焕章	林礼万	林铭文	林清海
林极瑞	林礼业	林谋（红草）	林情古
林纪东	林连生	林谋（田墘）	林庆成
林甲参	林烈	林木钗	林庆家
林建文	林玲	林木进	林庆如
林剑锋	林铃	林木娘	林琼
林焦义	林鲁	林木兴	林仁泗
林金水	林绿高	林乃河	林荣
林锦	林妈策	林乃火（海城）	林锐
林锦佗	林妈带	林乃火（附城）	林色裕
林近	林妈德	林乃蓬	林少琼
林敬（公平）	林妈渡	林乃淑	林绍电

林绍文	林甦	林文加	林友慈
林设	林素慧	林文盘	林俞
林胜玉（城区）	林覃极	林文桃	林岳
林胜玉（红草）	林覃镜	林文长	林跃愈
林氏（梅陇）	林覃胜	林细（赤坑）	林粤
林氏（海城）	林潭坝	林细（可塘）	林云官
林世盼	林潭富	林夏航	林珍
林世语（捷胜）	林潭宫	林显	林振宜
林世语（海城）	林潭吉	林香	林芝庭
林世志（捷胜）	林潭井	林香兰	林枝（海城）
林世志（海城）	林潭良	林谢氏	林枝（公平）
林仕轩	林潭马	林新家	林志美
林守灿	林潭叟	林信	林智发
林守沛	林潭文	林醒群	林仲卫
林树成	林潭问	林兴	林仲岳
林树定	林潭徐	林淹稳	林周绵
林树武	林潭选	林炎风	林竹
林双华	林滔	林衍沛	林主政
林水	林添元	林阳青	林卓熊
林水隆	林添治	林养	林子平
林水荫	林铁史	林耀彩	林作南
林顺万	林通	林怡文	刘保弟
林舜	林通径	林忆	刘炳
林舜来	林土桂	林意声	刘波
林思	林土吉	林荫	刘层
林松根	林为	林印	刘昌荣
林松美	林为向	林泳	刘昌友

刘陈仁	刘焕离	刘妈抱	刘娘送
刘春（黄林）	刘黄氏	刘妈得	刘娘右（陶河）
刘春（平东）	刘辉	刘妈和	刘娘右（田塅）
刘慈职	刘火恩	刘妈金	刘娘珍
刘萃英（海城）	刘火清	刘妈林	刘农
刘萃英（梅陇）	刘火顺	刘妈坡	刘刨
刘翠英	刘纪泽	刘妈泗	刘仁济
刘道安	刘家板	刘妈问	刘荣（鮨门）
刘道和	刘家聚	刘妈枝	刘荣（黄林）
刘道活	刘家石	刘马秉	刘荣茂
刘德怡	刘甲乙	刘玫	刘如幹
刘德彝	刘坚	刘梅	刘如山
刘丁安	刘俭	刘明德	刘赛华
刘多	刘建	刘木	刘三妹
刘发兰	刘介	刘木差	刘深
刘法	刘金水	刘木九	刘生
刘法枝	刘锦材	刘木群	刘氏（城东）
刘芳九	刘锦财	刘木顺	刘氏（红草）
刘房	刘经城	刘木枝	刘树
刘佛桂	刘克礼	刘乃池	刘树声
刘佛全	刘葵	刘乃明	刘水候
刘福尧	刘坤	刘乃盛	刘水来
刘高	刘兰	刘乃用	刘水明
刘观妹	刘李秀	刘乃灶	刘水祯
刘海波	刘连	刘念	刘泗
刘汉材	刘连金	刘娘宝	刘送
刘化	刘龙胜	刘娘肚	刘潭恩

刘潭会	刘秀文（陶河）	卢潭城	罗宏扬
刘潭金	刘秀文（海城）	卢途	罗宏贞
刘潭九	刘扬贤	卢相许	罗鸿善
刘潭连	刘耀梨	卢杨许	罗鸿香
刘潭奶	刘义	卢义	罗华（鲘门）
刘潭汝	刘友达	芦七	罗华（黄林）
刘潭顺	刘友全	陆如丰	罗华孙
刘潭喜	刘幼	栾陈华	罗华喜
刘潭乙	刘愚九	罗阿艳	罗记才
刘潭枝	刘玉（海城）	罗帮	罗记友
刘涛	刘玉（陶河）	罗币才	罗纪法
刘滔	刘振华（城东）	罗并	罗纪清
刘添	刘振华（鲘门）	罗伯熊	罗家福
刘添锦	刘振来	罗琛	罗建勤
刘庭阶	刘镇生	罗大妹	罗金火
刘通经	刘之林	罗稻	罗景（龟山）
刘望	刘志云	罗帝保	罗景（民建）
刘文	刘中和	罗帝才	罗炯
刘文汉	刘钟氏	罗帝兴	罗宽
刘文杰	刘准	罗东生	罗来顺
刘吴氏	刘子英	罗兜	罗来兴
刘细九	刘宗法	罗芳	罗浪
刘贤	刘宗仁	罗佛来	罗立扳
刘贤顺	刘宗帅	罗佛銮	罗林清
刘小妹	龙卵	罗光好	罗妈程
刘协庭	卢木达	罗光明	罗妈景
刘苔	卢奇溥	罗国平	罗妈养

罗妈银	罗箱	吕明	马辉
罗妈玉	罗新娇	吕鸣	马火宝
罗明清	罗炎（黄羌）	吕铭珍	马继色
罗木娘	罗炎（梅陇）	吕乃荣	马聚屋
罗乃康	罗玉	吕培杰	马军
罗娘见	罗源	吕培其	马克昴
罗娘生	罗章彩（联安）	吕培壮	马克友
罗娘送	罗章彩(红海湾)	吕氏	马乃骈
罗娘志	罗章逊	吕潭柄	马乃求
罗坪	罗振扬	吕潭宜	马乃水
罗其光	罗壮英	吕潭有	马乃途
罗钦（联安）	罗宗望	吕西成	马樸
罗钦（梅陇）	罗作能	吕校	马氏
罗日升	骆碧云	吕义	马受祐
罗容顺	骆佛东	吕玉佳	马潭春
罗胜	骆娇莲	吕育章	马潭溢
罗世梳	骆潭极	吕岳	马渥晖
罗守蓝	吕彬	吕志明	马辛壬
罗水娇	吕冰	吕智顺	马彦晖
罗谭泽	吕础卿	吕祖式	马友娇
罗潭寿	吕幹保	吕祖怡	马越
罗潭兴	吕国梁	吕祖贻	马长彬
罗坦	吕焕标	马步青	马昭勳
罗铁信	吕焕量	马丰壬	马照芹
罗土盛	吕进	马佛耀	马作仁
罗我	吕坤	马宫蟾	马作扬
罗五福	吕妈木	马光尧	麦命

缪潭政	莫伍	彭船	彭刘芸
莫钗	莫协民	彭闯	彭六
莫二九	欧城金	彭带	彭楼芸
莫桂	欧辉	彭逢边	彭陆
莫家杰	欧金合	彭福	彭妈捷
莫杰	欧君带	彭干	彭名芳
莫捷布	欧乃创	彭桂	彭明
莫捷光	欧娘合	彭汉垣	彭明意
莫捷色	欧娘选	彭鸿	彭娘书
莫捷文	欧水松	彭厚良	彭钮
莫捷锡	欧潭宝	彭华赐	彭农
莫李成	欧潭粉	彭恢祥	彭湃
莫林氏	欧潭松	彭惠贞	彭攀
莫柳	欧轩	彭坚	彭平
莫木胜	欧炎秋	彭剑如	彭秋（城东）
莫念照	欧寅	彭锦英	彭秋（鲘门）
莫森	欧再式	彭景商	彭权
莫杉	欧再着	彭君武	彭如玉
莫胜棉	潘端	彭肯疑	彭汝林
莫述	潘乃钦	彭铿	彭赛
莫水	潘南金	彭来	彭少杰
莫水沟	潘潭庄	彭劳芸	彭少琼
莫覃胜	潘堂	彭莲	彭述
莫潭创	潘贤	彭良	彭水
莫潭佛	潘玉田	彭烈	彭水家
莫潭色	彭承伦	彭林	彭潭木
莫退	彭承泽	彭霖	彭潭清

彭潭钟	邱岛仁	邱桶	施友添
彭汶霖	邱登	邱业才	施照坤
彭武孝（海城）	邱东平	邱印	施振裘
彭武孝（田墘）	邱佛钉	邱玉保	石包
彭希霖	邱福	屈火林	石冰
彭秀华	邱桂芳（鲘门）	阮娘水（后山）	石拨
彭旭	邱桂芳（黄林）	阮娘水（高北）	石福
彭亚训	邱界	菁特秋	石世景
彭耀群	邱锦	沈茂芝	石世填
彭疑森	邱进添	沈潭土	宋楚
彭永伦	邱精	沈宗英	宋春
彭虞森	邱久	施爱慈	宋华明
彭虞长	邱宽	施粗眉	宋妈鹭
彭元岳	邱来福	施佛	宋娘魁
彭元璋	邱来有	施鸿辉	宋娘友
彭灶背	邱林氏	施火全	宋辛
彭展	邱灵	施加银	宋耀南
彭仲存（梅陇）	邱乃苍	施均威	宋章
彭仲存（鲘门）	邱乃林	施林丁	苏火旺
彭紫	邱乃枝	施刘双谋	苏家驹
秦坤添	邱南	施木香	苏家麒
秦娘惠	邱娘坤	施水汉	苏角
秦娘术	邱仁德	施水亮	苏镜波
秦荣娇	邱仁帝	施铁	苏三
丘赤浓	邱仁田	施微	苏盛
丘子兵	邱仁忠	施文安	苏潭光
邱城	邱赛华	施奕为	苏潭佐

苏文海	孙周东	王宝珍	王继亿
苏灶叶	谭海堂（下北）	王保民	王阶
苏哲诗	潭海堂（下完）	王彬	王捷壬
孙传	汤木林	王潮州	王九
孙春招	汤娘胜	王丑	王坤
孙慈	汤娘锡	王传令	王立石
孙得慈	汤淑山	王传投	王链
孙桂娘	汤潭金	王传造	王林名
孙行	汤潭应	王传祝	王六妹
孙辉阴	汤土	王大九	王龙桂
孙妈现	唐保	王定	王禄宝
孙茂远	唐水娘	王读	王妈才
孙绵取	田闹	王法	王妈见
孙绵提	田瑞	王风有	王妈杉
孙木兰	田永溪	王庚	王命
孙娘合	童德昌	王冠源	王嬤
孙娘学	涂华孙	王光	王谋
孙清石	涂野	王桂安	王木
孙水石	万红乖	王桂容	王木星
孙水耀	万连	王桂英	王木英
孙四香	万连庆	王汉佐	王乃宝
孙潭金	万清味	王怀诗	王乃场
孙潭农	万仁山	王怀兆	王乃聪
孙潭汝	万潭禄	王惠生	王乃拱
孙潭庭	万维新	王火土	王乃松（海城）
孙耀阴	汪水胜	王继明	王乃松（赤坑）
孙罩庭	王柏玉	王继生	王乃通

王乃禹	王石命	王永模	温火吉
王乃招	王世保	王玉润	温进
王娘楚	王世车	王育儒	温九
王娘湖	王世谋	王月圆	温黎氏
王娘溜	王世权	王岳	温乃吉
王娘銮	王守香（可塘）	王长冻	温水良（平东）
王娘若	王守香（城区）	王长群	温水良（公平）
王潘雪	王守针	王长踏	温潭来
王攀盛	王舜帮	王长叶	温潭顺
王盆盛	王泗绵	王兆琪	温潭应
王齐	王耸名	王罩	温玉林
王强	王潭	王振坤	温智新
王勤	王潭金	王政	温壮新
王情	王潭炯	王周	文帝来
王却氏	王潭泉	王宗	翁保
王荣	王潭壬	魏路	翁财
王汝瞻	王潭月	魏娘辽	翁登涵
王瑞	王腾智	魏娘孙	翁登细
王勺	王天策	魏宣	翁登玉
王少波	王庭保	魏友德	翁丁美
王少南	王伟群	魏云	翁丁填
王少疑	王文超	魏志民	翁佛涵
王绍略	王文琴	温宝顺	翁恭
王绍益	王细辛	温呈生	翁客保
王绍猷	王县	温德明	翁锞
王石舞（海城）	王秀锦	温肥	翁沛
王石舞（可塘）	王雪文	温宫	翁勤

翁容桂	吴法	吴克端	吴契桂
翁盛合	吴丰宇	吴克绵	吴谦（海城）
翁世栋（塘埔）	吴佛丹	吴克谋	吴谦（附城）
翁世栋（洪流）	吴佛来	吴宽	吴勤
翁潭清	吴福	吴狂	吴琼建
翁醒如	吴国良	吴坤	吴秋利
翁徐氏	吴哈	吴坤荣	吴群
翁贞锦	吴含	吴礼壕	吴瑞晃
翁志忠	吴汉光	吴礼娘	吴少东
巫呈元	吴猴	吴礼荣	吴设
巫调	吴候招	吴礼色	吴氏
巫统桂	吴华	吴妈康（海城）	吴世金
吴比娘	吴华财	吴妈康（附城）	吴世腾
吴庇	吴华宣	吴妈掌（附城）	吴仕
吴碧英	吴焕科	吴妈掌（红草）	吴淑华
吴陈金	吴焕琴	吴鸣	吴水俊
吴春风	吴焕珠	吴木会	吴颂（梅陇）
吴聪	吴晃荣	吴乃妹	吴颂（红草）
吴大妹	吴火	吴乃钦	吴潭宝
吴岛	吴建民	吴乃如	吴潭浆
吴德晖	吴鑑良	吴乃训	吴潭镜
吴德辉	吴捷镇	吴乃友	吴潭禄
吴德潘	吴捷枝	吴娘坑	吴潭木
吴帝发	吴捷珠	吴娘庆	吴潭判
吴棣伍	吴锦原	吴判乔	吴潭胜
吴斗荣	吴经	吴齐	吴潭送
吴二九	吴克	吴其勇	吴潭灶

吴潭长	吴益明	谢定雄	谢水金
吴潭珍	吴英	谢奋	谢土娘
吴潭珠	吴雨	谢丰枝	谢万玉
吴汤	吴语	谢佛在	谢维呈
吴陶	吴云	谢福	谢晓
吴腾意	吴湛	谢纪内	谢亚奋
吴添意	吴招	谢继旺	谢亚福
吴调	吴珍	谢九玲	谢耀在
吴铁	吴振明	谢君赖	谢永娇
吴厅	吴振荣	谢君玉	谢友滑
吴土	吴致要	谢连枝	谢友康
吴土水	吴智文	谢六虾	谢友泉
吴塭	吴智英	谢妹木	谢友杨
吴文成	吴梓英	谢木田	谢有康
吴文英	吴最	谢乃祐	谢有潮
吴伍魁	伍潭佐	谢乃玉	谢振东
吴锡泉	伍许清	谢娘木	谢振芬
吴喜安	肖开魁	谢骈	谢振洪
吴蟹	肖乃蔡	谢启俊	谢振鸿
吴新贵	肖苏元	谢启泼	谢振南
吴新连	肖武	谢乾	谢智宝
吴亚声	萧乃蔡	谢强	谢忠
吴亚松	谢宝同	谢庆加	谢周来
吴延乐	谢城寨	谢庆文	辛叠
吴延柳	谢大玲	谢日光	辛淑贤
吴扬洲	谢定	谢氏（海城）	辛覃品
吴义壮	谢定发	谢氏（附城）	熊志杰

秀绵	徐壹轻	许润春	颜昌梁
徐波云	徐奕成	许潭镜	颜昌日
徐钗（梅陇）	徐镇	许潭平	颜汉章
徐钗（红草）	徐作春	许潭珍（联安）	颜浑
徐成纪	许财娇	许潭珍（红草）	颜江
徐成坑	许昌志	许田	颜经深
徐达章	许呈财	许亚庆	颜伦卦
徐敢	许城四	许衍祥	颜妈恩
徐国声	许干修	许宜良	颜妈建
徐华坑	许慧英	许奕得	颜培智
徐华益	许慧贞	许用	颜少卿
徐华治	许金生	许玉	颜绍珠
徐集	许金水	许玉銮	颜水贞
徐聚	许金舜	许玉磬	颜严
徐克岳	许锦泉	许泽修	颜英
徐坤	许赖病	许中权	颜昭福
徐丽卿	许礼标	许转	颜子良
徐炉	许礼极	许淄	杨安
徐臬	许立好	薛大秀	杨柏群
徐涉	许林坤	薛家子	杨宝
徐深	许林顺	薛金喜	杨成志
徐氏	许乃传	薛潭敬	杨闯
徐树槐	许娘碧	严火权	杨创
徐潭燕	许娘然	严新安	杨迪
徐万春	许娘数	严振成	杨端（鲘门）
徐夏明	许墙	颜宝兴	杨端（黄林）
徐宪宽	许庆	颜拆明	杨海山

杨宏泰	杨位求	叶春喜	叶客顺
杨集意	杨位限	叶达	叶坤
杨捷广	杨小岳	叶道雄	叶坤和
杨捷红	杨亚崇	叶登旺	叶乐
杨捷泰	杨亚宗	叶丁旺	叶李友
杨九	杨姚	叶芳	叶立英
杨立	杨英道	叶佛送	叶连盛
杨利胜	杨永煌	叶佛洲	叶林安
杨民	杨元箱	叶福兰	叶柳
杨木	杨约	叶福元	叶绿
杨木意	杨云捷	叶庚	叶妈福
杨乃扶	杨运招（鲘门）	叶光	叶妈许
杨尼	杨运招（黄林）	叶汉英	叶妈酉
杨娘桂（平东）	杨真魁	叶华潮	叶木财
杨娘桂（黄羌）	杨智惠	叶华春	叶木庆
杨其珊	杨智民	叶火兰	叶乃道
杨青	姚帝妹	叶集朗	叶乃岐
杨庆娇	姚桂猛	叶集侍	叶乃坦
杨秋	姚杰如	叶家彪	叶乃寅
杨然	姚妈强	叶江	叶南春
杨粎	姚宇明	叶江枝	叶南顺
杨水林	姚左	叶杰彰	叶娘宝
杨潭锦	叶白十	叶镜波	叶娘金
杨潭招	叶保慈	叶君安	叶娘屁
杨添岁	叶伯怡	叶君戍	叶庆华
杨土旺	叶钗	叶君州	叶庆宣
杨望	叶城金	叶开生	叶泉

叶群（梅陇）	叶潭秋	叶罩	余锦周
叶群（赤石）	叶棠来	叶智金	余镜
叶仁山	叶田	叶灼英	余礼仁
叶日福	叶统生（赤石）	叶子青	余礼祥
叶容环	叶统生（明热）	叶子新	余连华
叶瑞	叶突	叶梓其	余妈宝
叶润	叶贤	鄞丙庚	余妈华
叶色平	叶现生	游家遇	余美韩
叶申	叶相	游树春	余美盛
叶胜	叶香（鲘门）	余炳州	余乃玉
叶盛庆	叶香（赤石）	余船蕉	余乃招（赤坑）
叶淑云（海城）	叶新	余创元	余乃招（海城）
叶淑云（城东）	叶新平	余创之	余娘安
叶双	叶新顺	余聪	余娘炳
叶水纯	叶新祥	余大嗅	余娘坤
叶水明	叶选	余带源	余娘耀
叶水源	叶耀文	余辅	余娘乙
叶水粘	叶议	余富	余农城
叶司	叶奕枭	余乖	余墘湖
叶四	叶奕蛛	余观梅	余世潘
叶松顺	叶应斗	余冠英	余水壬
叶潭安	叶应连	余国英	余水任
叶潭宝	叶余朗	余灰	余水镇
叶潭财	叶远山	余辉经	余太岳
叶潭潮	叶远中	余火	余潭泉
叶潭林	叶云卿	余记传	余铁夫
叶潭钳	叶招桂	余金全	余有才

余云昌	张登官	张金禄	张乃梅
余招	张帝德	张锦钳	张娘俘
余招燕	张帝孙	张进喜	张娘桂
余之田	张斗基	张就	张娘假
余致尔	张佛送	张军校	张娘尖
余致桂	张福喜	张俊浮	张娘娇
余致颂	张观和	张开昌	张娘金（石山）
余致祥	张观顺	张客孙（鹅埠）	张娘金（松林）
余致炎	张观旺	张客孙（联兴）	张娘锦
余致有	张观友	张兰古	张娘镜
余自克	张光	张礼妹	张娘看
余祖杰	张贵华	张林	张娘全
余作由	张汉杰	张林意	张娘兴
袁华	张华木	张流民	张娘作
袁娘送	张华祥	张流书	张蓬
袁添佑	张华枝	张妈革	张卿
岳松	张辉	张妈齐	张清
詹乃庚	张火明	张妈其	张求
张拜言	张伙卿	张妈乌	张群
张币城	张集雄	张妈孪	张仁训
张炳华	张继贤	张妈照	张容喜
张炳奎	张家岸	张木	张三
张炳文	张家骥	张木连	张山
张出金	张家朴	张木齐	张少伟
张初金	张建才	张木权	张昇成
张辞甜	张建超	张木荣	张实
张德胜	张金福	张木顺	张拾壹

张氏	张文财	赵金锡	郑良铭
张世供	张伍	赵令德	郑妈景
张寿来（陶河）	张喜	赵柳	郑妈明
张寿来（赤坑）	张细	赵妈娇	郑梅枝
张水	张湘奕	赵徒	郑乃安
张水金	张向其	赵枝	郑娘孥
张水泗	张秀华	郑赤	郑娘安
张硕	张秀良	郑楚群（梅陇）	郑娘教
张潭宝	张亚隆	郑楚群（鲘门）	郑娘柒
张潭何	张亚忍	郑佘木	郑七
张潭华	张亚统	郑帝顺	郑切（海城）
张潭良	张亚锡	郑佛成	郑切（附城）
张潭娘	张燕	郑高	郑世贴
张潭胜	张吟	郑乖	郑世怡
张潭顺	张友陇	郑国舜	郑叔久
张潭一	张友堂	郑黑	郑水金
张天饭	张玉	郑华灼	郑水利
张添福	张运生	郑辉千	郑潭华
张添进	张展	郑惠千	郑潭九
张添世	张长盛	郑惠全	郑潭良
张调	张肇志	郑火顺	郑潭稳
张通	张正隆	郑句十	郑潭溪
张通全	章行	郑俊民	郑潭耀
张万	章娘赠	郑俊声	郑潭益
张威	章泽	郑礼宣	郑潭迎
张为余	赵峰	郑励	郑为
张慰南	赵福堆	郑莲	郑伟静

郑秀龙	钟尔裕	钟娘庆	钟祥招
郑雪康	钟观寿	钟娘生	钟翔富
郑雁群	钟桂	钟娘顺（黄羌）	钟兴南
郑扬景	钟桂妹	钟娘顺（黄林）	钟业
郑宜创	钟果	钟娘顺（河东）	钟永志
郑宜庆	钟华（黄林）	钟盆	钟元记
郑忆九	钟华（河东）	钟盆娇	钟元招
郑佚成	钟华新	钟清杰	钟月英
郑泽仍	钟黄氏	钟仁芳	钟赞
郑泽淑	钟煌	钟瑞	钟诏招
郑章	钟火生	钟氏	钟振
郑遮	钟火义	钟世爱	钟钟生
郑振芬	钟金发	钟世德	周本其
郑指景	钟金祥	钟寿青	周必
郑志民	钟俊强	钟水清	周炳
郑志云	钟连合	钟送	周彩成
钟炳兴	钟连清	钟潭赐	周彩绵
钟炳尧	钟良振	钟潭扶	周朝定
钟财	钟流	钟潭连	周大栋
钟超华	钟六妹	钟潭庆	周大林
钟成富	钟妈能	钟潭秋	周大妹（附城）
钟带娘	钟茂	钟替	周大妹（城东）
钟道华	钟木娇	钟土招	周鼎
钟德	钟能	钟文	周二
钟德望	钟娘瑕	钟香	周富帽
钟帝芳	钟娘和	钟祥丙	周汉明
钟帝娘	钟娘胡	钟祥梅	周火寿

周娇	周仁宣	朱傅	朱玉芝
周尻	周淑琴	朱古	朱智安
周愧如	周水宝	朱国	庄城金
周来	周水清	朱汉庭	庄继良
周连妹	周顺清	朱何	庄建本
周良	周潭海	朱华桂	庄利
周林	周潭木	朱华娘	庄妈扶
周绿	周探	朱火金	庄妈经
周美	周天尧	朱金招	庄妈连
周民	周添	朱进才	庄木成
周明凤	周土兴	朱浪	庄乃火
周木保	周蚊	朱林信	庄少华
周木栋	周五妹	朱罗氏	庄石
周木富	周希哲	朱木旺	庄寿
周乃舜	周修齐	朱木照	庄水乐
周娘丙	周耀忠	朱七金	庄送（梅农）
周娘春	周宜	朱清	庄送（潭西）
周娘火	周印	朱水林	庄振家
周判	周长喜	朱水源	卓爱华
周齐炎	朱北初	朱四洲	卓华滔
周琪和	朱北房	朱潭礼	卓槐
周墙	朱昌原	朱添喜	卓杰英
周青	朱厂	朱土坤	卓炯州
周清桃	朱帝顺	朱显仁	卓鲁香
周庆育	朱法	朱新华	卓妈孙
周琼	朱佛喜	朱亚庚	卓妈越
周仁恩	朱付	朱亚河	卓美

卓排	曾传肯	曾广章	曾妈慈
卓栖	曾传章	曾广仲	曾妈端
卓水来	曾春	曾广珠	曾妈广
卓潭报	曾春华	曾广宗	曾妈流
卓潭香	曾纯安	曾贵	曾妈培
卓桃	曾大目	曾桂	曾妈杉
卓溪	曾大仔	曾桂甲	曾妈盛
卓献华	曾帝水	曾海孙	曾妈庶
卓样	曾兜	曾火娘	曾妈兴
邹昌	曾豆	曾集	曾妈泽
邹福	曾恩	曾纪壁（赤坑）	曾妈周
邹乖	曾光耀	曾纪壁（田墩）	曾妈作
邹厚	曾广崇	曾纪金	曾茂波
邹七	曾广度	曾纪盼	曾茂呈
邹清来	曾广恩	曾纪巧	曾茂翰
邹水	曾广好	曾纪亲	曾茂庆
邹覃防	曾广阶	曾加九	曾茂髯
邹维光	曾广进	曾笕	曾茂如
邹拥库	曾广略	曾金应	曾茂善
邹月枝	曾广勤	曾懒	曾茂租
曾包	曾广清	曾郎	曾眉
曾标余	曾广世	曾礼	曾明
曾超群	曾广赎	曾礼塔	曾木坤
曾陈因	曾广伍	曾礼银	曾木修
曾城	曾广扬	曾礼照	曾木耀
曾城利	曾广耀	曾李添	曾木一
曾锄	曾广灶	曾林共	曾乃苍

曾乃娇	曾绍昌	曾向时	曾余
曾娘编	曾绍庚	曾向语	曾玉庆
曾娘九	曾绍祯	曾徐盛	曾元安
曾娘六（赤石）	曾施柚	曾亚笨	曾云
曾娘六（梅农）	曾石养	曾亚乖	曾允安
曾娘破	曾世乖	曾亚焕	曾赠
曾娘亲	曾树金	曾亚谋	曾战
曾娘仁	曾水宝	曾亚前	曾张杏
曾娘伟	曾水木	曾亚有	曾昭流
曾娘文	曾水源	曾宜分	曾昭鲁
曾娘锡	曾水祝	曾意周	曾昭青
曾强	曾舜芳	曾银江	曾昭笋
曾庆兑	曾潭枝	曾永庇	曾昭孝
曾庆章	曾天佑	曾永慧	曾致生
曾染	曾添（黄羌）	曾永绵	曾祖输
曾荣	曾添（附城）	曾永瑞	
曾汝孙	曾仐	曾永滔	
曾瑞南	曾向报	曾有	

附录二

红色基因永相传

　　风雨激荡的革命大潮已经过去，在海丰这片红色土地上，留下了一大批革命旧址，这是海丰光辉历史的见证，也铭记着革命先辈的彪炳功勋和崇高精神，岁月流逝，光辉永恒！

一、纪念场馆

（一）海丰红宫红场旧址纪念馆

　　海丰红宫红场旧址纪念馆位于海丰县红场路中段，占地面积3.37万平方米。这里以红色为基调的明代建筑群，是中国苏维埃革命在广东海陆丰革命根据地发展壮大的历史见证；是中国大革命时期，以中国共产党早期重要领导人之一、海陆丰农民运动领袖——彭湃为首的共产党人领导海陆丰（今汕尾市）人民建立中国第一个苏维埃政权的革命活动场所。

　　海丰红宫红场旧址纪念馆于1961年被国务院批准为首批全国重点文物保护单位。1962年7月彭湃烈士故居被广东省人民政府颁布为第一批省级重点文物保护单位；2001年被国家文化部授予"全国文化工作先进集体"。2005年红宫红场旧址被中共中央宣传部定为"全国爱国主义教育示范基地"；2006年彭湃烈士故居被中共广东省委宣传部评为"广东省爱国主义教育示范基地"；2007年红宫红场旧址被中央文明委评为"全国精神文明建设工作先进单位"，并连续三届被广东省委、省政府评为"省文明单位"；2008年3月红宫红场旧址和彭湃烈士故居开始对外免费开放；2010年8月红宫红场旧址和彭湃烈士故居被中共广东省委宣传部、广东省发改委、广东省旅游局评为"广东省红色旅游示范基地"；2011年3月国家发改委、国家旅游局等14个部委联合发文，将红宫红场旧址列入"全国红色旅游经典景区"第二批名录；2011年10月彭湃烈士故居被中共广东省委党史研究室、中共广东省委宣传部评为"广东省党史教育基地"；2013年6月红宫红场旧址、彭湃烈士故居被中共广东省委组织部、中共广东省委党校评为"广东省干部党性教育现场教学基地"；2016年12月彭湃烈士故居景区申报列入"全国红色旅游经典景区"第三批名录。

红宫

红宫位于海丰县城红场路中段，坐北朝南，总占地面积3.37万平方米，其中红宫现存面积有1850平方米，该址原为明代学宫，1379年（明洪武十二年）由海丰知县郑源始建。红宫被称作"中国的斯莫尔尼宫"，至今还保存着大体的原貌，棂星门、拱桥泮池、前殿、大成殿、两厢配殿和五代祠是现存的代表建筑物。

红宫整体建筑古朴典雅。大门叫棂星门，含有招取贤士之意。棂星门为六柱五间牌坊式建筑，由六根柱子组成，中间高，两边低，屋顶雕龙画

红宫

凤，在石坊莲花宝座上各刻一个独角兽成"辟邪"，也叫"朝天吼"，这是封建社会王爵府第才可使用的饰物，着彩描色、栩栩如生。

经过棂星门，前面是拱桥泮池。泮池也叫泮水，名字源于西周时诸侯设立的大学"泮宫"，即学宫，泮池为学宫的水池，状如半月形，后人出于尊孔，把"泮池"作为文庙水池专用名称。泮池上的拱形石桥叫泮桥。在封建时代，一般人进文庙需绕池而行，只有获得科举功名的读书人才能从泮桥昂然而过。因而，跨过泮桥成为古代读书人的一种荣耀，"泮桥"作为学宫的建筑之一，其作用或许有激励学人的成分，是名副其实的"功名桥"。

走过拱桥，踏上三级台阶，便是大成门。"大成"一名取自"孔子集古今之大成"之义。大成门东西两侧各有一间耳房，是秀才们更衣的居室。古代秀才到此祭祀孔子时，必须先在耳房沐浴更衣，以示对孔子的尊敬。

进入大成门，前殿、内院、大成殿和两厢配殿，其墙壁和围墙都用红色粉刷，红光耀眼，是名副其实的"红宫"。

院中东西两厢为对称配殿，风火式山墙，面宽五间、进深一间、抬梁式梁架。两边廊子各置六支圆形檐柱，圆鼓形柱础。两厢配殿现为展览馆，保存革命文物有600多件，主要展示革命时期的一些重要文物，介绍农民运动发展史，再现当年中国共产党人抛头颅、洒热血，为中国人民解放事业不屈不挠、敢为人先、艰苦奋斗、可歌可泣的革命篇章。

与大成门相对的建筑是大成殿。大殿两侧约略十数台阶，为重檐歇山顶，屋内均为彻上露明造，五柱穿斗式梁架，无斗拱结构，梁架中有不少花纹雕饰，瓜柱、插坊、雀替等装饰仍保存完好。前殿圆形金柱为圆鼓形柱础和山墙柱两种，殿内金厢兜底八支金柱，为圆鼓形柱础；靠廊子六支山墙柱，无柱础；靠后墙四支金柱，为覆盆式柱础；靠左右山墙四支金柱，为覆盆式柱础。

大成殿是红宫最高的建筑，古代为祭祀孔子的主殿，后成为工农兵代表大会会址，也是后来苏维埃政府活动地点。

1927年11月18—21日，在大成殿召开了海丰县工农兵代表大会，彭湃在这里庄严宣告海丰县苏维埃政府成立。会场内用红布覆盖墙柱，贴满革命标语，并宣布把学宫改称红宫。

殿内放置彭湃半身像，列宁、恩格斯头像挂于正墙中央，排列着长条板凳，还原出当时召开海丰县工农兵代表大会的会场原状。现在这里成为观看爱国主义教育电教片、纪录片和开展主题讲座的重要场所。坐在大成殿内的长条板凳上，看着一帧帧历史的影像，重温农民运动的发展历程，让人仿如穿越回1927年，亲临其境目睹海丰工农兵代表大会的盛况，亲身见证海丰苏维埃政权的诞生，不禁思绪万千、心潮澎湃。

向后绕过大成殿，便来到五代祠，风火式山墙，原是学宫的系列建筑之一。1927年举行海丰县工农兵代表大会时，该地为参加大会的粤东代表住宿地，1992年重新修复，现陈列中央政治局委员、广东四任省委书记的资料；有全国人大、政协、中央军委等领导参观的记载，还有彭湃儿子、中国工程院首批院士、中国核潜艇之父——彭士禄等家属的照片。

径直走向红宫东侧，平民医院在一株百年老木棉的陪衬下，以赤红斑驳的姿态，出现在眼前。这是一座具有欧式风格的建筑。该旧址清代是育婴堂，1921年10月改建为妇孺医院。1925年东征后，海丰县政府扩充为平民医院，作为提供救死扶伤、医疗保健的场所。当年凡农会会员，前来就诊免收诊断费，药费半价，对个别困难的农友则免收药费，培养了一批革命医护人员和助产士。海丰解放初期，曾是海丰县人民政府办公地址。

平民医院前的一株百年木棉，遒劲挺拔、裸露嶙峋风骨。如今，这栋建筑静静伫立在红宫与红场相邻的地方，人们站在平民医院前，透过葱郁的木棉树荫，便能感受到这一座古老的红色建筑，在斑驳树影的映衬下生气犹存。

平民医院前面还阵列了一尊土炮。1927年4月30日，石岗寮村赤卫队将这尊土炮抬至捷胜守城。不久，国民党军队进犯，革命队伍撤退时来不及运走，被敌人缴获。后赤卫队于晚间冒着生命危险进城，抢走土炮。同年11月间，在林道文等同志的指挥下，赤卫队攻下了捷胜城，该炮发挥了巨大的威力。1928年春，革命处于低潮，赤卫队撤退时，因炮重不便携带而将其埋于石岗寮村。新中国成立后，这尊土炮由田墘区石岗寮村群众捐献出来。

红场

绕过红宫东侧，走过仅一墙之隔的开阔绿地，便来到红场。葱茏翠绿的高大树木，历经风雨、坚韧挺拔，使红宫红场两处建筑恢宏庄重、自成一体。红场原是明代藏官廪的地方，清代时称"东仓"，清末倒塌成为草埔，因此当时称该地为"东仓埔"，占地3.37万平方米，与红宫紧紧毗邻。1927年12月1日，彭湃和红二师等领导在这里召开有5万多人参加的"海丰人民庆祝苏维埃政府成立大会"。海丰县苏维埃政府成立后，彭湃指示在该地兴建"红场"，作为庆祝海丰县苏维埃政府成立会场，兴建了大会主席台和红

红场大门

场大门。

红场大门以红色为基调,大门上装璜浮凸线条花纹图案,门额上由彭湃亲笔题写的"红场"两字分外显眼,居中图案是一颗大五角星,涂以黄色,与红色大门相映衬,对比鲜明,庄严肃穆,令人敬仰、缅怀的心情油然而生。

踏入大门,左右两侧苍翠挺拔的塔松,在蔚蓝天空下更显得苍劲翠绿、生机勃然。入门径直的大道上,彭湃铜像屹立于红场中轴线。该铜像于1986年10月纪念彭湃烈士诞辰90周年时,由著名雕塑家潘鹤铸造,由徐向前题字。铜像高3.2米,加上花岗岩垫座通高5.5米,坐北朝南,气势昂然。彭湃身着西装,两腿自然张开,双手叉腰,上身右侧稍向倾斜,面部神情坚定自若,正气凛然,英姿勃勃,显现出无产阶级革命家襟胸豁达、高瞻远瞩和坚信共产主义事业必胜的高大形象。

彭湃烈士铜像后面约60米处,是一座红台,面积200平方米,是当年五万人聚集召开"海丰县苏维埃政府成立大会"的广场,主席台还保留至今。

红场内建有红二师、红四师纪念亭,纪念1928年元月由叶镛、徐向前率领的广州起义部队红四师与由董朗、颜昌颐率领的南昌起义军红二师,在这里与海丰工农革命军会师。海丰县人民政府于1992年建立纪念亭,纪念亭碑名由聂荣臻题写。

红场右边是碑廊石刻,石刻内容为海丰县苏维埃时期的宣传标语,党和国家领导人的题词,以此纪念彭湃对中国革命事业作出的贡献。前部由"彭湃宣传农民运动""成立六人农会""火烧田契"等内容组成。中部有"中央决议""文件"等,还有党和国家前领导人习仲勋、杨尚昆、乔石、张德江等题词。后部由"工农兵武装起义"等62个版面组成。

而红场东侧是海丰刘氏家塾,始建于明代,既是家族的学府又是祠堂，是一座具有600多年历史、富有宋代古建筑风格的文化遗址，位于海丰县城红场路中段，坐北向南，面积1600多平方米。主体建筑分前门楼、中堂、后殿和正堂，两侧为厢房，四面风火式山墙围绕，组成中轴对称格局。建筑设计以院落形式，院落内外装饰讲究、古朴大方，雕梁画栋、飞檐走兽，柱枋之间各种壁画、诗文、书法典雅别致、美轮美奂，熔文化、艺术于一炉，建筑及其组成空间前后不仅是一种物质环境，而且创造了一种精神氛围，富有浓厚的家族色彩和时代特征，具有很高的历史价值和艺术价值。1927年，海丰县工农兵苏维埃代表大会召开时，刘氏家塾被用作工农兵代表大会代表宿舍。

2017年以来，海丰围绕"彭湃故里·东方红城"的主题，致力打造红色文化街，为红宫红场量身打造了"浴血奋战""胜利会师""气壮山河"三个大型主题雕塑和十个名人胸像，把刘氏家塾改造成为"新时代红色文化讲习所"，艺术性地还原海陆丰革命波澜壮阔的历史风貌，有力地展现了"敢为人先、无私奉献"的海丰革命精神。

红场新貌

"浴血奋战"雕塑

"胜利会师"雕塑

（二）海丰烈士陵园

海丰烈士陵园坐落于海丰县城西郊的狗肚山，占地面积为11万平方米，陵园正门为重檐牌坊式仿古建筑，金黄色琉璃瓦盖顶，大理石和锦砖贴墙结构，气势雄伟。牌坊横匾"烈士陵园"四个镏金大

海丰烈士陵园

字，为广东省原省长叶选平所书，笔力遒劲，结构严谨。正门前面纵横各百米为陵园广场。正门后面是甬道，两侧栽种着苍松翠柏和各种花卉，还有两个小荷花池，既庄严肃穆，又秀丽壮观。经过甬道拾级而上，是烈士墓碑，墓碑高7.5米，宽1.5米，厚0.9米，上面镌刻着"革命烈士墓"五个大字，字径85厘米×50厘米，为陶铸所书。墓碑后面是面积为544平方米的墓室，墓室主体为拱圆形建筑，里面安放着林铁史、杨望、林甦、黄兴干等200多位在历次革命斗争中光荣牺牲的革命烈士的骨骸和骨灰。

海丰烈士陵园始建于1963年。1989年8月20日，国务院批准海丰烈士陵园为全国重点烈士纪念建筑物保护单位。

海丰革命烈士纪念碑

海丰烈士陵园是缅怀先烈的丰功伟绩，进行革命传统教育的好场所，前往参观、瞻仰、接受教育者络绎不绝，尤其是每年清明节，市县领导同志、机关干部、学校师生和各界群众，都前往扫墓，敬献花环。

（三）海丰革命烈士暨革命斗争史纪念馆

海陆丰是中国农民运动的发源地，全国13块革命根据地之一，有着特殊而辉煌的革命历史地位。

2015年秋开始，为了再现海陆丰现代革命斗争的辉煌历程，秉志打造爱国传统教育精品，海丰县委、县政府主持了"海丰革命烈士暨革命斗争史纪念馆"的布展工作，并于2016年1月28日举办落成开馆仪式。该馆占地面积2288平方米，以平面图文和视听资料为主，从崭新的角度系统客观地反映了1919—1949年期间海陆丰革命斗争史上的主要人物和重大事件，如实地展现海丰革命斗争概貌。

纪念馆分为主馆展示、廊院展示、临馆展示和视厅展示四大功能区域，展现内容翔实丰富，是海陆丰地区第一个大型革命题材的现代展览馆。主馆按序、五四运动及农民运动初期、第一次国共合作及农民运动高潮时期、土地革命战争时期、抗日战争时期、解放战争时期六大部分进行布展；廊院布置了"中国革命的巾帼英雄""永远缅怀彭湃烈士"等13个专门版块及建立石柱展示36位著名烈士简介；临馆展示与海陆丰红色革命题材相关的书画作品；视厅播放《海丰农民运动始末》《彭湃》等多部专题视频，介绍海陆丰革命烈士

海丰革命烈士暨革命斗争史纪念馆

海丰革命烈士暨革命斗争史纪念馆展厅

和革命斗争历史。

海丰革命烈士暨革命斗争史纪念馆，为各行政机关企事业单位、中小学校以及社会各界开展革命传统教育和爱国主义教育提供了一个重要的视觉平台和研究索引；为海陆丰革命后人及曾在海陆丰战斗过的仁义志士后裔提供一扇寻根的历史视窗；为海内外爱国爱乡人士缅怀在实现民族解放、国家独立和人民幸福的斗争过程中牺牲的革命先烈，提供一个特别的瞻仰基地；为海丰县进一步做好争创全国双拥模范县工作，促进双拥和国防工作向前推进，提供了宝贵的精神食粮，增添了澎湃的精神动力。

（四）海丰县莲花山红军烈士陵园

海丰县莲花山红军烈士陵园总投资2000多万元、占地面积2万多平方米，在原红军墓旧址改扩建而成，建造烈士墓2148座，修筑高6.6米的纪念碑、高8米的仿古式大门排楼，是全省革命烈士纪念重点工程之一。

该陵园是海丰县集中安葬红军烈士遗骸的重要纪念设施。革命战争年代，来自全国各地的仁人志士和英雄的海丰人民，在中国共产党的领导下，为了民族独立和人民的翻身解放而前仆后继、英勇斗争，投身到轰轰烈烈的革命洪流中去。1927年开始，南昌起义部队红二师和广州起义部队红四师与海陆丰工农武装一起，在海丰这片土地上并肩战斗、舍生取义，用鲜血和生命谱写了气壮山河、惊天动地的英雄诗篇，为革命的胜利立下了不可磨灭的功勋。

1958年，海丰县在莲花山下择址建设了红军烈士墓，将南昌起义部队红二师、广州起义部队红四师、红军第六军第

莲花山红军烈士陵园

十七师第四十九团以及海陆丰工农武装部队在海丰境内战斗中壮烈捐躯的868位红军烈士遗骸集中安葬，让先烈们长眠在这片曾经战斗过的土地上。2011年6月开始，海丰县以红军烈士墓为基础，积极规划、筹建莲花山红军烈士陵园；2015年5月20日，陵园建成启用并隆重举行了烈士遗骸安葬仪式，成为一个集爱国教育、文化传承、祭祀缅怀等功能为一体的现代生态陵园。

二、革命旧址

（一）彭湃故居

在风景秀丽的龙津河东面，一座气势雄伟的仿西式白色建筑静静伫立河边，这里与红宫红场有机整合、连成一体，成为海丰红宫红场旧址纪念馆的一部分，隔着美丽的龙津河，相互构成一幅独特建筑与革命历史相互辉映的画卷。

彭湃故居坐落于海丰县城郊桥东社，彭湃在这里度过了童年和青少年时代，是他最早开始进行红色革命的根据地。周边景点还有龙舌埔广场、"六人农会"铜像、海丰县农民协会旧址、得趣书室、彭母故居、海丰县总农会旧址、赤山约农会旧址等，可以说是中国最早点燃红色革命火焰的根据地之一。

彭湃故居始建于清末，坐北向南，面临龙津河，悠悠的龙津水绕门前流过。主楼两层，面宽三间12.9米，进深10.9米，前廊仿西式建筑，楼板加铺花砖，风火式山墙，总建筑面积266平方米，楼下中间为堂屋，供有彭湃母亲周

彭湃故居

凤的遗像。彭湃诞生在左侧房内，并在这里度过他的童年和少年时代。彭湃的两位哥哥彭达伍、彭汉垣住上层左右两个房间，下层是彭湃和弟弟彭泽居住。

1925年3月，广东国民革命军第一次东征到达海丰后，黄埔军校校长蒋介石、政治部主任周恩来和革命军的苏联军事顾问鲍罗廷·加伦将军曾在此住宿，一起研究工作。1925年6月革命军回师广州，1928年3月敌军重陷海丰县城，故居被焚毁，遗下墙基。新中国成立后，海丰县人民政府拨款修建围墙加以保护。1962年7月7日，广东省人民委员会颁布该旧址为省级重点文物保护单位。1986年，国家文物局拨款15万元按原貌重建，并陈列展示了彭湃生平文物，是人们参观学习、缅怀革命先烈丰功伟绩、接受爱国主义和革命传统教育的重要场所。

彭湃故居门前的龙舌埔旧址，原是一块长方形宽阔草埔。1923年元旦，成千上万的农民聚集在这里庆祝海丰县总农会成立。此后许多重要的集会都在这里举行。1927年冬，海丰苏维埃政权成立后，在这里举行数万人参加的群众大会，焚烧田契471088张，租簿58027本。它是海丰农民运动和革命斗争的历史见证。

1963年海丰县人民委员会颁布该址为县级重点文物保护单位。2006年10月22日海丰县人民政府拨专款按原貌恢复，并在旧址中心建立纪念彭湃烧田契雕塑。

这座红砂岩烧田契浮雕是2006年为纪念彭湃诞辰110周年而塑建，长25米、宽4米，浮雕以艺术手法，真实再现了彭湃烧田契、分田地，带领广大农民群众闹革命、求解放的历史场景。

驻足伫立，看着眼前的场景，不禁在脑海里再现历史的记忆。彭湃出身富有人家，赤山约一带农民大多租用他家的田地，很多农民一年辛苦劳作，收割时却得把大部分的粮食作为佃租交给地主，而自己却三餐不饱、一宿难求。他认为造成这样的情况主要是因为地主们手中掌握着"假虎皮"——田契，因而必须铲除这种不合理的制度。为了让更多的农民加入铲除这种不合理制度的队伍中来，他更加彻底地把农民运动进行到底，1922年11月间，他把自己分家得到的田契在龙舌埔当着农民们的面烧毁。烧田契并不仅是让部分租耕彭家的农民得到利益，更重要的是吸收了更多的农民加入农会组织，让更多的农民享受"田是自己的"的社会合理制度。彭湃的这一创举，突出了他为农民过上好日子而革命的理想追求，充分体现了一个革命者"无私奉献、敢为人先"的高尚情操。

彭湃故居东侧，是彭湃发起成立海丰"六人农会"的得趣书室。1922年夏天，他在这里与赤山、龙山的张妈安、李思贤等五位青年农民首先成立海丰"六人农会"。1925年3月，广州革命军第一次东征胜利后，周恩来在这里帮助建立了中共海陆丰特别支部，1928年3月，得趣书室被国民党军队烧毁。1952年海丰县人民政府拨款按原貌重建，1962年7月7日广东省人民委员会颁布为省级重点文物保护单位。

"得趣书室"四个大字由书法家马春涛所题。原是彭湃自家书室。面宽三间：中间是客厅，左间是彭湃的办公室和寝室，右间是彭湃得力助手郑志云（1901—1928）的办公室和寝室，进深8米，建筑面积96平方米，为风火式山墙。原后座平房改建为二层楼房，

得趣书室

作为彭湃烈士革命家族的文物展室。1922年6月，彭湃开始深入农村，从事农民运动工作。初时并没有得到当地农民的理解和支持，但是彭湃毫不气馁，通过演讲、变魔术、留声机播放音乐等方法吸引当地农民，同时不断宣传革命真理。经过一个多月的努力，7月29日，他结识了青年农民张妈安、林沛、李林焕、李老四、李思贤五位农友，得到了他们的理解和支持，并于当晚在彭湃的得趣书室成立"六人农会"，并商定了"服从指挥，叫你去抓老虎舌、去钻刺丛、去下海，也是要去，有什么任务一定要完成；革命不要钱，不替有钱人做事；要严守秘密，不论父母、妻子、兄弟，都要保守秘密，如果被敌人抓去，不许出卖同志"三条纪律，同时表示一定要为农会的发展壮大、农民的利益和农民的解放奋斗到底！"六人农会"的成立是农民由分散到组织起来的第一步，它是中国农运史上一个新型的农会组织，是中国农运史上一颗不灭的革命之火。星星之火，可以燎原，由"六人农会"发展到全县25万多人的海丰县总农会。不久，农会组织发展到东江乃至广东各县，掀起了全省轰轰烈烈的农民运动。

得趣书室前面，一座"六人农会"雕像被圆形小水池四周环绕，成为一处静默无声却又震彻天宇的艺术建筑。"六人农会"雕像于2006年塑建，他们分别是彭湃、张妈安、林沛、李林焕、李老四、李思贤。整个组雕基座4×6米，每座人物高约2米左右，皆用铜铸造而成，人物栩栩如生、生动逼真，再现了当时彭湃等一心为民谋求福祉的真实场景，让人们自有一种亲临其境遥想其情的无限追忆情思。

得趣书室后面，建有彭母居室，是彭湃母亲周凤生前居住地。1956年，周凤前往北京参加军烈属代表会后，根据周总理指示，广东省人民政府在得趣书室后面为彭母建造了居室，设有厨房、餐厅、会客厅等，是彭母日常生活与接待客人的场所，供其安度晚年。

得趣书室并排右侧，一处独具地方特色的建筑，是海丰县农民协会旧址。原是桥东"马氏祖祠"，1925年，在广东省农会的领导下，全省农会组织统称"农民协会"，1925—1927年海丰县农民协会在此办公。

彭湃故居、得趣书室、农民协会旧址，以及紫红色的彭湃烧田契浮雕、古铜色彩的"六人农会"雕塑，在龙津河畔联成一体、相互映衬，错落有序的花木点缀其间，衬以海陆丰农民革命斗争场景，自然成为一处景观与历史相融合、革命与人文相辉映的胜地。

沿着龙津河畔向东200多米，是海丰县总农会旧址。1923年1月1日，彭湃在这里成立了全国第一个县级农会组织——海丰县总农会。彭湃为总农会会长，制定了农会旗，起草了农会章程，并制作了农会印章。此时，农会发展很快，拥有会员十万之众。农民运动迅速向东江及潮梅各县蔓延，其势如暴风骤雨，迅速异常。各地农会组织起来之后，开展了抗地主压迫、剥削的斗争和减租运动，震撼着封建统治阶级。海丰县总农会的成立掀起了广东省农民运动的热潮，极大地推动了革命进程，具有很深刻的历史意义。

总农会旧址前的一株大榕树，历经百年风雨，依然静静挺立在龙津河畔，散开的枝叶俨然一把巨伞，遮挡住阳光。这里是当年彭湃与农会同志商讨革命大事的场所。榕树枝繁叶茂，见证了中国革命的风雨历程。

（二）赤山约农会旧址

赤山约农会旧址位于城东乡龙山灵雨庵，与海丰县总农会旧址只一墙之隔。赤山农会在该址办公、接待来访群众，召开农会的各种会议。旧址原是灵雨庵，坐北向南，建筑宽三间10.6米，

赤山约农会旧址

海丰县总农会旧址

进深6.8米，风火式山墙硬山顶。前面有围墙圈护。1962年公布为广东省文物保护单位。

（三）海丰县总农会旧址

海丰县总农会旧址位于海丰县城东镇龙山西侧，与赤山约农会旧址相邻。旧址原是天妃庙，砖木结构，建筑面积72.08平方米。

到1922年底，海丰全县已成立了12个农会，总共98个乡2760户，16590人。建立全县总农会的条件已经成熟。1923年1月1日，各区农会代表60多人，在此举行了全县农民代表大会，成立了海丰县总农会。会议通过了总农会的组织章程，选举彭湃为总农会会长，杨其珊为副会长。总农会在此办公。

1963年，海丰县人民政府公布为文物保护单位。

1978年，旧址重修。

（四）平民医院旧址

平民医院旧址位于红宫后面东侧，该址原是清代的育婴堂，1921年10月，改建为妇孺医院。1925年东征后，县政府扩充为海丰县平民医院，培养了一批革命医护人员和助产护士。新中国成立初期，该址曾是海丰县人民政府办公场所，1963年海丰县人民

平民医院

委员会将其列为县级文物保护单位，现为红宫、红场纪念馆办公地址。

（五）中国共产党海丰支部成立旧址

中国共产党海丰支部成立旧址位于海丰县城径口街，原是彭湃家办的民生织布厂楼房（现为彭家住房）。1924年海丰有郑志云等部分社会主义青年团团员转党，1925年2月底在广州的党员随东征军回来，在周恩来的协助下，在这里成立中共海丰支部，支部书记彭湃，后为郑志云。

（六）海丰县农民协会旧址

海丰县农民协会旧址位于海丰县城龙津东路，原是马氏祖祠。1925年2月东征军克复县城后，农会公开活动，按广州革命政府宣言，海丰县总农会改名，并改按行政区设基层组织，不再以约设农会，停用红黑色会旗。

农民协会旧址

1926年初，省农会在全省设6个办事处，原属惠州的海陆丰划出同潮梅地区合设潮梅海陆丰办事处，彭湃兼任主任，从此海陆丰农民运动主要向潮梅地区发展。当年5月，全办事处农会员占全省会员数的56%，其中，海丰会员数占全办事处会员数55%，至1927年3月，全办事处会员已达100万。国共合作时期，海陆丰农民运动更加扩大，成为全国农民运动的先锋。

1963年，被县委、县政府定为重点文物保护单位。

（七）海丰县农民运动讲习所旧址

海丰县农民运动讲习所旧址位于海丰县城龙津东路东端，即准提阁。1925年4月，海丰县农民协会为培养农会干部，在这里举办农民运动讲习所，彭湃任所长，

海丰县农民运动讲习所旧址

学员40多人。结业后部分学员先后被调往潮梅县工作。

办学期间，有6位女学员发起成立海丰县妇女协会，初期会址也在这里。

1927年11月，中共海丰县党员代表会在这里举行，选举产生第一届县委。同月在此建制弹厂，县安排专人收购旧棉、旧铜为原料，用石臼捣棉花为无烟火药原料。

1962年，被县委、县政府定为重点文物保护单位。

（八）共青团海陆丰地委旧址

共青团海陆丰地委旧址位于海丰县城益民街，原是陈姓民居楼房，1925年2月底，在本地和广州随东征军回县的社会主义青年团团员联合开会，周恩来参加，经选举重新成立支部，此后团名称改为共产主义青年团。1925年10月第二次东征胜利后扩大为共青团海丰地委，1926年春再扩大为共青团海陆丰地委。

1963年，被县委、县政府定为重点文物保护单位。

（九）海丰县总工会旧址

海丰县总工会旧址位于海丰县城幼石街，原是明朝建的万寿寺，1925年春，在这里设海丰工会筹备处，领导全县组织工会。1926年5月1日，在这里举行海丰县工人代表会，成立海丰县总工会。当时会员发展至2万多人，其中女会员1800人。

1962年，被县委、县政府定为重点文物保护单位。

（十）红二师师部旧址

红二师师部旧址位于黄羌林场朝面山招窝村虎嗷张姓地主收租石屋。1927年10月3日，南昌起义军在普宁遭敌军截击，二十四师团长董朗率千人突围至陆丰东南，由东江特委联络人带领进入军事根据地新田碣石溪。9日抵达东江特委驻地，后改编为工农革命军第二师，师部设在这里。1975年原址因修水库没入库底。2007年海丰县人民政府立碑标示，2015年重建。

（十一）红四师师部旧址

红四师师部旧址位于海城镇埔仔峒浮潭村，原是黄氏宗祠。

共青团海陆丰地委旧址

海丰县总工会旧址

红二师师部旧址

红四师师部旧址

红军四十九团团部旧址

1928年4月，红四师从潮普惠回海丰参与反攻县城，师部驻在这里，现原貌有所改变。改革开放后被县委、县政府定为重点文物保护单位。

（十二）红军四十九团团部旧址

红军四十九团团部旧址位于黄羌林场朝面山大路下村，原是杨氏宗祠。

该团全称是中国工农红军第六军第十七师第四十九团。1930年冬改称第六军第二师（一师在闽西）第一团。1931年5月以后又改称东江独立师第一团。1929年10月，中共海陆惠紫特委在这里开会成立，团部即设在这里。南昌起义军的符锦惠、麦胜标等也参加海陆惠紫特委成立大会。

红军四十九团改编为第六军第二师第一团时，团长林军杰，原团长彭桂、政委黄强任二师师长。1975年大路下因建朝面山水库移民，村民建雅芳亭留念，所有房屋已荡然无存。2007年海丰县人民政府在这里立标志碑。2016年重建。

海丰县革命遗址目录和革命文物

　　在建党初期、大革命时期、土地革命时期、抗日战争和解放战争时期，中国共产党领导海丰人民，在探索中国革命道路、进行长期的革命斗争中，在海丰地区留下了丰富的红色历史和珍贵的革命遗址和革命文物。海丰县有332处革命遗址被列入广东省革命遗址名录。

一、海城镇（39处）

1. 红宫红场旧址
2. 海丰县苏维埃政府旧址
3. 平民医院旧址
4. 共青团海陆丰地方委员会红楼旧址
5. 东征军黄埔军校政治部南湖别墅旧址
6. 中共海陆丰地方委员会鉴湖旧址
7. 海丰失散党员首次集会旧址
8. 彭湃烈士故居
9. 六人农会旧址
10. 彭湃在龙舌埔烧田契旧址
11. 海丰县农民协会马氏祖祠旧址
12. 中共海丰支部成立旧址
13. 海丰县农民自卫军队部旧址

14．海陆丰劳动银行遗址

15．海丰抗日救乡队情报站遗址

16．海丰革命烈士陵园

17．海丰革命烈士暨革命斗争史纪念馆

18．海丰县学生联合总会旧址

19．中共东江党校旧址

20．农会员医药房旧址

21．林铁史旧居

22．社会主义青年团海丰地方组织绵德堂旧址

23．社会主义研究社遗址

24．中共海丰县委会旧址

25．海丰县总工会旧址

26．海丰县城市苏维埃政府旧址

27．杨望旧居遗址

28．守望约农会旧址

29．埔仔峒红军桥遗址

30．红四师操练场遗址

31．红四师师部黄氏祠堂旧址

32．红四师红军医院遗址

33．江南支队倒爬山战斗遗址

34．海陆紫特委及海丰县军事指挥部掩蔽遗址

35．莲花山红军烈士陵园

36．红军四十九团交通站遗址

37．红军四十九团伤员医院遗址

38．红军四十九团掩蔽团部旧址

39．埔仔村农会遗址

二、城东镇（25处）

1. 海丰县人民抗日救乡队情报站旧址

2. 赤山村赤卫队交通站旧址

3. 大池村农会、地下党秘密交通情报站旧址

4. 赤山红色村庄遭清乡惨案遗址

5. 高楼村农会旧址

6. 安东农军配合东征军阻击敌军旧址

7. 海丰县人民抗日救乡队成立遗址

8. "七五"农潮后彭湃等同志避难处旧址

9. 大嶂村农会旧址

10. 海陆丰人民自卫队伏击国民党便衣警探队遗址

11. 海丰农民运动讲习所准提阁旧址

12. 海丰县革命烈士纪念碑

13. 五三烈士纪念亭

14. 李思贤旧居

15. 五人烈士墓

16. 蔡素屏牺牲处遗址

17. 七圣宫情报站遗址

18. 林道文旧居

19. 赤山约农会旧址

20. 海丰县总农会旧址

21. 彭湃在赤山约大榕树宣传农运旧址

22. 中共东江特委五龙寺旧址

23. 张妈安旧居

24. 台东前厅村交通情报站旧址

25. 台东后山村交通情报站旧址

三、附城镇（5处）

1. 粤北省委事件后海丰县委机关交通站旧址
2. 大山脚农民自卫军、赤卫队队部旧址
3. 鹿境乡大山脚村农会旧址
4. 海丰抗日救乡队智杀日军遗址
5. 海丰抗日民主县政府旧址

四、梅陇镇（41处）

1. 仓兜村赤卫队联络点旧址
2. 白石岗村农会馆旧址
3. 海丰县苏维埃政府造枪厂旧址
4. 金岗围村农会馆遗址
5. 三合村农会馆旧址
6. 丘东平故居
7. 东港乡农会、东港乡秘密交通站旧址
8. 官田寨村赤卫队联络点遗迹
9. 孔子门战斗旧址
10. 上墩尾村农会馆遗址
11. 叶子新旧居
12. 谢厝乡苏维埃政府赤卫队部旧址
13. 土头村农会馆遗址
14. 海丰县第三区区部委、区苏维埃政府、大嶂村农会馆遗迹
15. 革命者应急藏身的秘密暗柜旧址（一）
16. 革命者应急藏身的秘密暗柜旧址（二）
17. 彭湃到大嶂村宣传革命的旧址

18. 粤赣湘边纵队阻击国民党保安师遗址

19. 梅陇革命烈士纪念碑

20. 周大林宣传马列主义思想遗址

21. 西二村赤卫队部遗址

22. 东征烈士纪念亭遗迹

23. 彭桂办公遗址

24. 后围徐农会馆旧址

25. 徐国声故居

26. 古鸿江旧居

27. 浅沙战斗烈士纪念亭遗址

28. 浅沙战斗指挥部遗迹

29. 浅沙农会馆遗址

30. 港口村赤卫队联络点旧址

31. 港口村自卫军队部旧址

32. 梁厝村农会馆旧址

33. 四方村农会旧址

34. 将军帽村农会旧址

35. 海陆紫党代会旧址

36. 抗战时期金盘围村地下党联络点遗址——抱翠私塾

37. 屿岭村赤卫队部旧址

38. 陈家村农会旧址

39. 月池村赤卫队部旧址

40. 直界村农会旧址

41. 五烈巷

五、鲘门镇（14处）

1. 百安村农会、农民自卫军队部遗址

2．海丰民主县政府印制"流通券"旧址

3．港尾村农会、农民自卫军队部旧址

4．排角村农会、农民自卫军队部旧址

5．新径村农会、农民自卫军队部遗迹

6．东江纵队军需筹备点遗址

7．驷马岭村农会、农民自卫军队部遗址

8．鲘门团支部成立旧址

9．新乡村农会、农民自卫军队部旧址

10．东江纵队部队临时住宿点旧址

11．菜园社农会、农民自卫军队部遗迹

12．海陆丰人民自卫队袭击鲘门乡公所战斗遗迹

13．鲘门苏维埃政权成立大会遗址

14．东纵六支税站旧址

六、小漠镇（1处）

1．小漠镇革命烈士纪念碑

七、赤石镇（39处）

1．东纵六支石龙头山战斗遗址

2．赤石镇解放战争革命烈士纪念亭

3．鹅赤鲘人民自卫委员会遗址

4．海陆丰人民自卫队岭仔顶战斗遗址

5．东纵六支伏击日军陂仔岭战场遗址

6．粤赣湘边纵队东一支第五团成立旧址

7．海丰县第四区农民协会成立遗址

8．海丰县第四区苏维埃政府成立大会遗址

9．红四师赤石战斗遗址

10. 大安峒红军医院遗址

11. 东纵六支卫生队伤兵站遗址

12. 中共海陆丰县委举行干部会议遗址

13. 中共海陆丰县委成立遗址

14. 东纵六支天仔壁战斗遗址

15. 广东人民解放军江南支队第五团成立遗址

16. 彭桂牺牲处

17. 中共江南地委扩大会议旧址

18. 东纵六支成立会场遗址

19. 海陆丰人民自卫队队部旧址

20. 海丰县第三区抗日民主政府及海丰民主抗日县政府成立遗址

21. 海陆丰中心县委秘密印刷机关遗址

22. 红四师埔顶山战斗遗址

23. 黄立牺牲处

24. 惠海行商护路队队部遗址

25. 红军四十九团甘仔洋战斗遗址

26. "天狼"队阻击国民党一八六师遗址

27. 赤石镇革命烈士纪念碑

28. 大安峒红军洞遗址

29. 黄悦成旧居遗址

30. 梅陇农民自卫军第三中队队部遗址

31. 赤石镇红四师纪念馆

32. 红四师活动地遗址

33. 红军四十九团二营营部遗迹

34. 徐向前居住地遗址

35. 红军四十九团明溪围战斗遗址

36．惠海行商护路大队第三中队驻地遗址

37．红四师洋坑古寨战斗旧址

38．东征军羊蹄岭战斗遗址

39．海丰民主县政府成立旧址

八、鹅埠镇（4处）

1．鹅埠分区苏维埃政府旧址

2．鹅埠农民自卫军兵工厂旧址

3．杨安村农会旧址

4．杨安村赤卫队成立旧址

九、联安镇（21处）

1．联田乡农会馆旧址

2．林彬旧居

3．横排村农会馆遗址

4．联英村农会馆遗迹

5．中共东燕潭支部旧址

6．彭桂旧居

7．彭元章旧居

8．中共亚前彭村党支部遗址

9．亚前彭农民学校、农会馆、自卫军队部旧址

10．坐头乡农会馆旧址

11．田心乡党支部（东路运输线）联络点遗址

12．田心乡农会馆、团支部、赤卫队部遗迹

13．田心乡党小组联络点旧址

14．田心村农民自卫军队部遗址

15．田心乡苏维埃政权、妇女会、少年先锋队、儿童团办公

旧址

16．田心乡成立苏维埃政权大会、打地主烧田契千人大会
旧址

17．陈子岐旧居

18．东江特委白町交通站旧址

19．陈子歧革命活动场所旧址

20．中共圆埔党支部、圆埔苏维埃政权旧址

21．海丰县人民抗日救乡队伏击日军遗址

十、可塘镇（12处）

1．东溪口战斗旧址

2．可塘镇凤山烈士墓

3．海丰县青抗会六区干事会活动遗址

4．海丰县第九区农会旧址车仔街中段

5．天雷队、钢铁队"三打乡公所"旧址

6．红四师党代会旧址

7．可塘镇陇东村农会旧址

8．洋甲州"二一八"惨案遗址

9．罗北村洋甲洲农会旧址

10．童子团团部旧址

11．埔上村农会旧址

12．罗山约农会旧址

十一、陶河镇（19处）

1．埔仔乡农民自卫军、赤卫队队部遗址

2．海陆丰人民自卫队首战战场遗址

3．古石村农会、农民自卫军、赤卫队队部暨东纵六支受降

日军旧址

4. 陶东乡农民自卫军、赤卫队队部遗迹

5. 红色地下交通站旧址

6. 游击队藏枪处旧址

7. 陶南乡农会遗址

8. 颜汉章旧居

9. 红色地下诊所旧址

10. 陶河革命委员会旧址

11. 陶南乡农民自卫军、赤卫队队部旧址

12. 海丰县总农会凤巢联络站、陶西乡农会遗迹

13. 桐埔乡农会旧址

14. 下边乡农会旧址

15. 五西村赤卫队、人民自卫队根据地遗址

16. 雅卿乡农会旧址

17. 雅卿乡农民自卫军、赤卫队队部遗迹

18. 杨北村农会遗址

19. 杨埔农会、革命活动旧址

十二、赤坑镇（17处）

1. 赤花村抗日战场遗址

2. 海丰县六区苏维埃南路指挥处遗址

3. 营救盟军飞行员遗址

4. 海丰县六区接应曾生新编大队交通情报点遗址

5. 曾生新编大队赤坑掩蔽处遗址

6. 东纵六支和青坑救乡队伏击日军遗址

7. 抗日战争时期流冲圩党支部旧址

8. 海丰县六区抗日民主政府成立大会遗址

9. 海丰县六区抗日民主政府筹备大会遗址

10. 余创之旧居

11. 天雷队青坑伏击国民党军旧址

12. 赤坑革命烈士纪念碑

13. 天雷队、钢铁队夜袭青坑联防队遗址

14. 沙港革命烈士陵墓

15. 东纵六支与县救乡队伏击海匪遗址

16. 东纵六支和救乡队石头山伏击日军遗址

17. 东纵六支接受伪海军投降遗址

十三、大湖镇（5处）

1. 高螺村农会旧址

2. 掩蔽庄岐洲转移渡口处旧址

3. 大德村农会旧址

4. 大德山红军洞

5. 红四师渡海处旧址

十四、公平镇（27处）

1. 白山村农会遗址

2. 林覃吉旧居

3. 高沙约农会旧址

4. 红军四十九团团部新乡楼村驻地旧址

5. 广东省高级水产职业学校公平圩旧址

6. 海陆丰中心县委掩蔽新编大队指挥部公平圩遗址

7. 公平革命群众保护新编大队遗址

8. 海丰县二区农会代表大会会场遗址

9. 杨其珊墓

10. 海丰县二区赤卫队反攻公平作战指挥部遗址

11. 钟娘永旧居

12. 周凤旧居

13. 平岗约农会馆旧址

14. 万清味旧居遗址

15. 黄显群旧居

16. 青湖约农会成立遗址

17. 海丰县二区赤卫队反攻公平集合地遗址

18. 海丰县二区苏维埃兵工厂遗址

19. 下洞村农会旧址

20. 下洞村赤卫队队部旧址

21. 粤赣湘边纵队司令部西坑驻地旧址

22. 粤赣湘边纵队第五团西坑联络交通站旧址

23. "七五"农潮后彭湃借宿地遗迹

24. 公平抗日阵亡将士纪念碑

25. 粤赣湘边纵队攻克公平圩战斗旧址

26. 海丰县二区农会恢复典礼会场遗址

27. 中共海丰县二区特别支委遗址

十五、平东镇（7处）

1. 掩护曾生部队暴露的党员干部隐蔽旧址

2. 革命堡垒户蔡算同志纪念碑

3. 掩蔽柳亚子九龙峒旧址

4. 海丰县二区抗日民主政府成立大会遗址

5. 平东镇革命烈士纪念碑

6. 中共海陆丰中心县委干部训练班旧址

7. 华水塘地下党组织活动旧址

十六、黄羌镇（41处）

1. 田心高排山烈士墓

2. 东坑乡农会遗迹

3. 罗輋战斗圳寨村疗伤处遗址

4. 红二师后勤处旧址

5. 红军四十九团营地吉祥楼旧址

6. 海陆丰第三次武装起义茶园洞战斗遗址

7. 红军四十九团战壕遗址——大古崀

8. 红军四十九团战壕遗址——短窝子

9. 红军四十九团战壕遗址——上坑

10. 官田村妇女解放协会成立地遗迹

11. 官田村农民自卫队成立地旧址

12. 海丰县临时革命政府旧址

13. 塘肚农军井

14. 杨其珊旧居遗迹

15. 合门乡农民协会遗址

16. 合门村农民自卫军成立地遗址

17. 抗日游击队女兵驻地旧址

18. 抗日游击队长枪队驻地遗址

19. 坑口谷塘党支部旧址

20. 虎嗷村党支部旧址

21. 平北乡游击队成立地旧址

22. 东江革命委员会、黄羌乡苏维埃政府遗址

23. 七百勇士出征处

24. 海丰县委、海陆紫特委、红军医院、红军军医处旧址

25. 黄羌革命烈士墓

26. 赵自选墓

27. 罗輋战斗遗址

28. 松林乡赤卫队交通站遗址

29. 海丰县人民政府旧址

30. 曾生避险处旧址

31. 曾生在石山掩蔽处遗址

32. 抗日新编大队队部旧址

33. 双河农会旧址

34. 余坤等六位农民与地主朱墨作斗争的策划地旧址

35. 戴永良旧居遗迹

36. 双圳税站遗址

37. 楼下农会旧址

38. 十三坑农会遗址

39. 黄羌分区农会、海陆惠紫工农讨逆军驻地遗址

40. 国民党军向农军投诚地遗址

41. 蓝训材旧居

十七、黄羌林场（15处）

1. 海陆紫县苏维埃政府医务处遗址

2. 海陆紫县苏维埃政府整枪处遗址

3. 红二师小旗手烈士墓

4. 林覃吉牺牲处遗址

5. 红军洞

6. 海陆紫县苏维埃政府印刷处遗址

7. 海陆紫县苏维埃政府旧址

8. 海陆紫县苏维埃政府特务连驻地遗址

9. 红二师纪念公园

10. 中共东江特委旧址

11. 红二师师部旧址

12. 红二师官兵离开海丰最后旧址

13. 红军四十九团团部遗址

14. 麻竹集体农场场部旧址

15. 红二师战壕遗址

十八、革命文物

（一）中国共产党早期的党旗

海丰农民运动在彭湃的带领和中国共产党的领导下，取得了很大的成就，于1927年11月建立了全国第一个苏维埃政权——海陆丰苏维埃政权。该旗为1927年苏维埃时期的党旗，是中国共产党较早的一面旗帜。

（二）海丰县总农会会旗

海丰县总农会会旗是彭湃设计的，针对当时海陆丰农民受士绅、宗族势力的操纵挑拨，分为"红""乌"派别，以"红""乌"旗为标志，相互械斗残杀，彭湃设计的农会会旗，以"红""乌"对缀四联，代表农民从此摒弃分裂、团结一致。

（三）留声机喇叭筒

此文物呈圆锥体铁质结构，喇叭筒口有凹入形环型纹。1922

1927年苏维埃时期的党旗，　　　海丰县总农会会旗　　　　　留声机喇叭筒
是中国共产党较早的一面旗帜

年，彭湃刚开始发动农民运动时，用此留声机播放音乐吸引周边农民，并通过宣传来唤醒农民觉悟，让他们知道"农民团结起，革命搞到底，你分田我分地，有田有地真欢喜"的革命道理。

这一部曾为革命作出重大贡献的宣传工具——留声机，在新中国成立后由莫汉碧作为革命文物捐赠给红宫收藏。

"为民前锋"题词

（四）"为民前锋"题词

此题词原是彭湃写给革命先烈张威的，内容为"为民前锋"四字，用毛笔墨汁草书。这是红宫红场旧址纪念馆保存的唯一一件彭湃的亲笔原件。

（五）人力三轮车

周恩来赠送彭湃母亲周凤的交通工具。1956年11月16日，彭母出席在北京举行的军烈属代表会议，受到党和国家领导人毛泽东、刘少奇、周恩来、宋庆龄等的接见。尔后，根据周恩来的指示，广东省人民政府在得趣书室后面为彭母建造居室，

周恩来送给彭湃母亲周凤的人力三轮车

并配置人力脚踏车供其专用。此车伴随彭老太太直至晚年。

（六）密信

图为彭湃牺牲前在狱中写给党中央的绝笔信复印件：

冠生暨家中老少：

我等此次被白害，已是无法挽救。张、梦、孟都公开承认，并尽力扩大宣传。他们底下的丘及同狱人，大表同情。尤是丘等听我们话之后竟大叹气而捶胸者。我们在此精神很好。兄弟们不要因为弟等牺牲而伤心。望保重身体为要。

余人还坚持不认。

揆安

彭湃牺牲前在狱中写给党中央的绝笔信复印件，1929年8月30日

"冠生"是当时担任党中央军委书记的周恩来的化名。

附录四 海丰革命历史大事记

1919年5月，海陆丰进步师生响应五四运动，举行学生代表大会，在海城、东海、汕尾、公平等地游行示威，抵制日货。

1921年5月，彭湃从日本留学毕业回国，加入社会主义青年团。7月初，在海丰成立社会主义研究社。7月30日，组织劳动者同情会。

1921年9月1日，彭湃在郑志云主编的《新海丰》创刊号发表《告同胞》，宣传社会主义。

1922年5月14日，彭湃、李春涛等创办《赤心周刊》。

1922年5月、6月间，中国社会主义青年团海丰特别支部成立，直属团中央领导。

1922年7月29日，海丰第一个农会——"六人农会"成立。

1923年1月1日，海丰县总农会成立。5月，海丰县总农会扩大为惠州农民联合会。7月，惠州农民联合会改组为广东省农会。

1923年8月15日（农历七月初四），因飓风洪涝灾害农业失收，彭湃召集海丰县农民代表大会要求减租，触及地主阶级利益。次日，海丰县署出动军警300余人围攻总农会，农会用具被没收，杨其珊等25人被捕，农会被宣布取缔，史称"七五"农潮。

1924年7月，彭湃在广州主持创办第一届农民运动讲习所，任首届主任，后任第五届主任。办学期间，海丰选派了一批优秀农会会员赴广州参加学习。

1925年2月27日，广东革命政府东征军首次到达海丰。同年10月20日，东征军第二次到达海丰，周恩来等人受到海丰人民的大力支持。

1925年3月，中共海丰支部成立，4月改称为中共海陆丰特别支部。10月29日，中共海陆丰地方委员会成立。

1925年3月16日，海丰县农民自卫军成立，李劳工为总队长，林甦为党代表。建立一支统一服饰、统一装备、统一军政教育的新型农民武装队伍。他们按正式驻防军的编制逐月发军饷，日常为民，战时为兵，是中国现代革命史上最早的农军，被誉为"东方红军"。

1926年1月，彭湃发表《海丰农民运动报告》。9月，毛泽东在《农民运动丛刊》的序言中，提出把海陆丰农民运动的经验推向全国。同年11月，杨白在《少年先锋》发表文章，称誉海丰县城为"东方小莫斯科"。

1927年4月26日，海陆丰人民举行第一次武装起义。续后举行了九月起义和十月起义，史称"海陆丰三次武装起义"。

1927年9月初，中共海陆丰地委改组为中共海陆丰县委，并成立中共东江特别委员会和东江革命委员会。

1927年10月7日，南昌起义军余部1300多人抵达激石溪；9日进入海丰县朝面山及中峒后方基地休整，初编为工农革命军第一大队。

1927年10月下旬，中共南方局派颜昌颐到达朝面山，指导改编南昌起义军余部为工农革命军第二师，因人数不足，先成立第四团，续后选调海陆丰农军组成第五团。

1927年11月10日，汕尾市召开第一次工农兵代表大会，选举产生汕尾市（区级）苏维埃政府；13—16日，选举产生陆丰县苏维埃政府；18—21日，选举产生海丰县苏维埃政府。以上为彭湃主持建立的政权，统称"海陆丰苏维埃政权"，为中国第一个苏维埃政权。

1927年11月15日，中共海陆丰县委改组为海丰和陆丰两个县委。

1928年1月5日，广州起义军余部改编的工农革命军第四师（后称"红四师"）1100多人到达海丰，与工农革命军第二师（后称"红二师"）在红场会师。

1928年3月，敌军占领海陆丰县城，党政军领导机关退守农村根据地继续战斗。6月，海陆丰成立海陆惠紫暴动委员会，杨望任书记。

1928年10月26日，中共广东省委批准成立海陆紫特委，陈舜仪任书记。同时成立海陆惠紫革命委员会。次年5月，海陆紫特委扩大为海陆惠紫特委。

1928年12月，中共海陆紫特委成立遣送红军出境委员会。

1929年3月，徐向前等红二、四师将士先后离开海陆丰。最后仅余少数人继续在海丰坚持战斗。

1929年8月30日，彭湃、杨殷、颜昌颐、邢士贞等人因被叛徒白鑫出卖，在上海龙华监狱英勇就义。

1929年10月9日，中国工农红军第六军第十七师第四十九团在海丰朝面山成立。

1930年10月，红军四十九团改编为中国工农红军第六军第二师第一团。次年5月，因军部未能成立又编为东江独立师第一团。

1930年12月，中共海陆紫县委和海陆紫县苏维埃政府在陆丰激石溪成立。

1931年5月至1932年2月，中共海陆紫县委和红一团贯彻中共六届四中全会"左倾"教条主义路线，大搞错误肃反，仅海丰一县就错杀了300余名干部和群众。

1933年9月26日，中共第五届中央委员杨其珊在陆丰激石溪被叛徒杀害。海陆丰党组织转入隐秘活动，海陆丰革命根据地基本沦陷。

1937年8月，蓝训材、刘腾光回到海陆丰恢复发展党组织。10月间，成立中共海陆丰支部。

1938年9月3日，日军进占汕尾新港。

1938年10月，中共海陆丰工作委员会在汕尾成立。

1939年3月，中共海陆丰工作委员会改名为中共海陆丰中心县委。

1940年3月中旬，曾生、王作尧领导的抗日游击队东移海陆丰。8月，重回惠阳宝安抗日前线。

1941年3月24日，日军第一次进占海丰全境，11月26日撤走。

1941年9月21日，广东国民党抗日合作军在田墘红楼突遭日军袭击，牺牲93人。

1945年1月24日，日军第二次进占海丰全境，直至8月15日投降。

1945年2月，广东人民抗日游击队东江纵队第六支队在赤石大安峒成立。6月，海丰县抗日民主政府在赤石大安峒成立。

1946年6月30日，根据国共两党停战协定，东纵六支大部分人员复员，仅余80多名骨干成员随主力北撤山东，留下韩捷、蓝训材、庄岐洲等17名武装人员掩蔽活动。

1947年1月22—24日，蓝训材在梅陇黄山峒主持召开军事会议，传达恢复武装斗争的指示，宣布成立海陆丰人民自卫队。

1947年3月上旬，中共海陆丰中心县委在赤石大安峒重新组建。

1948年7月1日，海陆丰人民自卫队在大安峒改编为中国人民解放军江南支队第五团。

1948年10月，中共海陆丰中心县委撤销，海丰、陆丰分设两个县委。

1949年1月1日，海陆丰人民武装力量改编为中国人民解放军粤赣湘边纵队东江第一支队第五团（海丰）和第六团（陆丰）。

1949年2月1日，海丰县民主政府在赤石秋塘谭公爷庙成立，选举蓝训材为县长。

1949年7月1日，海丰县人民政府在黄羌石山成立。

1949年10月11日，中国人民解放军粤赣湘边纵队解放海丰县城。

1949年10月17日，海陆丰盐场公署税警查缉大队、盐警大队宣布起义，汕尾和平解放。11月5日，海丰县各界人民在红场举行庆祝中华人民共和国成立和胜利解放大会。

1949年12月，中国人民解放军歼灭捷胜龟龄岛海匪及国民党残敌，海丰全境解放。

海丰革命老区村

海丰老区人民在中国共产党的领导下，为革命事业，经受了长期艰苦曲折的斗争，抛头颅、洒热血，前仆后继，英勇不屈。据不完全统计，仅大革命时期全县惨遭反动派杀害的有4万多人，被烧毁村庄249个，被烧拆房屋近4万间，被迫离乡逃生的有1.45万人，被抢走耕牛0.64万头，抢走及毁坏生产和生活用具不计其数，绝村60个。

海丰在海陆丰革命根据地中占主要地位。1927年11月，海丰实现全县一片红，各区建立了苏维埃政权，除工农红军外，区、乡都建立了赤卫队组织。海陆丰革命根据地是全国13块革命根据地之一，这是中共中央十一届六中全会《关于建国以来党的若干历史问题的决议》中确认了的。它的创建在中国现代革命史上具有重要的历史地位。1957年，广东评划革命老区村的工作组到县进行评划工作，县相应由民政等部门组织人员配合省工作组下到各乡镇召集当地老同志、乡镇代表，逐个村庄进行审核评划，当时省政府确认海丰县为革命老区村庄的有881个（其中绝村60个），32448户，149176人。海丰县按上级部署，分别于1989年、1990年和1992年进行补划老区村庄工作。1989年补划老区村庄179个，老区户数54692户，278732人。1990年补划老区村庄178个，老区户数54884户，279432人。1992年补划老区村庄124个，老区户数11474户，58799人。1992年补划红色根据地村庄32

个，17221户，78621人。

海丰县革命老区绝村村名

区别	乡别	绝村村名	老区类型	区别	乡别	绝村村名	老区类型
黄羌林场	陆安	尾营村	红色根据地	梅陇	银丰	坡美	红色游击区
黄羌林场	陆安	崩山寮	红色根据地	梅陇	银丰	五斗种	红色根据地
黄羌林场	陆安	黄葛窝	红色根据地	梅陇	银液	墟仔	红色游击区
黄羌林场	陆安	南防背	红色根据地	梅陇	银液	西坑	红色游击区
黄羌林场	陆安	江西坪	红色根据地	梅陇	红阳	内上格	红色游击区
黄羌林场	陆安	秤头窝	红色游击区	梅陇	红阳	岭仔	红色游击区
黄羌林场	陆安	南风窝	红色游击区	梅陇	红阳	杨柳埔	红色游击区
黄羌林场	陆安	甘仔坑	红色根据地	梅陇	红阳	元山仔	红色游击区
梅陇	银丰	登山洋	红色游击区	鲘门	红源	城仔	红色游击区
梅陇	银丰	井头	红色游击区	鲘门	大安	种蔗岭	红色根据地
赤石	大安	钟厝仔	红色根据地	赤石	大安	碗窑排	红色根据地
赤石	大安	土贝仔	红色根据地	赤石	明溪	企岭	红色根据地
赤石	新联	牛坑	红色游击区	园林	园联	牛石	红色游击区
大湖	新德	乌坑潭	红色游击区	东涌	品清	新德	红色游击区
海城	城西	鸡母巢	红色游击区	莲花山	新望	平岭	红色根据地
莲花山	新望	乌仔坑	红色根据地	莲花山	新望	坎仔脚	红色根据地
莲花山	新望	牛头山	红色根据地	莲花山	埔仔洞	新墟仔	红色根据地
莲花山	万中	埔背	红色根据地	莲花山	万中	山塘	红色根据地
莲花山	万中	老虎石	红色根据地	莲花山	万中	岭下	红色根据地
莲花山	万中	白木洋	红色根据地	莲花山	万中	芒山	红色根据地
莲花山	万中	山坡巢	红色根据地	莲花山	万中	响石	红色根据地

（续表）

区别	乡别	绝村村名	老区类型	区别	乡别	绝村村名	老区类型
莲花山	万中	径仔	红色根据地	莲花山	万中	甘仔园	红色根据地
莲花山	万中	长覃	红色游击区	莲花山	高北	新王塘	红色游击区
公平	平岗	头陂	红色游击区	公平	平岗	山口	红色游击区
公平	高北	高北上军田	红色游击区	公平	高北	高北下军田	红色游击区
公平	联山	寨仔顶	红色游击区	公平	联山	水井仔	红色游击区
平东	平龙	大王增	红色根据地	黄羌	松林	水打寮	红色游击区
黄羌	双圳	园覃	红色根据地	黄羌	双圳	鹤田仔	红色游击区
黄羌	东岭	上坑	红色游击区	黄羌	东岭	茶园洞	红色游击区
黄羌	合门	咸菜堀	红色游击区	黄羌	黄羌	沥背	红色游击区

附录六 历史评价

一、彭湃在世时的评价

1923年9月30日，中国社会主义青年团中央执行委员会候补委员、中国共产党广东区委委员、农民运动工作委员会书记阮啸仙在致实庵（即中共中央总书记陈独秀）的信中说彭湃等"很努力于农民运动，一班农民也很表同情于他们"。

1923年12月29日，中共中央执行委员会候补委员、中国劳动组合书记部总部主任、中国社会主义青年团中央执行委员邓中夏在《中国青年》第11期上发表了《论农民运动》，文中说，广东海丰的农民等，"都曾'揭竿而起，挺身而斗，痛快淋漓地把他们潜在的革命性倾泻出来'。他们不仅是敢于反抗，并且进一步而有农会的成立，把散漫的群众都集中在一个组织与指挥之下。这样的知能与勇气，恐怕进步的工人也不能'专美'罢"，"由此可证明中国农民已到了要革命醒觉时期了"。

1923年，远在欧洲学习的周恩来，在中共旅欧总支的理论刊物《赤光》发表文章，赞扬海陆丰农民运动，他说："海陆丰百万农民的反抗运动……引起了地主的恐怕，农民是一支庞大的力量，中国农民是可以在不久的将来加入革命战线的。"

1924年1月5日，邓中夏在《中国农民状况及我们运动的方针》一文中，再次详细介绍了海丰与湖南衡山岳北地区农民运动的状况，"他们何以有这么大的运动呢？因为他们有完善巩固的组织"。由他们的斗争，"我们可以征测中国农民的觉悟是到了要农会的程度，能力是到了敢于反抗压迫阶级的时候，这种壮烈的举动，比较香港海员和京汉路工的罢工，并无逊色，真是中国革命前途可乐观的现象呵"。文章还说"这两处的农民运动，听说实在有不少青年含辛茹苦的在其中活动，所以他们能够知道组织农会，知道进行罢税抗租的方法。假如各省的青年都能象（像）这两处的青年一样，那么全国的农民大联合运动，可说是指日可待的事了"。

1924年3月25日，邓中夏在上海民国日报副刊《平民周报》上发表了《论农民运动》一文，批评海丰及衡山农民运动"有一个共同的错误，可说是'左派的幼稚病'。他们引导农民做纯经济的奋斗，所采用的政略与方法过于'左倾'，以致与地主结下生冤死仇，结果是地主假借官厅和军队几阵炮火把两个崭新的农会打得烟消火灭了。从这里我们可以看出在目前的现状之下做农民运动，应该以立下农民团体的基础为第一要义，如果于这个基础有损害时，应该对于对手方之冲突，力求避免，不然，逞一时之气，鼓一时之勇，结果自己的组织，根本断尽，有什么用处呢"。

1925年5月，蔡和森在《今年五一之广东农民运动》一文中指出："此次革命军在东江的胜利，农民的帮助是一个重大的原因"，"彭君是东江农民运动的领袖"。对于彭湃在报告中提出的军队与农民之间关系问题，文章说"我们认为很重要的"。

1926年9月1日，毛泽东把《海丰农民运动报告》编入《农民运动丛刊》，作为其中的第19种，并在为《农民运动丛刊》写的序言《国民革命与农民运动》中，对此书给予高度评价，提出要把海陆丰农民运动的经验向全国推广。他说："陈炯明的故乡，历来土豪劣绅、贪官污吏猬集的海丰县，自从有了五万户二十五万人之县农民协会，便比广东任何县都要清明——县知事不敢为恶，征收官吏不敢额外刮钱，全县没有土匪，土豪劣绅鱼肉人民的事几乎绝迹。因此，乃知中国革命的形势只是这样：不是帝国主义、军阀的基础——土豪劣绅、贪官污吏镇压住农民，便是革命势力的基础——农民起来镇压住土豪劣绅、贪官污吏。中国的革命，只有这一种形式，没有第二种形式。全中国各地都必须办到海丰这个样子，才可以算得革命的胜利，不然任便怎么样都算不得。全中国各地必须都办到海丰这个样子，才可以算得帝国主义、军阀的基础确实起了动摇，不然也算不得"，"这部书内关于广东的材料，占了八种，乃本书最精粹部分，它给了我们做农民运动的方法，许多人不懂得农民运动怎样去做，就请过细看这一部分。它又使我们懂得中国农民运动的性质，使我们知道中国的农民运动乃政治争斗、经济争斗这两者汇合在一起的一种阶级斗争的运动。内中表现得最特别的尤在政治争斗这一点，这一点与都市工人运动的性质颇有点不同。都市工人阶级目前所争，政治上只是求得集会结社之完全自由，尚不欲即时破坏资产阶级之政治地位。乡村的农民，则一起来便碰着那土豪劣绅大地主几千年来持以压榨农民的政权（这个地主政权即军阀政权的真正基础），非推翻这个压榨的政权，便不能有农民的地位，这是现时中国农民运动的一个最大的特色。我们从五年来各地的农民运动的经过看来，我们读了这部书的广东农民大会议决案、海丰农民运动报告及广宁普宁两个农民反抗地主始末记，不由得不有此感觉"。

1926年10月，广东省农民协会将《海丰农民运动报告》改名为《海丰农民运动》，由国光书店出版单行本，周恩来亲笔为它题写了书名。

1927年3月31日晚，中华全国总工会为国际职工代表团、苏兆征和彭湃来到武汉举行欢宴大会，中华全国总工会驻武汉办事处主任李立三在会上的欢迎词中说："广东许多团体的代表尤其是农民代表彭湃同志，他领导广东八十万有组织的农民，作了好几年的种种斗争，此次北来对湖北的农运必有更好的指示，对全国的农民运动必定有更好的贡献，对于农工联合必使有更好的团结，这是我们欢迎彭湃同志的意义。"

1927年4月1日，高语罕为欢迎国际职工代表团、苏兆征和彭湃来到武汉，特为《汉口民国日报》撰写题为《革命的象征》的社论，其中说："在这个欢迎席上，表现了两个革命的象征。第一个革命的象征，就是彭湃同志代表广东八十万也可以说代表全国八百万有组织的农民群众站在我们全国被压迫的人民面前，告诉我们全国的农民起来了，向帝国主义和军阀进攻了。苏兆征同志代表全国二百八十万革命的产业工人站在我们面前，告诉我们全国的工人阶级已经领导着而且正在领导着，并继续领导着中国的国民革命一直到世界革命。彭湃和苏兆征两同志携手儿并肩站在我们面前，就是告诉我们，中国的国民革命是建筑在工农联合的基础上面才可以成功的。"

1927年4月11日，汉口长江书店以《湖南农民革命》为书名出版毛泽东写的《湖南农民运动考察报告》单行本，瞿秋白在为此书写的序中指出："中国农民要的是政权和土地。……中国革命家都要代表三万万九千万农民说话做事，到前线去奋斗，毛泽东不过开始罢了。中国的革命者个个都应当读一读毛泽东这本书，和读彭湃的《海丰农民运动》一样。"他称毛泽东和彭湃为农民运动的"王"！

1927年12月12日，中共中央机关刊物《布尔塞维克》第8期刊登罗浮撰写的《中国第一个苏维埃（广东通信）——海陆丰工农兵的大暴动》，对海陆丰工农兵起义过程以及苏维埃政权的建立作了详细的记述。其中说："广东的海陆丰，此次的伟大而普遍的农民暴动，英勇斗争，推翻了反动势力下的统治，杀尽了豪绅地主，没收了一切豪绅地主的土地财产，建设了工农兵苏维埃的政权，实开中国革命史上光荣记载的伟大革命前途的新纪元"，"这次东江农民大暴动后创立的苏维埃，算是中国破天荒第一次的苏维埃，新的革命政权正由东江扩大至全广东、乃至全中国！"

1927年12月31日，中共中央在给湖南省委的指示中说："应在湘赣边境或湖南创造一个深入土地革命的割据局面——海陆丰第二。"

1928年1月3日，中共中央临时政治局会议通过《广州暴动之意义与教训》的决议案，其中说："各县农民暴动之中，以海陆丰的胜利为最大。这次暴动的开始时，有叶贺残部很少的军力参加，这军队在共产党领导之下改编为工农革命军的一师。这次暴动开始于十月底，一开始便有极大的规模，而且在土地革命的性质上，也是空前的深入，极有组织，极有活动力量。中国革命之中，这是第一次由几万几十万农民群众自己动手实行土地革命的口号，第一次组织成工农兵群众的无限制的政权。这一农民暴动带着充分的革命性质，完全扫除了以前的机会主义余毒，一切乡村之中，随后便是一切区镇之中，以至东江许多县的县城之中，都建立了苏维埃政权。一切田界（广东所称为田茔）——地主所有的界限，完全取消，一切地主私有的田地和剥削农民佃户的田契租约借券等等，完全当众销毁。一切田地都归乡村苏维埃收归公有，分配给农民耕种。一切当铺的财物完全没收，无价发还给典质的贫民，一切反革命派豪绅地主的财产充公，作为苏维埃工农兵政府的费用，用来救济贫民，从事公共建设，扩充工农兵政府的革命军队，一切反革命派地主豪绅都公开处以死刑，他们的巢穴都被焚毁。邻近的乡村县市，都激起极大的农民群众起来暴动，和工农革命军共同围攻地主豪绅的巢穴，而能战胜他们，扩大革命的地域。县城的苏维埃，如海丰陆丰碣石紫金汕尾，以及后来的普宁等处，都由手工工人农民苦力等共同组织。海丰十一月七日开苏维埃大会到工农代表三百人，宾客一万人，选举苏维埃政府，管理东江的各县。十一月中旬暴动区域已经扩大有五十万居民的区域。"

1928年10月5日，毛泽东在《中国的红色政权为什么能够存在？》一文中，分析了红色政权能够存在的四个条件，并在分析第二个条件时谈到海陆丰，说海陆丰等地"都有过农民的割据"。

二、彭湃牺牲后的纪念和评价

1929年8月30日，彭湃在上海英勇牺牲。从第二天开始，中共中央和很多省委就发表宣言，抗议国民党政府的屠杀，纪念彭湃等烈士。一年后，中共中央机关报等又发表多篇文章隆重纪念。

1929年8月31日，中共中央发表《中国共产党反对国民党屠杀工农领袖宣言》，指出："彭湃同志是广东几千万农民的领袖，海陆丰苏维埃委员长，中国共产党的中央委员。他曾领导海陆丰几万农民，开始中国农民反抗地主剥削的革命斗争，他曾指导着全广东几千万农民不断地反抗一切地主阶级残酷的榨压，他曾亲身领导东江海陆丰广大农民群众实行土地革命，肃清反动帝国主义与封建势力，反抗资产阶级的剥削，创立苏维埃政权，并参加南昌暴动。他这样英勇的革命斗争的历史早已深入全国广大劳苦群众的心中，而成为广大群众最爱护的领袖。谁不知广东有彭湃？谁不知彭湃是中国农民运动的领袖？一切反革命派污蔑他是杀人放火的凶犯，但广大工农劳苦群众，尤其是几万万农民群众却深深知道他是他们最好的领袖，是土地革命的忠实领导者"，"彭杨诸领袖革命精神不死！"

1929年9月5日，中共中央发出《中央通告第四十七号——号召广大群众起来反抗国民党屠杀革命领袖彭湃、杨殷等同志》，说"彭湃同志是广东几千万农民的领袖，海陆丰农民暴动、没收地主阶级土地、创立苏维埃政权的指导者……是中央政治局的委员，在全国工农劳苦群众中极有威信的领袖"，"他们都是我们最好的干部，最勇敢的群众斗争的领袖"，"他们的牺牲是党与革命的莫大的损失"，要"继续革命领袖的精神奋斗"！

1929年9月9日，中共江苏省委发出第32号通告，其中说彭湃等烈士的牺牲"是党的一个莫大损失，同时也是中国革命的莫大损失。彭同志等领导工农群众的英勇的奋斗，使敌人的统治日趋动摇而采用残酷的屠杀，这是教训我们每一个同志认识了自己更大的责任，继续他们的精神，更坚决勇敢领导中国千百万工农群众走向推翻反动统治，完成中国革命，也就是完成他们的工作"，"党必须在农村中间，广泛的宣传彭湃同志等是广东几千万农民的领袖，海陆丰农民暴动、没收地主阶级土地、创立苏维埃政权的领导者"。

在这前后，中共江苏省委还散发《为遭惨死的工农革命领袖报仇》的传单，其中说彭湃等烈士"是海陆丰苏维埃的领导者，是广州暴动中的健将！在中国共产党指导之下，与地主、豪绅、资本家、国民党做过无数次血战！他们是工农的领袖，劳苦群众战士的先锋"。

1929年9月14日，周恩来撰写《彭杨颜邢四同志被敌人捕杀经过》，叙述了彭湃等烈士从被捕到牺牲的经过和彭湃等人的英勇事迹，然后说彭湃等烈士的牺牲，的确"是中国革命、中国党之很大的损失"。

　　1929年9月16日，中共广东省委发出第76号通告，沉痛悼念彭湃等烈士，通告说："广东农民运动领袖，东江农民暴动指导者彭湃同志；一九二五年省港大罢工领袖，广州暴动的有力指导者杨殷同志；海陆丰工农革命军指导者颜昌颐同志；上海群众运动的领袖邢士贞同志同时牺牲。这一噩耗传来，使我们表示无限的愤恨！无限的沉痛！四同志之死，不仅中国共产党失了几个有力的指导者，亦即是中国工农群众，受了巨大的损失，这自然中国革命受了很大的创伤！中国无产阶级领袖苏兆征同志死了不及半载，而继续着彭杨诸同志的牺牲！这又使我们未死的同志们何等的伤心呢！省委除表示十分沉敬追悼外，特号召全体同志对于中央'号召广大群众起来反抗国民党屠杀革命领袖彭湃杨殷等同志'第四十七号通告坚决执行，特别号召海陆丰东江两党部领导广大群众起来作一宏伟壮烈的追悼大会，领导广大群众起来反对国民党的白色恐怖，以答复敌人屠杀革命的领袖，以广大的工农群众行动来答复革命的敌人"。要"继续着彭杨诸同志的精神奋斗！完成他未完的任务"。

　　1929年9月20日，中共江西省委发出《江西省委赤字通告第二十八号——为追悼革命领袖彭湃、杨殷、刘珍等六烈士》，说："彭、杨、颜、邢四同志伟大的死，不仅是中国革命失却了伟大的领袖（彭、杨）和勇迈的战将，即世界革命牺牲了极英勇积极的阶级先锋"，"各地尽可能的公开召集哀悼彭、杨、颜、邢的群众大会或群众代表会，向群众公开指出反动统治阶级——帝国主义者国民党军阀……无情残杀的白色恐怖，并指出群众斗争的出路，使群众了解以自己的力量来保护其阶级的领袖"。

　　1929年9月29日，上海各界举行追悼彭湃、杨殷、颜昌颐、邢士贞四烈士大会，印发了"彭杨颜邢四领袖革命精神不死！""继续四领袖革命精神！"等口号，并印发《为追悼被国民党暗杀的彭杨颜邢四革命领袖告上海民众》书，其中说："彭湃是广东几千万农民的领导者，是土地革命最忠实的领袖，曾在海陆丰领导农民没收地主阶级土地，建立海陆丰苏维埃政权，群众没不爱戴他。杨殷是广东铁路工人的领袖，曾领导过省港大罢工及广州暴动，与帝国主义国民党搏战，广州苏维埃政府成立，群众拥他为人民委员会委员，肃清反革命委员会主席，一切反革命派都污蔑他两人是'杀人放火'的凶犯，但我们广大的工农劳苦群众却深深的认识他俩是我们最好的领袖"，"彭杨颜邢四领袖革命精神不死"，"继续四领袖革命精神"。

同日，中华全国人道互济总会、上海市人道互济会印发《追悼被国民党暗杀的中国革命领袖》的传单，其中说："彭湃杨殷是中国工农的领袖，广东几百万工农都很拥护他俩。彭湃曾在海陆丰建立苏维埃，解除了工农的痛苦……"，"我们在追悼彭杨颜邢四领袖的时候，更应当继续四领袖革命精神努力的反对白色恐怖，反对国民党的屠杀、拘捕、监禁及一切惨无人道的行为"。

1929年9月，《上海日报》第52期刊载的《革命领袖彭湃被捕后惨受酷刑》的消息说"彭湃是中国农民革命的始创者"，"是世界无产阶级革命的急先锋"。

同月，瞿秋白在莫斯科编辑出版《纪念彭湃》一书，在他为该书写的序言《纪念彭湃同志》中，高度赞扬了彭湃为中国革命特别是农民运动所做出的杰出贡献，其中说"彭湃同志是中国农民运动第一个战士"。那时在党内"还算是他的理论强些，他比别的人懂得马克思主义、列宁主义多些"，"他一开始便欢喜做群众工作"，"在海丰农民中活动"，那时"只有彭湃同志一个人在那里建立党和农民的组织"，"他是一个很能干的群众运动的人物"。他的《海丰农民运动》，"是中国农民运动第一本最有价值的著作。那个时候，广东农民运动受海陆丰的刺激，到处都发展起来。彭湃同志对于广东全省农民运动的发展是极有关系的"，"他是第一个主张没收土地"的。当武汉国民政府叛变的时候，他"回到海丰去"，"组织农民自卫队，联合败退的革命兵士，组织海陆丰工农自卫军。这个队伍，在海陆丰实行暴动的时候有很大的作用。海陆丰的暴动是得到了胜利的，所以一九二七年十一月，就建立海陆丰苏维埃政权。这个政权一直保存到一九二八年的四月里。海陆丰苏维埃的成功，自一九二七年末起，到一九二八年初止，对于湖南、江西和广东北部的农民骚动，是有极大的影响的"，"他是做群众运动工作的模范，他是真正能深入到群众里面去的同志。他的勇敢、果决的精神，工作的能耐，在从来未有的中国白色恐怖之下工作，这是党内同志无论那一个都是极端的佩服他的。他是中国劳苦的农民群众顶爱的、顶尊重的领袖，在海陆丰农民的眼中，看得像父母兄弟一样的亲热。恐怕除湖南农民的毛泽东同志以外，再没有别的同志能够和他相比了"，"彭湃同志已经死了！这是中国共产党和中国革命极大的损失啊"。

1929年10月1日，中共山东省临时省委发出《临委通告第二号——号召民众反对国民党军阀屠杀彭湃等革命领袖》。其中说："彭湃同志是中央政治局委员，广东海陆丰苏维埃委员长，广东几千万农民的领导者"，"他们的死是中国党与中国革命的最大损失"。

1929年10月12日，《红旗》第48期刊登《如何来纪念我们的同志彭杨颜邢四烈士》一文，其中说彭湃等"烈士被捕之后，挂念党，挂念未死的同志，何等的痛切，写出来的信上说：'我们已共同决定临死时的演说词了，我们未死的那一秒钟以前，我们努力的在这里作党的工作，向士兵宣传，向警士宣传，向狱内群众宣传，同志们不要为我们哀痛，望你们大家努力。'同志们！四烈士这几句遗言，何等的挂念着党，挂念着同志呵。临死的那一刹那，都是有组织的行动，都是有党的工作"。

同月，《太平洋公报》第5期刊登《纪念我们的死者彭湃烈士》一文，叙述了彭湃的革命功绩，说："一九二五年到一九二七年的中国大革命高潮中，彭湃和苏兆征领导全广东的农民工人，进而领导全中国的农民工人，把中国几千年的封建制度——军阀官僚土豪劣绅制度，打得落花流水，动摇帝国主义在中国的统治基础。"彭湃创立的海陆丰苏维埃，"虽然因国民党和帝国主义全力压迫，不能不暂时顿挫，其革命的成绩与教育，不仅在世界革命史，占重要的一页，而且已深入了一般群众。汇成现在广东，尤其是东江农民革命走上正确的前途"。

同月，海陆丰革命根据地军民在海丰莲花山下白水礤冒雨隆重集会，悼念彭杨颜邢四烈士，大会印发了《为追悼中国共产党中央委员彭湃同志告工农群众书》，号召海陆丰军民继承彭湃遗志，坚持武装斗争，将革命进行到底。

1930年8月30日，中共中央机关报《红旗日报》第16期的"提要"中用醒目的大字写着："今日是彭湃、杨殷、颜昌颐、邢士贞四同志被难的周年！"并刊登多篇文章纪念彭湃等烈士。在该报第一版《纪念着血泪中我们的领袖！》的专栏里，发表周恩来以"冠生"的笔名写的《彭杨颜邢四同志被敌人捕杀经过》一文，详细介绍了彭湃等烈士英勇牺牲的事迹。同时，该报发表社论《彭杨颜邢四同志被屠杀的一周年》，其中说："彭湃同志是中国几万万农民的领袖，海陆丰苏维埃的建立者。"并刊登《彭湃杨殷两同志事略》，其中说："彭湃杨殷两同志，已经惨遭国民党的杀害了！但他艰苦奋斗，领导革命的伟大精神和事业，却永远存在于苏维埃红旗的展处和广大的工农群众中！伟大的革命领袖生前的一切言论，行为，战绩，处处都露出伟大的光芒，足为我们后死者的模范。"文章还说："彭湃同志是阶级意识最坚决、活动能力最强、煽动能力最大，最刻苦耐劳，最善于发动并领导群众斗争的战士，是中国农民革命浪潮中的第一个潮头。"另外，该报刊登如炬写的《纪念我们的领袖——彭湃杨殷诸同志》，最后说："彭湃杨殷诸同志精神不死！"还刊登了玄侣写的诗歌《彭湃杨殷诸同志的周年祭》。

同日，中共中央北方局的机关刊物《北方红旗》第29期发表易元（罗绮园）的《彭湃同志略传》，其中说："彭湃同志是中国农民革命浪潮中第一个潮头，他开辟了这十年来农民革命历史的头一篇。中国的农民，从广东以至东三省，谁个不知道有彭湃，谁个不知道彭湃是他们的领袖。而中国一切地主豪绅又没有一个不切齿痛恨彭湃的。彭湃每到一地方，那地方的地主豪绅便寝食不安，他们听说彭湃来了，就知道自己的死期将至了。彭湃这两个字，在农民则当作救星，而地主豪绅却如见了催命符一般害怕。他的名字，简直震动了全世界的人心"，"要继续彭湃同志的精神，学习彭湃同志的革命经验，自己努力造成个彭湃同志第二"。那么，彭湃是怎么成为群众领袖的呢？应该学习彭湃那些高贵品质呢？其中说："第一，他富有开路先锋的精神"，"第二，他更有不顾一切，排除万难以贯彻目的的勇气"，"第三，他是不怕挫折，而且从不灰心的"，"第四，他宣传煽动的能力是很大的"，"第五，他又是最善于发动斗争的，从不放过一点斗争的机会"，"第六，他的阶级观念是极其强烈的，所以他对于阶级利益抱着无限的忠诚"，"第七，他对付敌人是非常严峻的，对付同志中的妥协动摇及不忠实分子也一样毫不客气，简直没有什么私人感情可言，然而他对付同阶级的战士又非常之和气近人，备极厚护"，"第八，他在斗争中又是最勇敢的。指挥没有接受训练过的农民作战是比较困难的事，然而只要当指挥的人肯站在前头，农民总是死都追随着你的。彭湃同志之所以深得农民信仰，固然处处为着农民阶级利益，而且在斗争中，他更不避艰险"，"彭湃同志所以能成为群众领袖的，因为他能够发挥以上所说的八点特长，而这些特长，是每个共产党员都有资格并且有机会去学习的"。

1930年12月，中央革命根据地将1930年初由红一军团开办的随营学校改名为闽粤赣边红军学校，又称彭杨军事学校。

同年，中共东江特委在潮普惠边区——大南山建立彭杨军事学校，纪念彭湃、杨殷烈士。

1931年5月，鄂豫皖苏区的红四军成立彭杨军政学校。在这前后，湖北红安县将一条街命名为彭湃街。

1931年9月，中央苏区将宁都县南部设立彭湃县，以表示对彭湃的纪念。

1932年，苏联出版《红色海丰》一书，瞿秋白在为该书撰写的序言中说："彭湃是中国农民运动的杰出领袖。"他回到自己的家乡海丰后，"从此便将自己的一切完全贡献给了农民运动"。还说："他在得不到省委任何指示的情况下，一直坚持在海丰工作，直到一九二四年"，"彭湃是出色的鼓动家、宣传家和组织者。他始终同贫苦农民、雇农、佃户打成一片，同他们吃一样的饭，穿一样的衣服，同甘共苦。彭湃在海丰做的出色工作对广东全省农民运动的发展影响很大"。经过海陆丰暴动，"中国第一个苏维埃政府诞生了，它从一九二七年十一月一直存在到一九二八年四月。海陆丰苏维埃共和国极大地促进了湖南、江西和广东东北部红色游击运动的发展"，"彭湃是群众运动的模范工作者。党对他的无畏、坚定和顽强工作的精神给予了高度的评价。他是农民最爱戴的领袖……"。

三、1933年以后中共中央及有关领导人的评价

1935年，方志敏在狱中写的《我从事革命斗争的略述》中，记述了他1926年去广州参加广东省第二次全省农民代表大会和见到彭湃的情景，他说："农民代表大会，经过了五天，我从彭湃同志的谈话、演说、报告中，学得了许多农民运动的方法。（彭湃同志是广东农民群众最有威信的一个领袖，他于一九二九年在上海被国民党屠杀了！他的名字，是永远在中国革命历史上辉耀着，广东的农民群众，也永远不会忘记当日领导他们向地主斗争的领袖！）"

1936年，毛泽东在同斯诺的谈话中两次提到彭湃，他说，中国共产党建党最早的党员"在广州是林伯渠，现任苏维埃政府财政部长和彭湃（一九二九年被杀害）"。另外他还谈到1927年春彭湃在武汉农民联席会议上支持他的土地主张。

1937年5月2日，张闻天在中国共产党苏区代表会议上的开幕词中，称赞彭湃等人是"最忠实的同志、中华民族的最优秀的儿女"。他在历数了十年来的"伟大收获与成绩"之后说："这些收获与成绩，首先是我党同志的努力奋斗、自我牺牲的精神所造成的。纪念在各条战线上英勇牺牲了的战士、我们的最忠实的同志、中华民族的最优秀的儿女李大钊、陈延年、陈乔年、许白昊、赵世炎、罗一农、王一飞、郭亮、夏明翰、彭湃、杨殷、颜昌颐……"

1939年12月10日，陈云在中国共产党陕甘宁边区第二次代表大会上讲话中，曾以彭湃等人为例说明知识分子的重要作用，盛赞彭湃关心群众疾苦，随时随地帮助群众解决问题的做法，他说："过去有的地方对于知识分子不敢放手使用，甚至把他们排

挤出去。在某些老干部里面就有排挤知识分子的现象，因为他们没有懂得知识分子的重要，不了解半殖民地半封建国家的知识分子与资本主义国家的知识分子有很大不同。我们国家里，大多数的知识分子是愿意为工农阶级服务的，他们有较多的革命积极性。在历史上，五四运动就是由先进的知识分子发动和领导的。五卅运动、一二·九运动都有大量的进步学生参加。至于参加抗日战争的学生，那就更多了。这些运动，对于我们党的建设和发展，对于中国革命的推动，对于抗日救亡运动局面的打开，都起了很大的作用。我们再看农村里的革命，不少领导人也是知识分子。彭湃同志在广东省领导过四十二个县的农民运动，他就是一个知识分子"，"大革命时彭湃同志在海陆丰，为什么受农民的拥护，为什么他在农民中间有很高的威信？就是因为他很关心群众的疾苦，随时随地帮助群众解决问题"。

同年，周恩来在安排彭湃长子彭士禄去延安学习时对彭士禄说："1924年我到广州，是你父亲来接我的，你父亲让铺给我睡。你父亲很会开玩笑！你应该向你父亲学习，你父亲是大地主出身，烧了田契，变成无产者。现在要送你去延安，到了延安要无条件服从组织安排。"嘱咐彭士禄"要继承先烈遗志，要好好学习，努力参加革命斗争"。

1941年，刘少奇在《反对党内各种不良倾向》的报告中，称赞彭湃是"最好的党员"。他说："最好的党员，即在他最危险、最紧急的时候，他的行动，都是有组织的。如彭湃同志在遭反动派枪决时，还和其他的同志共同商量好了大家叫的口号。他的行动，到最后一分钟，还是有组织的。"

1942年，毛泽东在延安谈到共产党人应该如何联系群众、做群众工作时，再一次肯定彭湃开展海陆丰农民运动的经验，高度赞扬彭湃是"农民运动的大王"。

1943年春，周恩来在《关于一九二四至二六年党对国民党的关系》的报告中说，在国民革命军东征达到海丰以前，"海陆丰一带的农民运动在彭湃同志领导下，已有很大的发展，农民自卫军在军队到来以前已占领县城，选举了彭湃同志的哥哥当县长。蒋介石去后成了客人，这自然不能不引起蒋介石对农民的畏惧"。

1944年3月，周恩来在《关于党的"六大"的研究》中，肯定了海陆丰苏维埃的功绩，并分析了海陆丰苏维埃失败的原因，他说："我看11月扩大会议的错误方面多于正确方面。正确方面是放弃国民党的旗帜，打出苏维埃的旗帜。事实上在11月扩大会议以前，海陆丰已经打起苏维埃的旗帜"，"讲到乡村中心的时候，还必须联系到一个问题，即农民必须由无产阶级政党领导。但当时要党不去用主要的力量与城市无产阶级联系，而把主要力量放在农村，这是史无前例的。共产国际的一切文献，一讲到无产阶级政党的领导，就是同工人运动联系在一起的。只有中国共产党经过长期的实践，证明在脱离城市无产阶级的情况下，也能够锻炼成为一个坚强的布尔什维克党，这才能得出这个结论来。我们研究这个问题，不妨再从反面想一下，如果没有坚强的无产阶级政党的领导，即使以'乡村为中心'，也难免要失败，事实上也是有许多地方失败了的。当时海陆丰的力量比井冈山大，各种条件都比井冈山好，但结果还是失败了，一个重要的原因，就是由于那里无产阶级领导的思想没有展开，由于领导上还带有小资产阶级革命家的气味的缘故"，"在八七会议后，就把与机会主义作斗争看成了简单的人事撤换，这种形式主义影响到后来关于领导机关的工人化，把工人干部当作偶像，对知识分子干部不分别看待。那时李立三同志当广东省委书记，曾说：知识分子的作用完了，今后只有依靠工农干部。所以到广州起义失败后，教导团有几百学生退到海陆丰，就没有把他们当作干部来使用，而把他们编到第四师去当兵，后来绝大多数在作战中牺牲了"。

1945年3月1日，周恩来在《知识分子和农民结合不是件容易事》的报告中，赞扬彭湃主持的农运训练班的功绩，他说："知识分子深入农村，在历史上也经过三个阶段：第一阶段是在五四运动时，那时就号召过知识分子下乡到民间去，但没有人去。只有在中国共产党成立后，彭湃同志主持的农运训练班，以及后来毛主席主持的农民运动讲习所，才有一部分知识分子到农村中去，结果有了大革命时的广大的农民群众运动，奠定了以后各个苏区建立与发展红军的基础，那就是毛主席领导的井冈山和方志敏同志领导的赣东北的红军。"

1949年3月2日，中国解放区青年联合会代表冯文彬在中华全国学生第十四届代表大会上的报告中，号召知识分子要和工农相结合，并讲了彭湃和农民结合的故事，他说："彭湃同志过去是大学生，家里是地主，他下了决心为工农群众服务，向工农群众宣传，但是群众却不理他，不听他的话。他回去以后并不灰心，经过了仔细的研究以后，他就脱下学生服、改了学生腔，深入农村，与农民生活在一起。农民受地主剥削的苦痛，他体会到和他自己的苦痛一样，并和农民在一起讨论如何解除这个苦痛。他在农民之中，和农民融合在一起，使农民——他自己也在内——感觉到并发挥了'自己救自己'的伟大的力量。这种方法就是真正和工农结合的方法。彭湃同志真心和工农结合了，所以他受到群众的热烈爱戴，成了中国农民运动的初期领袖之一。现在彭湃同志是牺牲了，但是彭湃同志的真心和工农群众结合的精神，将永远是我们青年学生和一切知识分子的榜样与模范。"

1953年12月，人民出版社将彭湃写的《海丰农民运动》作为中国现代史资料，收录在《第一次国内革命战争时期的农民运动》一书中。

　　1957年11月19日，粤东老根据地代表会议在海丰召开。中央有关单位和省委、各地单位给纪念大会和老根据地代表会议发来贺电贺词。国家内务部的贺电写道："欣闻为纪念海陆丰苏维埃30周年而举行的粤东老根据地代表会议开幕，谨致热烈祝贺粤东人民在中国共产党领导下，进行过长期的艰苦的革命斗争，为革命事业有过辉煌的贡献，新中国成立后又在各项社会主义革命和社会主义建设中取得了巨大的成绩。希望你们继续发扬革命传统，为进一步恢复建设老根据地工作作出更大的成绩。"中国革命博物馆筹备处的贺电写道："值此海陆丰苏维埃30周年纪念之际，特向英雄的海陆丰人民致以崇高的敬礼和热烈祝贺。祝你们在烈士的英勇事迹教育下，在实现全国农业发展纲要的斗争中，取得辉煌的彻底的胜利！"中共广东省委的贺词是："发扬海陆丰苏维埃革命顽强的斗争精神，加倍努力，为建设社会主义而奋斗！"广东省人民委员会的贺词是："发扬海陆丰苏维埃的革命传统，在社会主义建设事业中争取更大的光荣！"

　　1958年7月30日，《人民日报》发表徐向前的回忆录《奔向海陆丰》，其中写道，1928年"元月初二，在海丰城里的红场上，举行了几万人的群众大会，欢迎我们红四师。苏维埃主席彭湃同志在会上讲了话。他只有二十多岁，身材不高，脸长而白，完全像一个百分之百的文弱书生。他身穿普通的农民衣服，脚着一双草鞋。海陆丰的农民都称他为'彭菩萨'。他洪亮的声音，革命的热情，坚强的意志，对革命的前途充满着必胜的信心，都使我们永怀不忘。当他讲到广州起义失败，他把手一挥说：'这算不了什么，虽然失败了，但我们是光荣的失败。我们共产党人，从来不计失败，不畏困难，失败了再干，跌倒爬起来，革命总有一天会成功的。'他那逻辑性很强、鼓动说服力很大、浅显而易懂的讲话，句句打动听者的心坎，使人增加无限的勇气和毅力"，"不久，我们红四师和董朗同志率领的红二师会面了。两支年轻的部队，在彭湃同志的领导下，打了许多胜仗"。

1964年2月24日，聂荣臻在同中共广东省委党校同志的谈话中说："记得在延安时，毛主席曾说过，彭湃是个好同志，可惜不懂军事。"

郭沫若题字

1965年6月15日，全国人民代表大会副委员长郭沫若在参观红宫时题词："继承烈士遗志，把世界革命进行到底！"并赋诗一首赠彭湃母亲周凤，其诗曰："开创兴农运，我来拜海城。一家皆革命，四子尽牺牲。赤县风云改，新天日月明。百龄彭老母，海内共知名。"

1966年1月，胡耀邦等8人在参观红宫时题词："革命烈士永垂不朽！"

1966年3月，王震在参观红宫时题词："烈士革命英勇牺牲精神不朽！"

1978年8月25日，徐向前在接受采访时，回忆了他所了解的彭湃的有关情况，他说彭湃"这个同志艰苦朴素，打着赤脚，深入农村和群众在一起，在群众中威信很高，海丰一带叫他'彭菩萨'。他家是海丰有名的大地主，他又是留学日本的大学生。一九二八年，我二十八岁，他比我大四岁，我第一次看到他时，似乎觉得他比我还年轻一些。他常对我们说，做农民工作，要能吃苦耐劳。……彭湃很勇敢，打仗不怕死。群众说只要'彭菩萨'在，我们就不怕。这话我后来在打游击时就亲耳听老百姓讲过"，"彭湃在海陆丰那段，政策上是'左倾'的。本来海陆丰的群众基础是不错的，之所以失败，就是不善于运用军队的力量，以壮大自己，消灭敌人，尤其是在战略战术方面运用得不好。对这点，以前我是这么看，现在也是这么看。在军事上，开始时是打了胜仗的，但由此产生了盲目乐观主义情绪，不是避实就虚，而是老想到怎样去夺取城市。还有，见到地主、反革命就杀头。红四师虽然知识分子多一些，但他们都很能吃苦，是一批骨干力量，在海陆丰牺牲那么多，很可惜。那时最大的错误就是不补充红军的兵力，消耗得不到补充。结论是：搞得好，可以在海陆丰坚持久一点，但由于它南面是海，背后是山，是不能坚持长久的，应往粤北发展才对"，"彭湃、杨殷等牺牲后，我们在鄂豫皖根据地建了一所彭杨军事学校，用以纪念他们"。

1981年6月27日，中共十一届六中全会通过《关于建国以来党的若干历史问题的决议》，充分肯定了彭湃领导的海陆丰革命根据地的历史地位，说大革命失败后，"党创建了江西中央革命根据地和湘鄂西、海陆丰、鄂豫皖、琼崖、闽浙赣、湘鄂赣、湘赣、左右江、川陕、陕甘、湘鄂川黔等根据地……"。

1981年7月1日，中共中央总书记胡耀邦《在庆祝中国共产党成立六十周年大会上的讲话》中说："我们还深切怀念我们党创建时期的重要领导人李大钊、瞿秋白、蔡和森、向警予、邓中夏、苏兆征、彭湃、陈延年、恽代英、赵世炎、张太雷、李立三等同志。"

1982年11月21日，海丰各界代表在红场集会，纪念海陆丰苏维埃政权成立55周年。大会收到北京许多老同志的贺电、贺词。其中徐彬如的贺词是："红色海丰大放光芒，彭湃烈士永垂不朽！"程子华的贺词是："彭湃同志是无产阶级革命家，是农民运动和农村建立革命根据地的先导者，为人民革命事业奋斗一生，他的精神永垂不朽！"唐有章的贺词是："值此扬名于世海陆丰苏维埃55周年大庆之际，亟愿其英雄人民继承当年的光荣传统，为今天的祖国四化而努力奋斗！"贺词后署名为"曾参加1928年春红场工农兵大会师的红四师警卫连党代表唐有章"。黄鼎臣的贺词是："发扬党的革命传统，为海陆丰全面开创社会主义现代化建设的新局面努力奋斗！"刘锦汉的贺词是："让革命的首创精神鼓舞着我们前进！"

1986年10月22日，经中共广东省委批准，中共海丰县委、广东省社会科学联合会、中共广东省委党史研究委员会联合在海丰县举行纪念彭湃诞生90周年大会，并在红场隆重举行彭湃烈士铜像揭幕和彭湃故居复建竣工剪彩仪式。大会收到中央和各界人士的贺电贺信。其中中共中央政治局委员、书记处书记习仲勋的贺电写道："欣闻贵县举行彭湃诞辰90周年活动，谨致祝贺。我们要学习和发扬彭湃的革命精神和崇高品质，团结一致，努力工作，为建设四化，振兴中华作出更大贡献。"中共中央顾问委员会常务委员宋时轮的贺信写道："我党早期著名的农民运动和武装斗争领导人彭湃同志塑像即将揭幕，值此之际，我回顾当时惊天动地的革命斗争史，谨怀着崇敬的心情，致以热烈的祝贺！彭湃同志从1921年加入社会主义青年团，相继创建了我国第一个县农会——海丰县总农会，创办了广州农民运动讲习所，创立了广东农民自卫军，参加领导了平定刘、杨之乱和南昌起义，创建了海陆丰革命根据地，为中国革命特别是早期的农民运动和武装斗争作出了不可磨灭的贡献！他在轰轰烈烈的革命风暴中度过了战斗的一生，是我国无产阶级革命的先驱者，杰出的共产主义战士，伟大中华民族的英雄，他的名字和革命业绩永垂不朽！我衷心希望，千千万万的祖国儿女瞻仰彭湃的光辉形象，更加激发为我国革命事业和建设事业献身的精神，继承先烈遗志，发扬光荣传统，胸怀共产主义远大理想，脚踏实地地为建设强大的具有中国特色的社会主义现代化国家而努力不懈！"

1986年10月23日，1926年冬至1927年春在彭湃领导下任广东省农会潮梅海陆丰办事处军事主任的李运昌在参观红宫时，挥毫题词："革命先驱彭湃同志永远活在人民心中！"

1987年4月，徐向前为海陆丰苏维埃成立60周年题词："革命烈士，永垂不朽。"

1987年11月18日，经中共广东省委同意并报中共中央宣传部批准，由中共海丰县委、海丰县政府，中共陆丰县委、陆丰县政府负责筹备，隆重举行了海陆丰革命根据地创建60周年纪念大会。对这次纪念活动，中共中央顾问委员会常务委员王首道来信写道："海陆丰地区，是我非常敬仰和怀念的重要革命老根据地之一。1926年我在广州毛泽东同志主办的农民运动讲习所第六期学习期间，就曾到海陆丰地区参观实习。当时，这个地区的革命经验和广大干部群众的革命热情，都使我得到很多的鼓舞和教益，至今记忆犹新。我因故不能参加这次盛会，深表遗憾。谨以激动的心情由衷地祝贺大会的胜利召开，并预祝它圆满成功！"中共中央顾问委员会常务委员程子华的贺电中写道："彭湃同志领导成立了海陆丰苏维埃政府，这是我国第一个农村革命根据地。中国工农红军第二、四师，在广大的东江地区为保卫海陆丰苏维埃政权进行了艰苦卓绝的斗争，建立了不朽的业绩。在强大的敌人围攻之下，虽然第一个农村革命根据地失败了，但由彭湃点燃的革命火种一直未曾间断。海陆丰人民的革命斗争，一直坚持到抗日战争、解放战争。彭湃同志去世了，但他的革命精神是永存的。"

1988年1月21日，陆定一在《回忆海陆丰的斗争》中，回忆了他参加海陆丰革命斗争的经过，并总结了海陆丰斗争失败的原因和教训，他说："海陆丰是有坚实群众基础的地方，彭湃同志是极有威信的领导者"，"海陆丰斗争失败的原因是多方面的。敌我力量对比我们处于劣势，经济上遇到严重困难，这些都是客观方面的。就主观上来说，当时我们党尚处于幼年时期，很幼稚，不成熟。就海陆丰的情况来说，当时采取一些过左的政策，比如苏维埃政府建立后，在正确地镇压了一批罪大恶极的反革命分子的同时，又犯了打击面过宽的错误，不仅规定贪官污吏、土豪劣绅、地主、敌探要处以极刑，就连通信员、税务人员、各机关一般公职人员也要处死，这就严重地脱离了群众；对中间阶级、小资产阶级也是采取打击政策，在土改中不仅没收大、中地主的土地，小地主甚至自耕农的土地也没收，这样就孤立了自己。这些都是幼稚的表现。我们的党，从幼稚到成熟，需要经过一个实践的过程，不经过若干次失败，取得正反两方面的经验，是很难趋向成熟的"，"幼稚还表现在当时只知前进，不知后退；只知进攻，不知退却。在当时的情况下，前进、进攻甚至冒进是很容易的，退却、后退是很难做到的。如果在敌人步步向海陆丰进逼的时候，起义的领导人主动退却，向普宁、惠来、潮阳的大山区发展，建立新的革命根据地，也许情况会有所不同。但当时认识不到，即使认识到了也办不到。因为中央、省委当时整个的指导思想是进攻，而不允许退却。在遭到失败的情况下，实行退却已经是很不容易的了，何况在尚未失败时主动实行战略退却呢。毛泽东同志在一九二七年秋收起义后，率领部队不去攻长沙，而上井冈山，这在当时也只有他能够办得到。这是战略上非常英明的一着。但他竟因此受到处分，被撤销了中共中央候补委员的职务。直到一九三五年遵义会议，他这个行动才被全党认为是合乎马克思主义的，是实事求是的。这说明进攻需要勇气和谋略，退却也同样需要勇气和谋略，甚至需要更大的勇气和谋略。

该退的时候就要退。不但善于进攻，而且也善于退却，这是脱离幼稚状态走向成熟的一个重要标志。从海陆丰的失败中，我们所能得到的经验中，我想这一点是很宝贵的"。

1989年1月，萧克将军手书1982年夏作的一首怀念彭湃的诗，诗曰："当代农王腾大澜，岭南农运有奇篇。羊城一览将花甲，重读雄文识洞天。"诗后附注："1982年夏重读彭湃所著《海丰农民运动》作，1989年1月参观海丰书。"

1989年3月25日，中共上海市委书记江泽民在上海党史工作会议上的讲话中号召干部学习中国共产党历史，了解彭湃等先烈的事迹。他说："党的历史上许多光荣传统，就是我们党的极为重要的政治优势。在这方面，我们可以从中吸取大量的历史经验和精神力量。我们可以利用党的优良传统，教育我们的党员和干部，坚定共产主义理想和信念，坚定为人民服务的宗旨，坚定共产党人的价值观。如果不了解党的历史，不了解李大钊、邓中夏、彭湃、毛泽东、周恩来、刘少奇、朱德等这些革命前辈和革命先烈的事迹，那么，我们的体会和理解是不可能很深的。"

1996年9月，人民出版社为纪念彭湃诞辰100周年，出版介绍彭湃同志革命生涯的纪念文集《不朽的丰碑》，中共中央政治局常委、国务院总理李鹏为该书题写书名。

李鹏题字

1996年10月22日，广东在海丰县隆重纪念彭湃诞辰100周年。时任中共中央政治局常委、全国人大常委会委员长乔石为纪念活动题词。时任中共中央政治局委员、广东省委书记谢非受中共中央委托，出席当天的纪

学习彭湃烈士无私奉献敢
为人先的革命精神 再创
区建设新业绩

彭湃诞辰一百周年纪念

一九九六年七月 乔石

乔石题字

念活动并讲话，高度评价了彭湃为中国革命所作出的重大贡献。他说："今天是彭湃同志诞辰100周年纪念日。中共广东省委、省人民政府在烈士的故乡海丰县举行纪念活动，学习、缅怀彭湃同志的光辉业绩和革命风范，具有重要的意义"，"彭湃同志是中国共产党早期的领导人之一，中国农民运动的著名领袖，伟大的无产阶级革命家，忠诚的共产主义战士。彭湃同志1929年牺牲时才33岁，他短暂的一生为中国革命作出了重大贡献"，"彭湃同志是从一个热切探求救国救民真理的爱国知识分子成长为伟大的共产主义者的。在中华民族饱受帝国主义、封建主义双重压迫的黑暗年代，他留学日本，开始接触和研究社会主义学说和马克思主义。1921年回国后，他抱着'教育救国'、改革社会的目的，应邀出任海丰县教育局局长。由于当时封建势力强大，他的良好愿望很快破灭，他义无反顾地走上了从事农民运动的道路。他先后加入了中国社会主义青年团和中国共产党，实现了从爱国知识分子到共产主义者的转变"，"彭湃同志是中国农民运动的先驱者，为中国共产党领导的农民运动的开创和发展作出了重大贡献。早在1922年，他就意识到中国革命中的农民运动的重要性，深入到农村，发动农民，宣传农民，领导贫苦农民闹革命。他先后组织成立了'六人农会'和'赤山约农会'，并于1923年1月领导成立了中国第一个县级农会组织海丰县总农会，任总会长。此后，他又组建了惠州农会和广东省农会。由他领导发动的海丰农民运动的迅速发展，推动了广东和全国农民运动的兴起。第一次国共合作建立后，按照党的安排，他出任国民党中央农民部秘书和广东省党部农民部部长，并担任中共广东区委农委书记。1924年7月至1925年底，他在广州农民运动讲习所担任第一届和第五届主任，并兼任历届农讲所教员和广东农民自卫军总指挥，为广东以及全国培养了一大批农民运动骨干。他以高超的智慧和领导才能竭尽全力推动广东农民运动的开展，建立了广东革命根据地。1928年他到中央工作后，又担任中央农委书记，继续为中国农民运动建立功勋"，"彭湃同志是一位具有相当理论素养的我党早期领导人，在农民运动理论方面作出了贡献。他写下了诸如《海丰农民运动报告》等一系列关于农民运动和农民问题的论著。在海丰苏维埃时期主持制定了《没收土地案》，这是中国共产党在土地革命中最早的一个土地法规。这些都丰富和发展了党关于在农村开展革命斗争的理论"，"彭湃同志是海陆丰革命根据地和东江革命根据地的创建者。大革命时期，他创建了海陆丰的党组织和农民武装，先后任中共海陆丰特支书记、海陆丰地委书记。大革命失败后，他参与发动了举世闻名的八一南昌起义，担任以周恩来为书记的前敌委员会委员。在党的八七会议上，他当选为中共中央临时政治局委员。南昌起义后，他回到广东，兼任中共东江特委书记，致力于创建农村革命根据地的工作。在他的领导下，1927年11月海陆丰第三次武装起义取得了胜利，建立了被誉为'中国第一个苏维埃'的海陆丰苏维埃政权，并率先在海陆丰开展了具有重大历史意义的土地革命，海陆丰革命根据地成为党领导下较早创建的农村革命根据地，在党内外都产生了重大影响，当时中共中央给予了高度评价。接着，他以海陆丰为根据地，指挥红军转战东江，连战皆捷，使东江的苏维埃区域迅速扩大，为后来东江苏维埃政府成立、东江革命根据地的正式形成奠定了基础"，"彭湃同志具有一个伟大共产主义者的崇高品质和坚贞的革命气节。他被捕后，受尽酷刑，铁骨铮铮，宁死不屈，还想方设法解救被关押的同志。他所表现的视死如归的革命气节和坚定不移的共产主义信念，为共产党人和革命群众树立了光辉典范"，"彭湃同志为中国人民的解放事业献出了宝贵的年轻生命，他对党对人民作出的伟大贡献，他的崇高品质永远铭记在后人心中。我们今天纪念他，就要学习他与人民大众同甘共苦，把党和人民利益看得高于一切，全心全意为人民服务的崇高品质；学习他坚持理论与实践相结合，勇于探索的开拓精神；学习他不怕牺牲，坚贞不屈，视死如归的革命英雄气概。我们要以彭湃同志和其他老一辈革命家为榜样，继承和发扬党的优良传统和作风，加强党风和廉政建设，坚决抵制和反对各种消极腐败的风气；加强思想道德建设，用崇高的理想和信念团结人民，在全社会形成共同的理想和精神支柱"。

2005年2月13日，《人民日报》在"永远的丰碑"栏目中发表新华社发的《中国农民革命运动的先导者和著名海陆丰苏维埃政权创始人——彭湃》，说彭湃是"我党老一辈无产阶级革命家、中国农民革命运动的先导者和著名的海陆丰苏维埃政权的创始人"。

（载《近代中国与文物》2007年第2期）

"小莫斯科"纪游
（1926年11月16日）

杨白

当苏俄十月革命九周年纪念前十天，我要到海丰去参观，有朋友对我说："海丰经过几次革命之后（几次征东江），进步得很快，农工运动，以及一般群众运动，都弄得很好，有点莫斯科的精神，所以人家常加以'小莫斯科'的海丰之称。"我游过之后，觉得她这一回给我许多新的印象，使我回忆起从前旅寓莫斯科时种种情形，拿来相对照，果然仿佛有些相像。因草此以志思感，并奉告喜游莫斯科的新青年。

工农的乐园

谁都知道，现在俄国的莫斯科，是另一个世界，她从帝国主义统治之下，掘出六分之一的地方，来建设无产阶级的乐园——工农的国家。你看！请你由马鬃看到海丰城，又由海丰城看到公平，转看到汕尾，那一块地方，不撞见工友农友的小乐园——农会工会？那一班的农友工友，不在他们的小乐园当中，过他们难艰奋斗却是乐也陶陶的生活？

东方的红军

有一点事情，说起来煞是惊人。尤其是帝国主义的走狗们。这是什么？就是那班类似俄国的红军的农军，及农民组织的保安队。他们在从前革命军东征的时候。还是普通的农民，已经帮助革命军打击逆党，现在他们把土匪打得落花流水，土匪看他们，好像老鼠看见猫子一样。然这班农军及保安队，并没有自己骄矜的态度。他们很能够得着民众的同情，全县四十万人民的生命财产，现在都赖着他们自己保卫自己呵！

故宫

凡是游过莫斯科的人们，总会记得一座高楼巍峨的俄皇故宫。现在拿来做苏俄政府办公的地方（第七期本刊曾有画片介绍过）。请看一看这个小莫斯科城内。光耀辉煌的国民党党部阿！工农会所呵！海陆丰日报馆呵！青年农工俱乐部呵！……通通是陈炯明、钟景棠这班寨王的故宫，游客到此，真可引起许多今昔之感。

十月革命之小莫斯科

霹雳一声，苏俄十月革命（九周年纪念）的伟大节日，第一次在海丰出现了。自县以至九个区，都有很热烈的纪念会，统计参加共有七万余人。我这天在海丰城，也参加这个大会。略讲一讲真莫斯科的情形，民众很热烈地拍掌赞成（不是车大炮），高呼"十月革命万岁！""列宁主义万岁！""中国民族解放万岁！""世界革命万岁！"等等口号，响遏行云。游行的时候。是由马克思路，至十字街又由中山路转至列宁路。其余小小的街名我现在一时记不清楚了。最先持着旗帜，戴着竹笠，赤足徒手，高呼口号，三千余人，很整齐地排在前面的。便是那班士大夫平时看不起的农会农民。继着便是英勇的农会细佬哥——农会劳动童子团（约三百余人），其次为工会工友，及工会劳动童子团，再其次为商会，为农军，妇女，为学生，为教职员。在这个场合当中。我们可以看出海丰的民众，通通是革命化了。他们已经能够联合起来了。他们的群众，通通能够跟着农民运动来干革命了。

这种热闹而又严肃的群众，纪念苏俄十月革命，反映到我脑海中来。追想到十月革命七周年纪念时大莫斯科列宁街上群众的精神。以及十月革命八周年纪念时广州的民众大会，何等相肖！又何等闹热有趣！

治安与和平

有一天。我在"小莫斯科"城里，撞着几个农工的领袖，问他们对于这个"小莫斯科"的政见如何？他们说："这里的民众，完全'左倾'，没有'右倾'的，很容易做革命的工作，不过现在的问题，最重要的是治安吧！""治安"这两个字就是目前农民的自卫军与保安队的大责任，正似从前俄国十月革命时，莫斯科的人民需要"和平"这个口号一样！我又问他们："除了治安问题以外，你们注意到的是什么？你们注意了经济问题没有？"他们说："我们也很注意。"

大家常听见一班人说这是"小莫斯科"，我想"小莫斯科"要想在实际上有些相肖，必须有一个小小的新经济政策，把农村的合作社建设起来，把交通开辟起来，把工厂开办起来，把农民的生活提高起来，这一个小新经济政策他们正在那里想着，想着这个小新经济政策来为"小莫斯科"人民找出路！

海丰中学

离"小莫斯科"城约二里左右，便是海丰中学，我也参观了一回。校里的教员，都是平平无奇，不过比较各地的中学教员，总是较有革命精神。在俄国十月革命九周年纪念前一天，学生已组织二十八个宣传队到附城乡村去演讲，到纪念那天，全体学生教职员都到"小莫斯科"参加。这班知识分子，真是难得得很，恐怕第二莫斯科的广州，都大大比不上罢！

没有资本家的工厂

在马克思路的西边，教育局隔壁，听见一些"克！克！"的响声自屋中放出没有？——这就是一间小工厂！这间小工厂，名叫南丰，是陈炯明大老爷办的，现在收归地方所有，由人民举出人来管理，里边秩序很好，没有什么资本家压迫工人的事实，并且还设有平民学校来教育工人。这个工厂是纺织女工厂，仅有百余人，虽然是手工工场，是一点小小的工场，算不得什么，而没有厂主资本家的压迫，这些精神，也有些莫斯科的趣味，值得我们细细咀嚼的。

不要钱的医院

在南丰工厂后边，有了一间平民医院，每月约费千余元，是专门医治贫苦的平民的。里面设备当然还是欠缺，可是这种免医费的平民医院，现在又有多少处？这种事业总可以给一班人民以一种暗示。每日都有些病人来这里医治，与莫斯科之平民医院精神，亦有些相似，不过太小罢了。医院内附设育婴堂，有几个保姆在那块抚养着没有父母的孩子，人家生了小孩子，不能养育的，便可送到这里来。

宗教的厄运

当苏俄革命成功之后，莫斯科反对宗教的运动，真是闹热极了。现在"小莫斯科"，在有教会及教会学校的地方，这种工作，也很热烈，如第五区（汕尾）之反抗文化侵略大会，各界一致参加。现教会中学（作矶）原有百余人，大家已经觉悟，纷纷退出，当我到校参观时，仅有八个学生在那儿听课。

除上面的事情以外，还有许许多多的情形，与莫斯科相像的，《少年先锋歌》《国际歌》，常从一班民众当中呼出，现世两大伟人（列宁与孙中山）的事迹，几乎多数（多数）的人都知道；人民对于革命的狂热的盛情，何等高涨。

凡此种种景象，不能胜举；够了，也不必再举了。

不过，在"小莫斯科"工作的人们，请你们小心一点，不要太高兴。

"小莫斯科"的四周，帝国主义的走狗，正在那块张牙舞爪来向你们进攻。你们不宜太冲上前去了，致脱离了阵线呵！

一九二六年十一月十六日完稿于广州

（原载一九二六年十一月二十一日《少年先锋》第一卷第九期）

彭杨颜邢四同志被敌人捕杀经过

周恩来

帝国主义、国民党是时时合作以压迫工农群众，以屠杀革命领袖的。尤其是上海的十里洋场，自"四一二"以来，在帝国主义强盗与国民党军阀铁蹄之下牺牲的已经有几万人；现时关闭在西牢，在漕河泾，在公安局与警备司令部的，还有成千以上的工农群众、革命战士，过着那无期徒刑的岁月。

近来因世界大战危机日益紧迫，军阀战争还在继续，而群众斗争又在日益开展，于是帝国主义与国民党乃更加紧地合作，向着革命群众与革命的先锋队伍——中国共产党施行更残酷的进攻。彭、杨诸同志便是在他们这种密切的合作、残酷的进攻之下的牺牲者，便是在他们共同的阴谋计算之下遭了暗杀！

彭湃、杨殷、颜昌颐、邢士贞四同志之被捕，日期在一九二九年八月二十四日下午四时许。那时，帝国主义的武装巡捕与公安局的中国包探，驾着几辆红皮钢甲车，如临大敌地到沪西叛徒白鑫夫妇的住家。彼等于弄堂内外布置妥帖后，登楼捕人如像预知的一样，按名拘捕共五人（除彭、杨、颜、邢外，还有张际春同志），而对白鑫夫妇则置诸不问。人捕齐后，于白鑫床下搜出一些革命刊物，如《布尔塞维克》《红旗》及共产党的中央通告等。被捕五同志当即为警探拥上汽车，直驶向新闸捕房。此事发生后，各报均禁止登载，因此广大的群众直不知其领袖有此被捕的事件。

二十五日为星期日，临时法院不办公。二十六日法院开审，合作的帝国主义走狗法官与公安局代表故意做作一番，然后判交公安局引渡带去。在审问时，只被捕五同志到案，照片已于被捕当日弄好，按名询问，显然叛徒白鑫已在暗中作证指明。引渡时，公安局亦以铁甲汽车武装解入城内公安局。审问与引渡情形，曾载在当日晚报，但未将其真姓名宣布。这是统治阶级故意如此，为的是避免广大群众严厉的直接反抗。

彭、杨五同志至公安局，当晚即开审，问官一无所得。而彭、杨五同志在看守所中即开始宣传，许多保安队员为之感动。二十七日下午复开审，审问历四五小时。问至彭湃同志，有人出为证明，彭湃同志公开承认。问官询其经过历，彭同志慷慨而谈，历时一点多钟，从未入党以前在海陆丰做农民运动起，直谈至在海陆丰建立苏维埃的经过。当谈至在海陆丰惩办反革命时，彭同志向审问官抗声说道：似你们这班反革命党，我们在海陆丰不知杀了好多，你现在不必再问了，将我枪毙好了。审问官亦为之动容。问至杨殷同志，杨殷同志亦公开承认自己的经过。审问毕，回至看守所，五同志齐唱《国际歌》，以赋同仇，直影响了全所。

第二审过后，公安局深惧有意外，至二十八日清晨即转解警备司令部。适当晚发生了蒋介石被刺事，一切嫌疑卫兵统押至司令部。上至熊式辉，下至司法科，统忙得屁滚尿流。被押卫兵，经严刑拷打，血肉横飞，骨折肢断，无一肯供出刺蒋来源。于是五同志在押的三天中（二十八—三十日）未经一审，只是手铐脚镣，铁链叮当，被严重地看管在司令部看守所中。在这三天中，五同志没放过一刻机会，不断向在狱群众与司令部内的士兵宣传。当彭、杨诸同志与士兵谈至痛切处，士兵中竟有捶胸落泪，痛骂国民党军阀非杀尽不可的。当他们说至激昂处，便齐唱《国际歌》与《少年先锋歌》，士兵与狱中群众亦高呼口号和之，于是愁苦惨淡的狱中，一变而为激昂慷慨的沙场。有些因贫穷而走入抢劫的盗犯，他们都感动而觉悟道："只有跟共产党走，才是我们穷人的正当出路！"有些因革命嫌疑而下狱的群众乃更加坚决说："我们今后只有革命的一条路了！"有些被难的同志则说道："到底是我们的中央领袖，能做我们的表率！"有些久闻彭湃大名的人，闻得彭湃在此，均争相来看；还有几个识得彭湃的人，均以旧时相识为荣。

他们入警备司令部后，已知必死，故他们传出书信多是遗嘱之辞。他们嘱咐党中同志不要因他们被捕而伤痛，要继续努力谋得革命的发展。他们嘱咐党中重要负责同志要为党惜身。他们望党内对于反对派的斗争要多从教育上做功夫，以教育全党。他们相聚谈话时，亦曾谈及许多政治问题，可惜未曾传出他们所谈的内容。他们都是谈笑自如，杨殷同志曾笑说："朝闻道，夕死可矣。"他们对于自己爱人的遗嘱，都是勉其为党努力。

在三十日这天，临时法院忽又故意票传五人复审。司令部遂亦于当天午后，在形式上将五人严密地解送至法院。到法院时有步兵一排，公安局包探多人，司令部副官几个，并有捕房巡捕携手提机关枪两架跟着警戒。法院在特别法庭开审，不许人旁听，问辞与供词如上次。法官与陪审之帝国主义领事及捕房律师都含糊其辞地说了一些，并未将彭、杨等同志罪状究是些什么公开宣布。被告律师虽说了一些，法官等并不注意，最后判决文亦无人能听见法官究竟读了些什么。直至彭、杨等四同志已经枪毙了，上海英文报上忽皇皇地登着法院判决文是处彭、杨等同志以八年的有期徒刑。这一复审，简直是帝国主义强盗与国民党军阀合作的一出滑稽的杀人剧。他们想以法律的手续来欺骗群众，但又深恐怕群众晓得。其实，广大的革命群众老早就不相信你们这种鸟法律了！从一九二七年的"四一二"到现在，帝国主义者与国民党不知暗杀了冤杀了几多群众。屠杀成河的血，早已染红了工农劳苦群众的心，他们只知道以群众的斗争力量来回答你们的白色恐怖，谁还管你们的鸟法律！

在临时法院审后，即刻又武装紧严地解回警备司令部。当由法庭回至囚车时，颜昌颐同志举手呼共产党万岁，五人相视而笑。至司令部，先回看守所，当即送进一桌酒饭，五同志都知是死期已届，谁还肯吃这一桌劳什子"赏饭"！约一小时，便提彭湃、杨殷、颜昌颐、邢士贞四同志行刑。他们四人慷慨地向士兵及在狱群众说了最后的赠言，唱着《国际歌》，呼着口号出了狱门，引得一般士兵及狱犯都痛哭失声，甚至看守所员都为之掩面。行刑是秘密的，枪毙地点并未出司令部，开熊式辉任内之先例，其严重与畏惧之情可想而知。四同志死时的枪声，狱中群众隐约闻见。有一狱犯特杀鸡一只望空致祭，可见其感动之诚！四同志死时持留下内衣三件作为纪念，成为最后的遗物！死后，司令部又秘密地派人掩埋，以图灭迹。但是，广大的革命群众虽看不见他们领袖的英勇遗体，然他们领袖之英勇的战绩，却永远光明地纪念在每一个人的心中，永远不会湮灭！

在彭、杨五同志被捕时，南京国民党中央便得到上海国民党市党部的夸功报告。他们的回电是命令熊式辉着即枪毙，加以刺蒋案件忙得这班走狗们寝食不安，所以枪毙的执行乃更加迅速。

阶级斗争剧烈的今日中国，革命的群众、革命的领袖死在敌人的明枪暗箭中的不知几多！这原是革命成功前所难免的事变，而且是革命成功之血的基础。没有前仆后继的革命战士，筑不起伟大的革命的胜利之途！每一个革命战士牺牲，不管是在前线，是在后方，都有他伟大的代价。尤其是革命领袖的牺牲，更有他不可磨灭的战绩，照耀在千万群众的心中，熔成伟大革命的推动之力，燃烧着每一个被压迫群众的革命热情，一齐奔向革命的火原！所以我们在死难的烈士前面，不需要流泪的悲哀，而需要更痛切更坚决地继续着死难烈士的遗志，踏着死难烈士的血迹，一直向前努力，一直向前斗争！

的确，彭、杨、颜、邢四烈士的牺牲是中国革命、中国党之很大的损失！革命的领袖是积了无数次的斗争与战绩，从广大的群众中涌现而锻炼出来的。敌人可以在几分钟内毁灭了我们革命的领袖，我们却不能在几分钟内锻炼出我们新的领袖。故敌人消灭我们肉体的办法，是压迫革命之最残酷最恶毒的办法。我们只有努力于群众的斗争，加紧群众的斗争，使群众的斗争力量足以消灭白色恐怖，消灭敌人的屠杀，则革命的胜利便将临近，敌人的统治便届末日！只有这样，我们才能偿赎今日的损失！只有这样，我们才尽了彭、杨四烈士的遗志！才报了我们被压迫阶级的大恨深仇！

国民党、帝国主义一班强盗用鬼蜮的伎俩、卑鄙的手段来谋害革命，来暗杀革命领袖，我们革命群众对他们的回答，却永远是赤裸裸的公开的阶级斗争！仅只这一点差别，便是我们战胜故人的利器。因为只有公开斗争才能争取广大群众，只有群众力量才能消火敌人！惯于阴谋暗杀的国民党、帝国主义一班强盗，便要在这公开的阶级斗争中一齐消灭，一齐死绝！

工农兵士劳苦群众们！革命先锋战士们！烈士的革命精神不死！我们的奋斗不绝！踏着烈士的血迹前进！前进！努力地前进！直进到革命的最后胜利！

（载一九三〇年八月三十日中共中央机关报《红旗日报》第十六号）

奔向海陆丰

徐向前

红军初创，有许许多多的部队，是赤手空拳搞起来的。

广州起义前的几小时，工人赤卫队第六联队秘密地集合在几个工人的家里，进行着起义前紧张的战斗准备工作。没有一支枪，没有一颗手榴弹，大家围着一张破桌子，点着油灯，看我用一支铅笔在纸上画，怎样利用地形，怎样打手榴弹，怎样冲锋……这真是名副其实的"纸上谈兵"。我是外乡人，广东话说不来，有些话翻来覆去讲半天，同志们还是听不懂。幸得联队的党代表是本地人，是一个精干的工人，会说普通话，他一面学习军事知识一面当翻译。

第六联队的人，有许多是参加过省港罢工的。有的是党员，有的是赞助革命的左派，他们的革命热情很高，自从南昌起义失败，党就积极准备在广州举行武装起义，以抗击国民党对工人和共产党人的大屠杀。这时党派我担任工人赤卫队第六联队的联队长，对工人进行一些秘密的军事训练。工人们经常在晚上分批地开会、学习，进行着紧张的秘密活动，准备武装起义。当我们接到了上级决定起义的命令的时候，同志们的眼里都闪着惊喜、紧张的光芒。如果不是怕走漏风声，人们会立刻高声呼叫起来。而当时只能低声地纷纷说："我们的铁尺、斧头、菜刀、棍子都

徐向前：奔向海陆丰

准备好了，要再有几支手枪和一些炸弹就更好了！"

我们已经派人领武器去了，但是，可以想得到，武器是不会多的。同志们望着我和党代表，而我和党代表则相互望着。人们的眼睛像在齐声说："武器，武器！"

"兄弟们！"一个曾经参加过省港罢工的老工人轻轻地敲着桌子，打破沉寂："闹革命不是吃现成饭。领不来武器，我们可以夺取敌人的枪！"

"对，这位同志说的对，"党代表挥着拳头说，"我们工人阶级，从来就靠这两手吃，没有枪，拿菜刀、铁尺、棍子！"

"对！就这样！"

"我们一定要夺取敌人的武器来武装自己！"工人同志们都挥挥拳头。

我们开始研究巷战的战斗动作。不多会儿，走进来一位年轻的、提着一只菜篮子的女同志。她包着头，只露两只眼，一声不响把菜篮子放到桌上。党代表猛地站起，高兴地说："武器来了！"这时，那个妇女把盖在篮子上的菜掀掉，露出两支手枪，几个手榴弹。大家早有了思想准备，没嫌少。只有一个同志问了一句："还能多给点吗？"

"没有了。"那位女同志说："暴动起来以后要多少都有。"

"有两支枪就不少。"党代表充满信心地说。接着把手榴弹分给几个有经验的工人。大家一面学着使用，一面等着起义的讯号。

那天晚上，广州的城里格外的沉寂，大街小巷似乎分外的严肃，时间过得特别慢。党代表总是看他那只老怀表，生怕它不走了，不时放在耳朵上听听、摇摇。

"你说现在别处的情况怎么样？"他问我。

"各区的工人赤卫队都差不多集合起来了。"我说，"现在，正像被闸住的许多股洪水，只要闸门一开，就会奔流起来。"

午夜以后，市区里响起了一阵枪声。这枪声告诉我们：起义的主力部队——教导团行动了。我们按照预先的战斗部署，冲出巷口，守马路的警察还没有弄明白怎么回事，枪就被缴了。我们得了几支长枪，不再赤手空拳，立刻把第六联队分担的大街小巷控制起来，和总指挥部取上了联系。

早晨，太阳从东方升起来，照着新的、沸腾的广州城。广州苏维埃政府宣布成立了。马路上红旗飘扬，标语、传单贴得到处都是。脖子上扎红领带的起义军，高唱着国际歌，少年先锋队歌，在大街小巷奔走。起义队伍里，有些是刚从监狱里救出来的同志，他们披着长头发，拿着武器，又开始了战斗。

我们联队的一部奉命开到总司令部（公安局旧址）附近，重新编好了队伍，到一个堆着很多缴获武器、弹药的大院里，领到了步枪、子弹，全部武装起来。这时六联队已成为一支更加有战斗力的部队了。

十二号一早，起义军已占领了广州市大部。枪声在市区稀稀落落地响着。反动的据点公安局、省政府等早已被我们摧毁，但仍有一些残余的据点进行着顽强的抵抗。

观音山，始终是战斗的主要地区。国民党的第三师薛岳部队已从北江增援到广州，在炮舰掩护下，多次攻夺观音山。教导团的一部分坚守阵地，英勇还击。这天，我们联队的任务一部分配合教导团的第二连的同志们作战，一部分是搬运弹药。工人赤卫队的同志们十分英勇，搬运弹药通过封锁线的时候，前头的人倒了，第二个人又往前跑；第二个人倒了，第三个人又冲了上去。我们联队的党代表，在反击观音山敌人的一次冲锋中负了重伤。

他紧紧握住我的手说："同志，你们继续战斗吧！希望你们坚决地打退敌人的反攻，守住联队的阵地。"说完就闭上了眼！这位不朽的工人阶级的战士，已献出了自己宝贵的生命。

我回忆不起这位战友的真实姓名，只记得他的代号是"老陈"。因为，当时我们的姓名大多是假的。但是，他那种英雄的气概，乐观的革命精神和坚强的意志，我永远不会忘掉！

战斗越来越紧张了，敌人四面进迫，起义军完全处于防守状态了，有些阵地不得不退出。我们联队的纪律严明，不准随便找东西吃，自己没有伙房，有些工人饿了，只得回家去吃饭。敌人疯狂地反击，激烈的战斗进行着，联队的队员伤亡越来越大，人数越来越少。

深夜。观音山下响了一阵枪，接着就渐渐地平息了。通往指挥部的道路快被敌人截断了，我们和指挥部失掉了联络。这时，恰巧教导团的一个朱同志由此过路，一见到我就跑上来说："老兄，你们还在这里干什么？指挥部早已下命令撤退了。你没接到命令？"

"没有。"

"总部命令，到黄花岗集合。"

我立刻向连队的同志们说明情况，和另外一些没来得及撤走的人，趁天还没亮，赶到黄花岗。到那里一看，主力部队已向花县转移了。

这时，反革命的部队已经控制了各要路。我们不能停留，连忙向主力追赶，直到下午六点钟，才在太和圩赶上了教导团的同志们。

地主的反动武装民团，在通向花县的道路上——向山脚两山环抱的地方设下埋伏来堵击我们，企图消灭这支残存的人民武装。我们冲破敌人的包围，打垮了敌人的埋伏，到傍晚，才退到花县。这里反动派早已闻风逃之一空。

听到从广州逃出来的人说，反革命正在那里大肆屠杀。广州市的街上布满了革命者的尸体。敌人就像得了"恐红病"，只要从哪家翻出了一条红布，一块红绸子，或者捉到一个说北方话的人，不问青红皂白，一概就地格杀勿论；甚至连穿红衣服的新娘子，也被推到火里烧了。但是，敌人的屠杀是吓不倒我们的，我们活着的人，决心继续战斗，不取得胜利誓不休止。

十六号，我们在花县一个学校里，举行了党的会议，讨论部队的改编和今后的行动问题。撤到花县来的，共1200多人。改编一个军，人数太少；编一团，人又多了些。经过讨论，决定编一个师。可是，编第几师呢？大家都知道，南昌起义后，朱德同志在北江成立了红一师，海陆丰有个红二师。

"我们也叫红三师吧！"有的同志提议说。

"红三师也有了。"有的说，"琼崖的游击队已编为红三师了。"

算来算去，四师的番号还没有。于是我们自己命名为中国工农红军第四师。全师下编为十、十一、十二等三个团。师长叶镛，党代表袁裕（国平），政治部主任王侃如。我被任命为十团的党代表。

第二个紧迫的问题是：花县离广州太近，又紧临铁路，不能停留太久，必须马上行动。到哪儿去呢？讨论了半天，决定去北江，找朱德同志率领的红一师会合。但他们在哪里，没人知道。我们一面整顿队伍，一面派侦探去打听。

这时，花县的地主武装——民团，在城外日夜围攻我们。部队的供给也十分困难。我们派出打听消息的人员，一天、两天杳无音讯。等到第三天，再不能等了，我们估计，广州的敌人会很快追赶上来，那时再走就被动了。第三天又开了一个会，决定到海陆丰找彭湃同志去，那里南靠大海，背靠大山，早已成立了苏维埃工农政府。

晚上，我们打退了围城的民团，部队开始出发了。一路经过从化、良口、龙门、杭子坦，绕道兰口渡过了东江，并攻占了紫金县等地，打退了民团的数次袭扰。以后，在龙窝会见了海丰的赤卫队，阴历正月初一，我们到达了海丰县城。彭湃同志在这个地区领导过三次农民起义，前两次都失败了，第三次1927年11月1日占领了海丰城。并于11月7日正式成立了苏维埃政权。土地革命正进行得如火如荼，群众热情很高，到处是红旗招展。各村庄的墙壁上，写着"打倒土豪劣绅实行土地革命"的红字标语。群众听说我们是从广州下来的红军，热情万分，家家让房子，烧水做饭。虽然语言不通，但人们打着手势表示对红军的热爱。我们经过长途跋涉，真像回到自己的家一样。

元月初二，在海丰城里的红场上，举行了几万人的群众大会，欢迎我们红四师。苏维埃主席彭湃同志在会上讲了话。他只有20多岁，身材不高，脸长而白，完全像一个百分之百的文弱书生。他身穿普通的农民衣服，脚着一双草鞋。海陆丰的农民都称他为"彭菩萨"。他洪亮的声音、革命的热情、坚强的意志、对革命的前途充满着必胜的信心，都使我们永怀不忘。当他讲到广州起义失败，他把手一挥说："这算不了什么，虽然失败了，但我们是光荣的失败。我们共产党人，从来不计失败，不畏困难，失败了再干，跌倒爬起来，革命总有一天会成功的。"他那逻辑性很强、鼓动说服力很大、浅显易懂的讲话，句句打动听者的心坎，使人增加无限的勇气和毅力。

不久，我们红四师和董朗同志率领的红二师会面了。两支年轻的部队，在彭湃同志的领导下，打了许多胜仗。我们红四师先后攻下陆丰城、甲子港，拔除了隔绝陆、普苏区联系的地主武装的最大据点——果陇，使陆丰与普宁的苏区连成一片。

国民党军阀是不会让海陆丰的苏维埃和平存在下去的，不久他们就开始了对海陆丰苏区的"围剿"。黄旭初部从西面和北面向苏区围攻，占去了海陆丰。陈铭枢部的新编十一师，也从福建开来，以惠城作据点，进攻惠、潮苏区。红四师开始虽打垮了该师的向卓然团，攻下了惠来，但终因敌人力量过大，不得不退入普宁的三坑山区与敌人周旋。

当时，我们年轻的红军，只知道打仗攻城，不注重巩固根据地。经过多次战斗之后，部队的人数一天天缩小。敌人的"围剿"日益凶猛。他们到一处烧一处，到一村杀一村。凡是红军住过的房子，他们都烧掉；凡是与红军有过往来的人，他们抓住就活埋、杀死。我军为了保存最后的一部分武装，只好又从三坑撤退到海丰的大安洞、热水洞一带的山区里，配合当地的游击队打游击。

人民永远和红军一条心。山外的青年、老人和妇女时常冒着生命的危险，往山上送粮食。有时粮食接济不上，战士们下河抓小鱼，到山坡上找野菜充饥。冬天，没有住的地点，自己割草盖房子；没有被子盖，便盖着稻草过夜。敌人每到山上"围剿"，一定把草房放火烧掉，可是等他们过去后，我们又盖起来。东山烧了西山盖，西山烧了南山盖。正像我们伟大的诗人白居易的诗句所写的"野火烧不尽，春风吹又生"。年轻的红军，在极端困难的情况下，斗争、生长。……

（本文原载《人民日报》1958年7月30日）

红色歌谣

在轰轰烈烈的农民运动时期，彭湃亲自编写了《劳动节歌》《田仔骂田公》《农会歌》等歌曲，教给农民们歌唱，向贫苦农民宣传革命道理。红色歌谣和歌曲成为当时宣传群众、组织群众、武装群众和帮助群众建立革命政权的一种主要的宣传手段。红歌吹响了奋勇向前的号角，迸发出人们的革命激情，成为一种犀利的战斗力！

田仔骂田公

咚呀、咚、咚、咚！

田仔骂田公！

田仔耕田耕到死，

田公在厝食白米。

做个（的）颠倒饿，

懒个（的）颠倒好。

是你不想知，

不是命不好。

农夫呀！醒来！

农夫呀！勿戆！

地是天作，

天还天公。

你无分，

我无分，

有来耕，

有来食！

无来耕，

就请歇！

——彭湃

这是帝王乡

这里是帝王乡

谁敢高唱革命歌？

哦，

原来就是我。

——彭湃

劳动节歌

今日何日？

"五一"劳动节，

世界劳工同盟罢工纪念日。

劳动最神圣，

社会革命时机熟。

希望兄弟与姊妹，

"劳动"两字永牢记。

——彭湃

入会誓词

（一）

忠心义气，

大吉大昌，

负心背义，

五雷打死半路亡。

——彭湃

（二）

同心同德，

永远跟着彭湃，

坚持革命斗争。

如有违背，

誓言：

天诛地灭！

——佚名

（这两首誓词是海陆丰农民加入农会时在仪式上的宣言）

铲除迷信

神明神明，有目不明，

有耳不灵，有足不行。

终日静坐，受人奉迎，

奉迎无益，不如打平。

打平打平，铲个干净，

人群进化，社会文明。

——彭湃

无道理

无道理，无道理，
死了一个人，
吃饱通乡里。
太不该，太不该，
地主来讨债，
孝子哭哀哀！
真可恼，真可恼！
生做个穷人，
死不当只狗。
勿烦恼，勿烦恼，
大家合起来，
打倒地主佬！
打倒地主分田地，
千家兴，万家好。

——彭湃

农民兄弟真凄凉

山歌一唱闹嚷嚷，
农民兄弟真凄凉！
早晨食碗番薯粥，
夜晚食碗番薯汤。
半饥半饱饿断肠，
住间厝仔无有梁。
搭起两间草寮屋，
七穿八漏透月光。

——彭湃

成立俺个农协会

衰衰衰，身负千捐共百税，
磨生磨死唔算数，换来饥寒活受罪。
唅唅唅，底匄唔愿活受罪，
就要勇敢站起来，成立俺个农协会。
农会有协会，行路再免头垂垂！
地主豪绅敢猖狂，让伊吃俺扁担槌！

——彭湃

农会歌

青的山，绿的田，灿烂的山河，
美的食，鲜的食，玲珑的楼阁。
谁的功，谁的力？劳动的结果。
全世界的工农们，联合起来啊！

——彭湃

起义歌

我们大家来起义，
消灭恶势力！
如今大革命！
反封建，分田地。
坚决来斗争，
建设苏维埃！
工农来专政。
实现共产制，
人类庆大同。

无产阶级世界革命,

最后成功!

——彭湃

分田歌

分田地来分田地,田地分来无差异,

肥瘠先搭配,远近皆一体。

不论多与寡,劳动合规矩,

且看从前旧社会,富人享福穷人死。

皆因制度坏,生出豪绅与地主,

强占天然公有地,屠杀农民肥自己。

此苦绵绵长千年,数千年来数千年,

今日劳动夺政权,打倒豪绅与地主,

还我农民自耕田,自耕田来自耕田。

还是大家努力齐向前。

——彭湃

农民革命歌

天明往田去,深夜归家里,

终日作田工,艰苦无人知。

收获几粒谷,过半纳地主,

除了工肥钱,还要亏自己。

镰刀正吊起,米缸无筒米。

半年不够食,荒年要饿死。

亲爱的农友,革命是生路,

农工共携手，推翻旧制度。

建立工农团，去掉铁链子，
残酷的世界，变成极乐土。

——佚名

"七五"莫忘歌

"七五"莫忘被摧残，革命未成敌犹强。
工友前锋农友殿，夺取政权铁血枪！
正记当年七月五，会所被封人被捕。
哪怕当年受挫折，最后胜利在农民。

——佚名

（"七五"：即"七五"农潮。1923年农历六月，海丰发生特大风灾洪患，农田失收，农会为保护农民利益，决议以最多三成交租。农历七月初五日凌晨，海丰县县长王作新与粤军钟景棠部等围攻总农会会址，总农会副会长杨其珊等25名农会干部遭捕入狱）

红场烈火冲天烧

东风吹，红日照。
红旗舞，战鼓敲。
党代表，红台读文告，
传音台，声音动地吼。
苏维埃政权诞生了，
海丰大地卷狂飙。
红色的汪洋金光的海，
钢枪闪闪映梭镖。
地契斗盖化烟尘，红场烈火冲天烧。

火光千丈伴笑语，翻身做主在今朝。

掌权穷人威更壮，封建统治正飘摇！

啊！

红流滚滚红台过，解放路上阔步跑！

——佚名

《海陆丰革命史料》（第一、二、三辑），中共海丰县委党史办公室、中共陆丰县委党史办公室编，广东人民出版社，1986

《海陆丰革命根据地研究》，叶左能著，人民出版社，1988

《红军第二师第四师史》，刘松林、江铁军著，广东人民出版社，1989

《莲花山风云》，中共海丰县委党史研究室编，广东人民出版社，1991

《不朽的丰碑》，中共海丰县委宣传部、党史研究室编，人民出版社，1996

《苏维埃之光》，中共海丰县委党史研究室编，广东人民出版社，1997

《海陆丰革命根据地史》，叶左能著，中共中央党校出版社，2000

《海丰县工业志》，刘克钳主编，中国县镇年鉴社，2000

《海陆丰革命根据地考证（1927—1933）》，中共海丰县委党史研究室、海丰县老区建设促进会编，2005

《海丰县志》（上下册），海丰县地方志编纂委员会编著，广东人民出版社，2005

《南昌起义之后》，刘汉生著，解放军文艺出版社，2006

《彭湃和他的战友》，中共海丰县委党史研究室编，中共党

史出版社，2006

《彭湃研究丛书（第一卷）》：《彭湃年谱》，郭德宏编著，中共中央党校出版社，2007

《彭湃研究丛书（第二卷）》：《彭湃研究》，郭德宏著，中共中央党校出版社，2007

《彭湃研究丛书（第三卷）》：《彭湃研究史料》（上下册），叶左能编，中共中央党校出版社，2007

《彭湃研究丛书（第四卷）》：《彭湃研究论集》（上下册），叶左能编，中共中央党校出版社，2007

《海陆丰革命根据地史料选辑》，中共海丰县委党史研究室、海丰县老区建设促进会编，2007

《海陆丰历史文化丛书》，海陆丰历史文化丛书编纂委员会编著，广东人民出版社，2013

《海陆丰记忆》，陈宝荣著，花城出版社，2013

《印象海丰》，谢立群、许宇航主编，广东旅游出版社，2016

《为理想奋斗的彭湃一家》，陈平主编，人民出版社，2017

《红色军魂·奔向海陆丰》，红色军魂（深圳）文化有限公司荣誉出品，中国国际出版社，2017

　　《海丰县革命老区发展史》历经一年多时间编撰，期间数易其稿，终于付梓出版了。

　　此书的编撰、出版，是海丰老区贯彻落实习近平总书记关于"发扬红色资源优势，深入进行党史、军史、老区革命史优良传统教育，把红色基因代代传下去"重要指示的具体体现。2017年6月，中国老区建设促进会决定组织全国编纂《革命老区县发展史》丛书，作为中华人民共和国成立70周年的献礼。海丰是全国1599个革命老区县之一，有着光辉的历史和优良的传统，《海丰县革命老区发展史》的编纂有助于进一步推动海丰历史资料及红色文化挖掘整理，推进海丰老区精神的深入研究和宣传，为社会各界更好地了解和支持海丰提供一部有价值的学习和研究资料。

　　中共海丰县委、海丰县人民政府高度重视此书的编辑、出版。此书由县委书记邱晋雄、县长郑俊雄任编委会顾问，县委副书记林建隆任编委会主任，县委原副书记、县人大常委会原常务副主任、县老促会会长叶向冲，县委常委、常务副县长卓凛波，县委常委、县委宣传部部长余德聪，县委常委、县委办主任叶胜勇，县委常委、县委组织部部长吴城池，副县长郑永城任编委会副主任，亲自指导此书的编纂出版工作。

　　在广东省档案馆研究员、教授，广东（广西）革命历史文件汇集等大型史料编纂总编辑林忠佳，海丰县原县长、东江纵队、粤赣湘边纵队老战士曾向奇，彭湃烈士的孙女彭伊娜和县老促会谢荣如、施培养等老同志的支持指导下，编辑部历经一年多的辛勤编撰，从拟定提纲、搜集资料、分工编写、形成初稿，到定稿成书，得到了县史志办、县党史办、县档案局、县民政局等部门的鼎力帮助，更得到了广大文史爱好者、县摄影家协会卓子的大力支持，他们无偿提供文史资料和图片，积极提出宝贵意见，为此书的编纂和顺利出版起到了积极的推动作用。在此，对支持和关心此书编纂工作的党政领导和社会人士表示衷心的感谢。

海丰历史悠久、积淀深厚、内涵丰富。海陆丰苏维埃政权是中国共产党领导农民运动的一面旗帜，为在全国范围内开展农民运动提供了丰富经验，起到了标杆示范作用，在中国共产党开创中国革命道路实践中具有举足轻重的地位，在中国共产党领导农民运动历史上留下了浓墨重彩的一笔。《海丰县革命老区发展史》所集中展现的正是中国共产党和海丰老区人民生死相依的奋斗历程，尤其是党的十八大以来老区人民砥砺奋进取得的辉煌成就。但是，由于此书内容跨度长、涵盖范围广，编纂时间紧、任务重，加上我们水平所限，本书在内容、结构、史料等方面还存在诸多不足，错漏在所难免，恳请专家、读者批评指正。

《海丰县革命老区发展史》编委会

2019年10月